散文集

紫苏香居
Prose collection By SUHULING

苏会玲 / 著

Billson International Ltd.

Published by
Billson International Ltd
27 Old Gloucester Street
London
WC1N 3AX
Tel:(852)95619525

Website:www.billson.cn
E-mail address:cs@billson.cn

First published 2023

Produced by Billson International Ltd
CDPF/01

ISBN 978-1-80377-060-4

©Hebei Zhongban Culture Development Co.,Ltd All rights reserved.

The original content within this product remains the property of Hebei Zhongban Culture Development Co.,Ltd, and cannot be reproduced without prior permission. Updates and derivative works of the original content remain the property of Hebei Zhongban. and are provided by Hebei Zhongban Culture Development Co.,Ltd.

The authors and publisher have made every attempt to ensure that the information contained in this book is complete, accurate and true at the time of printing. You are invited to provide feedback of any errors, omissions and suggestions for improvement.

Every attempt has been made to acknowledge copyright. However, should any infringement have occurred, the publisher invites copyright owners to contact the address below.

Hebei Zhongban Culture Development Co.,Ltd
Wanda Office Building B, 215 Jianhua South Street, Yuhua District, Shijiazhuang City, Hebei province, 2207

倾听壶语（代序）

且以中年心境，听一把茶壶低语。

这把品相不俗的紫砂壶，放置在露天石案上，靠边而坐，壶嘴对向两根斜出的青枝。周遭人影、尘氛全无，在清冷仿似雨雾迷蒙、不辨晨昏的天色下，它一壶寂然、落寞，如坐禅。

布景的人是懂它的，深知它的秉性情趣：四下阒寂，壶与青枝色冷相映，口吐芬芳，交互熏泽，秘语丝丝，共享天地。这意趣，相见甚喜：如我是壶，我将独语青枝；如我是青枝，我就向壶而舞。真好！

世界太闹了，总有一些眼睛寻找这样的画面，祈求一洗尘嚣、一心澄澈的境界。它不是寻常可见那种壶身光滑、色泽均匀的紫砂壶，它披一身褐点凹凸纹，壶嘴极短，精致可比人的樱桃小嘴。它的身后是模糊了的尘世，楼影皆虚化成一幅印象派光影水纹，它得以超尘。这恰如一份中年心境，热闹了半辈子，日渐想背对红尘，想从喧哗聒噪中逃离。

想一个人呆着，伴一把琴、一壶清茶。一个人游弋于方寸或海天间，捡拾那些贝壳样散落在沙滩上的前尘旧事，想曾经亲历的世事、阅过的人情，很随机、很零碎，没有来龙去脉，不讲究起承转合，不适合分享，也无人能懂。时光安静地流淌,我听见自己静下来,再静下来,紧闭唇线,不多发声,哪怕是在一场热闹聚会中。如这壶,大的是壶腹,小的是壶嘴。

原来心境,也可以有个前世与今生。

壶都是有前世的,那是五色土与水火亲和糅合的历程,一场熊熊烈火把它焚成今生的样子,火退后它出窑,有了坚如磐石的质地,却要与水相伴到地老天荒。浑身毛孔都浸透茗茶的芳香,是一把茶壶的夙愿。前世的梦想,于今生拥有。水的滋润将贯穿壶的今生,每天它都聆听水在腹中荡漾,从壶嘴倾出,注入杯子,如汩汩山泉。这就是壶的日常,是它极单纯的一生。它也接受时光与握它的手摩挲,一起打磨,日臻光滑圆熟。

人有时也会这样蹲坐一方,如一把茶壶陷入追忆,在如意与憾恨中轻叹。有什么是不堪回首、不敢触碰的吗?我淡定如壶,以火中脱胎的身躯,安坐。岁月给了我一块高地,使我看清了平原上的事物,知悉生命的历程,不过如羊群在大地上奔跑角逐,磕绊摔打,再无新奇。原来半生以后,天上风云,地上羊群,皆可以笑看。我更窥见内心的河流里,既结晶着晶莹的五彩石,也沉淀了粗粝的砂粒,皆不可逆转为温柔之水。

让余生,没有大悲大喜,像安坐如斯的紫砂壶,只要不被硬物击中,便尽享岁月静好。多少尘念、尘梦,皆与尘器一道挥去,只向来来往往的日子,要一壶清茶,一条曲径,一片淡月轻风,一转身,便可背对红尘,寻香而去。

像一把茶壶那样深明自己：要的，紧拥；不要的，不沾。抬头，满眼是浮云，天地一沙鸥。

（作者于北京）

目录

【辑一：温柔红尘】 / 001

秋千上的女子 / 002

静倚夏夜听鹃啼 / 004

向生命的源头追问 / 007

忆起一朵笑靥 / 010

为谁伫立窗前 / 012

借我青丝 / 015

穿衣的心情 / 017

美丽的大襟 / 019

蜻蜓低飞 / 022

一只迷入江南的蝶 / 025

似水年华 / 027

与城絮语 / 030

我们的田野　　　　　　　　／ 032

药　房　　　　　　　　　　／ 035

亲爱的小孩　　　　　　　　／ 039

遗　香　　　　　　　　　　／ 041

梧桐雨　　　　　　　　　　／ 045

想养一只鸭子　　　　　　　／ 047

楼　群　　　　　　　　　　／ 049

【辑二：人间草木】　　　　／ 053

春夜，月下闻香　　　　　　／ 054

梦中丁香　　　　　　　　　／ 055

走一趟春天的花径　　　　　／ 058

踏花归去香满袖　　　　　　／ 061

荷　塘　　　　　　　　　　／ 063

看，海水里的草　　　　　　／ 066

对秋实的仰望　　　　　　　／ 068

兰　心　　　　　　　　　　／ 069

最忆是梧桐　　　　　　　　／ 071

【辑三：如梦浮生】　　　　／ 077

一个人的卡布奇诺　　　　　／ 078

红菜汤　　　　　　　　　　／ 082

红鞋子	/ 085
簪	/ 088
沙漏	/ 091
弃戒	/ 094
婚殇	/ 097
琥珀泪	/ 101

【辑四：岁月惊鸿】 / 107

和鸟儿一起过冬	/ 108
抛上屋顶的乳牙	/ 110
瓦上的猫步	/ 115
壶中日月	/ 120
在时间的某处（三篇）	/ 122
远去的童年（三篇）	/ 128
童年拼图	/ 133

【辑五：乡风淳淳】 / 141

落雨大，水浸街	/ 142
旧时有座山	/ 146
儿时的月亮瓦解了	/ 151
弹棉匠	/ 154
零花钱	/ 156

鸡鸣喈喈	/ 161
为一座废园驻足	/ 167
后 门	/ 169
闲 井	/ 172
木麻黄下摇网床	/ 175
一枕梦香	/ 179
在巷陌里穿行	/ 182
大海的呼吸	/ 186
白龙，白龙	/ 188

【辑六：诗意栖居】　　　　　　　　/ 195

天涯芳草（外二章）	/ 196
摊开的书	/ 199
夏日庭院里的散板（四篇）	/ 201
郊野二题	/ 206
赤 足	/ 208
萌 动	/ 211
春之吉鸟	/ 213
人间四月（五章）	/ 215
六月忆蝉	/ 217
秋水寂寞绿	/ 219

冷 / 221

尘（五章） / 223

【辑七：一抹苍凉】 / 229

一面湖水 / 230

锋刃 / 232

悬崖 / 235

逃离 / 238

暗影 / 242

住在楼下的老太太们 / 245

逝者 / 248

【辑八：阅世随笔】 / 255

错过 / 256

过目 / 256

失语 / 258

钱兄 / 259

实验 / 261

发呆 / 262

讹传 / 263

变质 / 265

睡城 / 266

V

断臂 / 267

惜物 / 268

木瓜 / 269

芭蕉树 / 271

地铁里 / 272

认养一棵树 / 274

映照 / 275

覆水 / 277

摄像头 / 278

下落 / 279

婚树 / 282

步摇 / 283

究竟 / 284

街景 / 286

雪天 / 287

树之灵 / 289

剩女 / 290

命 / 292

坏心情之毒 / 293

月亮引路 / 294

自嘲 / 295

脚趣 / 297

后记 / 299

【辑一：温柔红尘】

在任何这样的时刻
感受幸福和满足，无痛无痒
安适且愉悦，即是最好

窗外有花，夜晚有月
桌上有茶，指尖有琴，乐由心生
就这样吧，我不能要求更多

这是初夏五月，也是四季
也是后半生

秋千上的女子

想要飞起来，有时是这样简单，只要一架秋千。

"近绿水、台榭映秋千"，这古典的事物怕已难以溯源了吧？想着，是暮春时节，郊野上的芳草印着人们踏春的屐痕，溪里的水潺潺流着，莺莺燕燕隐在树树浓绿中闲啼两声，花阴里传来虫子的吟哦和落英的甜腐气息，晴空下垂着一张无比简洁的翅膀，那是秋千。

闲翻宋词，念一句"乱红飞过秋千去"，眼前已美得纷乱，仿佛看到一张张有形无形的翅膀：乘风曼舞的残红，挟香而去的蝶影，上下摆荡的秋千，当空扬起的笑声，悠然来去的行云，撩动春衫的清风，谁个心中的春梦，谁人伤春的泪花……缭乱了暮春绮丽迟暮的天空！

总觉得，秋千是女子的事物，与女子最相宜，因她的身姿，她的笑靥，她的美，她的梦，要这样高高摆荡。一个在秋千上摇荡的女子，整个春天都摇荡在她心里了吧？

她是个田野哺育的农家女子，她采桑搓麻的手指根根粗壮，她的腰肢健朗丰腴，她来了，沿着阡陌，挎一只柳条篮。她的芒鞋踩在田塍上，她的粗布裙子鼓荡着春风，由于春日，她的行姿有种雀跃般的欢欣。她俯身去采一朵野菊簪在鬓边，又弯腰去掬一捧溪水泼向双颊。田野上的秋千，抓着老树横伸的枝干，垂挂着，等候田野上的女子。她走过来，放下她肘弯里的提篮，露出她藕样壮硕的手臂，她抓牢了秋千的悬索，搁一双天足于悬空的踏板上。借助另一双手的有力一推，她"嗖"地望云端飞去，她在一阵剧烈的眩晕中快意无比，随之，无遮拦的笑声遍野播撒。和田野上的其他事物一样，她的笑健康且纵情。

但也有一架婉约浪漫的秋千，在深深庭院里，在落寞春红中寂寂垂挂，做着深闺女子墨后诗余的消遣，这秋千便不太易有田野上的纵情。这样的女子是颦笑浅浅、莲步徐徐的，从卷帘后面看着绿肥红瘦，于玉盏佳茗中品着轻愁淡恨。当她移步后花园的秋千架，搁她袅娜的身姿在木板上，轻摇闲晃，那自是说不尽的优雅。她身轻如燕，本可乘着秋千越过高高的院墙，看见外面辽阔的春野，但她在重门内恪守着优雅，那一架秋千始终温婉长伴。

这古典的一幕已无处可寻了。难以忘怀的一个电影情景是：年轻的少妇，在动荡离乱的岁月里，她愁苦的心已很久不能舒展了，直到她的家门来了另一个男人……她额前覆着一抹刘海，浓黑的发髻挽在脑后，一身竹布衫站在门前的香樟树下，背后站着她的孩子。她登上了秋千的踏板，抓住悬索高高荡起，她被秋千抛向了高空……蓝天、白云、绿树、黛瓦，霎时随她一齐摇荡，幻化出令人目眩的美丽图景，一串脆亮的笑声从秋千架上跌落，笑靥在她的脸上闪现。这一瞬间无比动人，如同生命之花勃然绽放，她心底的喜悦没有什么比一架秋千更足以传达！

忧伤的时候，哪里去找快乐的翅膀？愿乘一架秋千，当双脚划着优美的弧线离开地面时，所有的忧伤都会停止，所有地面上的事物全模糊着飞闪而去……

难以抗拒对一架秋千的遐想：秋千上的女子，当她乘上那张神奇的翅膀，她便获得了云端里的快乐！

静倚夏夜听鹃啼

最初不知道那就是有名的鹃啼。时序已入夏，夜半时分，梦得正浅的时候，感觉从什么地方慢慢浮起来了，迷糊着，正又要沉入另一个梦谷，忽听一个声音横空传来："谷谷谷谷……"那声音是有调的，那调子近似于音乐中的"6553"，朦胧中便听得有人在打唿哨，夜半唿哨，怎不叫人惊悚呢！心里一紧缩，人醒过来了。夜，本来就神秘，此时我更竖起了耳朵仔细听着：谷谷谷谷……还是那调子，还是那节奏，谁在唿哨暗递？莫非，这深不可测的夜晚藏着不轨？而众人皆睡我独醒，竟有点紧张不安了！过了好一会，抵不住困倦，才又渐渐地被梦带走了。

在一个清朗的晨间，我再次听到了那声音，混杂于一片啁啾的鸟鸣之中，显得寻常也隐约了些。在和平美好的早晨，我听清了，是只鸟，心头释然。这鸟叫得特别地高远，超乎所有的鸟鸣之上。

夏夜倚床翻书，我开始留意这声音了，它以一个固定的角度远远地传来，附近没有山，它却令人想到幽谷深林。这是个什么鸟呢？若鸟类也有高人隐士，它该是吧！

在书房里看书的他，有时候倦了，会离开书案，到卧室里蹓跶一会儿。这晚,他绕到我捧书的床边,听了这"谷谷"声,说了句:"怎么有布谷鸟叫呢?"哦?我于是细听——"布谷,布谷",不错,它的确是这样叫的,它是布谷鸟!再听,又成了"不如归去"!这一句更负盛名啊,这不是啼血的杜鹃吗?早知道"杜鹃"和"布谷"乃是同一种鸟,但同一种声音,唱给耕夫与文人听,却是不同的情调!

"枝头杜宇啼成血,陌头杨柳吹成雪",我不知道是不是说这一时节。初夏的紫竹院公园,林木森森,在绿波荡漾的沟水旁,夹岸的竹影已婆娑,合抱的绿杨垂柳浓荫蔽日,正漫步间,忽听"布谷,布谷",哦,不对,此时已不是催耕时节,再说,在这都市公园里悠闲赏景的有哪一个是村野田夫呢?那么,当听成"不如归去"!"不如归去,不如归去……"可我还是看不见这只叫"杜鹃"的鸟,它隐在林木深处。在这一声声"不如归去"中,我却毫不迟疑地朝前走去。

不知是谁,把杜鹃鸟的这句唱词译注为"不如归去"?他当下的心境又是如何?我猜想是个以深色长衫罩身的男人,他的面孔略呈书卷一样的颜色,有青青胡茬,他半生落泊,山穷水尽,无论是在情途上、仕途上、旅途上,他都是个不济的人,一再颠簸,几经困顿,又往往不能有衣袂一挥的决意、"行至水穷处,坐看云起时"的潇洒豁达——倚着水边一块石,就能"荡胸生层云"!静夜客栈青灯下,回首那些前尘旧事,他会有一刻泪落襟前的不能自已。他随身带着一管紫箫,夜半和杜鹃一齐弄音:"不如归去,不如归去。"他却已无处可归去!这应是个千年以前的男人。

有一首歌我记忆犹新:"多少的往事,已难追忆;多少的恩怨,已随风而逝。两个世界,几许痴迷;十载离散,几许相思。这天上人间,可能再聚?听那杜鹃,在林中轻啼,不如归去,不如归去,啊,不如归去!"这歌名叫《庭院深深》,那应是幽闭着一个身影与一腔心事的庭院。那应是个女子,年华如花,颦笑如诗,却总是见她月下徘徊,榻上转侧,隔帘伫伫,倚栏怅惘,才下眉头,却上心头!在情之不归途上,她已走了山长水远好一段路,也许更有"天上人间"的不可逾越且不可逆转,叫她如何归去!

人迈出的步子如何倒退?覆水如何收回?杜鹃声声"不如归去",深藏着怎样的玄机?它教人归去一个什么样的地方?那里可是一块无悲亦无喜的净土?

杜鹃是一种悲鸟吧,不然怎会"望帝春心托杜鹃"?我犹记得,多年以前一个情绪极度悒郁的长夏,那时还在家乡,一个听不到鹃啼的地方,在一间借来休憩的阔落又阴凉的屋子里,我看见这一句诗,题在桌上一个小小的相框里,那是一名年轻男子的照片。我心里当即震了一下,我感到,那个夏日一下子幽深了起来,因为这种叫"思念"的心情,有着李商隐式的幽深,无论过去了多少年都是如此。房子已经空置很久了,我的朋友,屋子的主人,她已经不在那儿住了。过了不多久,那间屋子我也不再去了。怕那一句"望帝春心托杜鹃",也是一个原因。

现在,千里之外,在这北方的异乡,静夜里倚床,众鸟皆休,唯有这一声声鹃啼不停不歇。有时,一场豪雨夹冰雹淹没了一切声音，以为那站在看不见的树木高处的杜鹃鸟，这时已被浇成了落汤鸡，像人一样也会感冒发烧、声音嘶哑，该消停消停了吧？谁想雨声一歇，它又唱了！也曾几次在睡梦中醒来，除却床头闹钟的滴答声，听到的唯有这鹃啼了。这鸟长有怎样的铁嗓，可以这样彻夜长啼！它果真要啼出血来方肯休止吗？一样的鹃啼，你解为"布谷，布谷"，是明快的大调，是朗日高照的春野；你解为"不如归去"，是忧伤的小调，是雨云缱绻的天空。而午夜梦回，杜鹃声声分明只有一句："不如归去！"这时的你一瞬之间便可寻遍所有的来路，多少的往事一齐翻腾心头。躺在异乡的床榻上，你开始想，此时此地，我是怎样到达的？谁说"不如归去"？那可是一条太长的路途！

"子规啼彻四更时"，果然不假。只有这样彻夜长啼的鸟，才能见证漫漫长夜的流逝吧。同样见证着长夜流逝的，还有那些辗转难眠的人。我不知道，杜鹃声声"不如归去"，对于他们，会是一种警醒呢，还是一种蛊惑？而我，只不过是在还算安静的异乡长梦里偶然醒来的那人而已。

向生命的源头追问

呖呖，午后的阳光很安详，午膳后倦怠的人可以有个短暂的午寐。我侧躺在床，曲臂而枕，看阳光投影在南向的门框上，看走廊上波士顿蕨和玉心吊兰的优美姿态，呖呖，无

需仰望长空我就知道,天地间一切安好:飞鸟、行云、溪流、村庄……阳光安顿了万物。

呖呖,假若一个人自襁褓时起就被弃于荒郊、街角、客栈,或车站的长椅上,而她又万幸活了过来,长大成人,对于此生的源头她一定有个不能释怀的追问吧?她的灵魂又何以安顿呢?

这是我在这个午后恍恍惚惚想起的一个故事。我想起曾经有过那样一连串的午后时光,午饭过后我独自坐在一把木椅子上,把背靠在饭厅的白粉墙上,在阳光投射不到的屋角内,对着一台电视机,一天又一天,我把自己深深浸入到剧情中:恬静的扶桑女子,雪原中僻远的小镇,徐徐停靠站台的火车,杂乱的脚步神秘的行踪,收养了弃婴的善良的站长……那个扶桑女子,她的身世之谜,就从旅客候车室的那条长椅开始——裹在襁褓里的她被一双神秘的手放置在了长椅上,这就注定了她今生必踏上千辛万苦的寻亲之路。

后来她果然是踏遍山水,寻访那一处处与自己生命的缘起有任何关联的地方。呖呖,如果我们仅仅把这种寻找理解为人之常情的寻亲之举,那我们就没有体察那女子更幽深更美丽的心思。有一句话披露了她的内心,她说,"我只想证实,是父母相爱才有了我。"呖呖,我似乎是第一次听到这样的内心表白,感到那女子的心思真是芳馨如兰!试问,在人生长流中沉浮,我们何曾对那个遥远的生命源头发起过如此根本的追问呢?何曾对生命的来由做过如此浪漫而富于尊严的解释?又何曾持有过如此坚定的信念呢?

诚然，我们没有谜一样的身世，坦坦然然地来到世间，坦坦然然地捧在父母的掌心里，坦坦然然地接受那一粥一饭，长大成人。对于绝大多数人而言，生命的起源是一件没有悬念的事情，无需究问也无需证实，所以我们从来没有那份自觉意识，没有像那名扶桑女子那样想过，要将生命的尊严确立到它最初的源头上！

呖呖，在她踏破铁鞋的历程中，有过山重水复，有过柳暗花明，有过徒劳无功，也有过扑朔迷离。有一个假象企图摧毁她的信念，使她颓然到几乎要放弃究问——假如究问得到的答案竟是，她的诞生恰恰印证了母亲的屈辱，你想，这样的究问还有何意义呢？幸而现实并没有那样残酷，那名扶桑女子在经历了千曲百折之后终于见到了自己的生母，在一座宁静的后花园里，也是在如此安详的阳光照耀下，那老妇人缓缓地转过脸来，是的，她缓缓地，把一张沧桑却依然美丽、安详的脸转过来了，这张脸上有那女子所寻找的全部答案：关于生命的谜底，以及尊严。然后，在归乡途中，她在女儿怀里安然辞世。

呖呖，或许我们的生命历程从一开始就缺乏传奇性吧，我们在身世上没有任何隐痛，也就缺乏由隐痛而来的敏感，我无从体会一个身世有谜的女子，对于生命源头追问的急切，以及答案的重要，但是她所描述的那一种美好我完全领略了。呖呖，生命的缔造是一种奥秘，每一个个体生命的到来有着太多复杂或偶然的情况，我们不能自己选择，甚至不能由缔造我们的人选择，我们只能祈求，如那扶桑女子那样，祈求

有一个美好的生命源头,最好是,在天地的福佑下,在所有人的祝福下,带着生命的尊严,作为爱的印证,平安降临。

忆起一朵笑靥

呖呖,在纷扬的红尘中行走或静卧、默坐,我会散漫或专注地想些事情,在时间上有些是朝前的,有些是向后的,朝前的谓之憧憬吧,向后的谓之忆念。在忆念的众多事物里有一朵笑靥——呖呖,都说笑靥如花,那女孩的笑靥确是如花,一朵明丽欢畅的花。我曾注视她的脸:瘦瓜子脸,笑眯眯的一双眼会合成一条缝,嘴角会可人地抿起,一个浅浅的酒窝会在她的左颊闪现。她天生爱笑,说着说着就展颜,好像什么事情都可以牵动她的笑靥似的。她的笑靥是一朵频频绽放的花。那时我被这件事情迷住了!这女孩,怎么有无穷无尽的笑呢?呖呖,你可能会说,她笑得太轻易了吧?可是她的笑是种很纯粹、很坦荡的快乐,会使人受感染的,她快乐,别人也快乐,她传播她的快乐,有什么比这更好?那时在南方某市广播电视艺术团的"女子合唱团",我们夜间业余排练,她站在不远处,所以我常在边上看她,看她笑靥的每一次绽放,我在感染她的快乐的同时,悄悄地另有一部分心理活动,就是惭愧。我望着她的脸,她的脸不能说是美丽的,可是快乐的魅力一点也不输于美丽!呖呖,这是我的一次发现。假如上帝不能将美丽和快乐同时给予一个人,那么天赐快乐其实更可贵，以天长日久而言，我愿意面对一张快乐的脸甚于面对一张美丽的脸，因为美丽看久了会平淡，而快乐则会越看越美丽，特别是这样嫣然又粲然的笑，这样静态复常态的快乐。她快乐因而她美丽。不错，快乐就是一种美丽，快乐是朵美丽的花儿。同时我发现，这样的快乐原是藏有一份自信的，使得女孩从心态、表情、举止上全面获得了从容与平和，因而显得大气，虽说她也可谓是小家碧玉吧。呖呖，这是我惭愧的缘由，我没能有这样好的笑，以及笑容背后的那些东西，我的脸上常常失却笑容，因为疲惫，因为气恼，因为忧虑，因为愁闷，凡此种种。

呖呖，任一张脸都会绽笑，却绽放得不一般好看，这就是上天的不公了！所以这张笑得特别好看的脸，就成了我的一种深刻记忆。我因为一个笑靥而记着一个人，这个人与我并没有多大关系，我仅偷摘了她的一朵笑靥藏着走远了。

这晚我又忆起这朵笑靥，心境是安静美好的，尽管仍有些忧伤的事情停留在心里。尘世纷扰，可足以滋润人心的东西也不少，世界阔大，人生途长，不经意地我们就保留了许多对美好事物的记忆，就好比在田野上行走，几次俯身我们就野花满怀了！有些记忆会很细碎，即如一朵笑靥，在我们繁杂的尘世记忆中非常幸运地没有被遗漏！关于这朵笑靥的记忆真好，虽非灵丹，但可解救每一次郁闷或烦忧的心情，它总能把一些如鲜花、和平鸽般安宁、温馨的气息在你心里播散。多年来世事已在我的面前苍茫成了一个海洋，而在那遥远的过去摘取的女孩的如花笑靥，仿佛一朵超尘的海上花，

总是在记忆的海面上浮现。呖呖,这是我喜欢的一种感觉,亦真亦幻。

为谁伫立窗前

呖呖,我们栖居与停歇的每一处,何处没有窗口的存在?窗口的意义实在太大,窗口给人的感受太丰富了。只是站在窗边,我们未必每次都能够清楚地觉察到心里的那些微澜吧!窗边的心情,也许与那窗口有关,也许无关;我们会在某种心情之下不经意地走过去倚窗,也会在倚窗之时顿然生起某种心情,再自然不过。现在我听着彭羚的歌《窗外》,一首极短小的歌,像个袖珍窗子,有一点凄清、黯然的气氛,歌后面有一段独白,我实在喜欢这段彭羚味的粤语独白,是从一个极幽深的女人心口发出的,以低的声调、暗的嗓音:"你记不记得你住过的每一间屋子的每一扇窗?你记不记得从不同的窗口望出去看到不同的风景?你记不记得窗外面飘过来的每一种气味?你记不记得第一次站在窗边望出去看着你喜欢的人回来的心情?你还记不记得?你,还记不记得?"呖呖,我要说的是后面这句话:"你记不记得第一次站在窗边望出去看着你喜欢的人回来的心情?"

呖呖,你可曾为谁享有过这样的幸福心情?我喜欢这句话,极具尘世味道,它令人想到,幸福就是在离我们很近的万家窗口发生的普普通通的事情,这是我们眷恋尘世的原因之一。呖呖，我很容易按着这句话的几个关键词展开想象。它暗示的时间是黄昏，或傍晚，一个归巢时分；它所说的地点是窗口，就是万家灯火中极普通的一个；它所指的人物是窗边的某个人，年轻的女主人，她是得以和"喜欢的人"携手的万千个女人中的一个。她刚把餐桌擦了一遍，把炖了排骨的汤煲从灶上端下来放到餐桌上，摆好碗筷，她把她的小红格子围裙从腰间轻轻解下来，穿着棉质的家居装，趿着一双软底绒面布拖鞋，来到了那扇窗前，迎着他归家的方向，她撩开纱帘的一角，或是用两只手指压了压苹果绿的百叶窗帘中间的几片，从那儿望出去，她看见与她共筑爱巢的那个人，正好穿过她的视线归来了，喜悦当即浸透了她的心。他是一点也没有察觉她在窗边的这番张望的，使得这一细节有了一点偷窥的意味，从而散发着幽幽的温馨；他归家的步子疲乏又轻快，因他也正惦记着屋子里的人吧。

呖呖，两个人相爱有了结果有了家，这件事情正像鸟巢一样令人心生温暖，像果实一样让人感到甜蜜。两个相爱的人从花前月下携手来到了屋檐下，这就是从开一朵花到结一颗果实的变迁。先不说天长地久，至少一天又一天，他们得以朝夕相伴，他们是亲人了，至亲的亲人。呖呖，这是被幸福眷顾着的人，对于他们，幸福不在天涯海角，不在江湖上，也不在梦魂中，而在窗前，镜前，身边，枕边。这就是我们要"愿天下有情人终成眷属"的道理吧！

你喜欢的人回来了，红尘中他没有别的方向，只有你。红尘纷乱，他穿过千家万户，千人万人，以尘埃落定的步伐，回来。他与你有个愿以一生去信守的约定,暮色中他不会迷向,不会彷徨,你守望的这个窗口有他需要的温暖。呖呖,"回来"这个词透着暖意,可也会令一些人酸楚的,假如一直没有盼到喜欢的人这样"回来"的那一天;又假如,这个人"回来"了,后来却又走了。是的,沧桑恐怕就隐藏于此:"你记不记得第一次站在窗边望出去看着你喜欢的人回来的心情?"第一次,呖呖,它说"第一次",隔着岁月的层层雾障依稀看到的"第一次",多少有点令人怆然吧!谁知道后面的生活又把人的心情变成怎样了呢?我们一开始珍惜的,也许后来一不小心就糟蹋了,我们原先在意的,也许后来慢慢就变得不在意了。第一次是个源头,凡事有源,岁月如流,总要流下去,流下去,流到支离破碎,流到平淡如水。也许是在一个天色暗淡的黄昏,一个经了些离合的女人,站在窗边,受了些触动,使那早已沉下去的"第一次"的心情,又慢慢浮上来了,这种回忆是割肠的!可是,连这"第一次"都没得回忆的人,又该如何?

"你记不记得第一次站在窗边望出去看着你喜欢的人回来的心情?你还记不记得?你,还记不记得?"呖呖,这句话停留在我心里了。世间终成眷属的有情人必不会少,对于他们来说,这样一个小细节或许是微不足道,完全可以忽略的,因为在他们内心里不知藏着多少幸福的小细节、大情节,窗前望归实够不上刻骨铭心吧?那一刻的甜蜜只是一锅糖水里的小小一滴而已,然而世上自有另一些人,没能有这样的幸运，这一桩小小的幸福对于他们就是可望而不可即的了。呖呖，我为这个而感叹，像对一件耿耿于怀的事情。

借我青丝

那是个暮春之夜呢，还是初秋之夕，已记不清了，我轻衣出行，尚算晴好的夜空忽然来了点儿捉摸不定的小雨，但对于惜时如金的生意人来说根本不算回事，街市依旧灯火辉煌，小摊小档照开不误。我在异乡的街头踯躅，从这摊蹓跶到那摊。我已将事情办完，打道回府的前夜像是额外补贴给我的一段时间，所以我逍遥，几点碎雨，一层浮光，更增添了人在旅途之感，而这五光十色的夜市，挨挨挤挤的成衣档，冒着热气的小吃摊，盈耳的车声、步声和招徕声，则让我感到身在红尘。

我沿着那排昼伏夜出的简易摊档一路走去，随便看看以消遣。在一个卖发夹头饰的小档前我停下来了，想给自己买个发夹，以夹住那束散漫的青丝。

小档里挂满了各色发夹，正眼花缭乱之际，忽然感到脑后有谁轻轻碰了一下，回过头来一看，是个十八九岁的少年。少年生得俊朗清雅，是让人极为愉悦的那种。是他碰了我的头发吗？正狐疑间，他开口了，有点不好意思："对不起，大姐，你能不能帮我试试这个发夹呢？"我这才留意到他手上拿着一只精致的枣红色磨砂发夹，怎么，他也来买发夹吗？

见我不解的样子,少年解释道:"啊,这是给我女朋友买的,您,能帮我戴上,让我看看效果吗?"哦,原来如此。我很爽快地接过发夹,往脑后长发上一夹,摆正了脑袋让他看。这时,老板娘也凑到跟前来:"瞧,这发夹多漂亮,这是配长发的淑女夹,送给女朋友吧?错不了!"

少年自己也觉得好,我就把那发夹取下来交还给他,他谢了一声,向老板娘付过款,手捧发夹喜滋滋地走了。

我的目光不由自主地被他的背影带出了很远很远,直到他消失在灯火阑珊处。我霎时想到,在辽阔的夜空下,不知何处,有一束柔和的灯光,有一位如此幸运的少女,在她的好年华里遇到了一位好少年。她一定长得很美,也是俊秀端雅的,与少年般配。在他们之间,那种纯粹不含杂质的相悦几乎同时开始,少年粗疏的心随之变得细腻起来,以至于在一个碎雨零星的夜晚,揣着一份小如发夹、细如发丝的心思独自出门寻觅。而我,不知不觉竟做了那个成人之美的人!

人在旅途,会有多少意想不到的事情和你相遇?从没想过,我脑后的青丝可以借人一用,并且用得如此富于灵感和创意!那只在我发上试过的发夹,我想,在一个"月上柳梢头,人约黄昏后"的良辰,少年已为他的女友亲手夹上了吧!每念及此,便觉得这拥拥挤挤、扰扰攘攘的红尘也自温柔可爱,特别是当一个华灯初上、细雨点洒的夜空在我头顶上再度张开时,我会猜想,在夜的深处,会有多少个少年,在为他心仪的女孩拢一拢青丝、抚一抚秀发呢?

穿衣的心情

最贴心的东西是衣物。

不管有过多少潦草穿衣的日子，女儿家的心思总有一端牢牢系在衣装上。某些天，在她匆忙的日程里有了些闲暇，她便从容坐下，细细梳妆，甜蜜或忧伤地体会一下穿衣的心情。或者在她的平凡日子里，偶然要有一次隆重的登场，比如出席一个晚会、喜宴，做一次伴娘，赴一次特别之约，那么，她得费点心修饰一下自己，出于礼貌，或出于对自己的爱护。为此，她把衣橱门打开，以一种已然进入情景的心态检点自己的藏品。夜幕垂落前，她穿戴整齐，揣着心跳出门去，步子迈得都和平常不同，因为，一条多皱褶的长裙几乎曳地，得小心提着裙摆，或是一套裹身的裙装局促着双腿，而此时脚上已不能是一双四平八稳的休闲鞋了。假如她是个不爱露痕迹的人，她又会为这样的隆重稍感羞涩不安。原来，一个崇尚自然，素面朝天的人，只消略加修饰，淡施些粉黛唇彩，就会如此不同。惹眼吗？她自问。

羞涩无妨。然美亦无过。

美是一面旗帜。在它旗下，千军万马。万千淑女秀媛在称体的衣装下窈窕动人。美丽成了盛事，亦成了赛事。

丝、棉、毛、麻的交织比以往任何时候更加出彩，一些古老的字眼在 T 型台的华灯下被激活了：云衣，霓裳，不再只是传说。

女儿家的温柔细腻是用来穿衣着服的，不然，衣衫就不必如此繁复，也枉自这般多姿了！

衣衫，自古是放在流水里"浣"的，如今，洗衣一事交与机器。溪边浣衣的动人情景既已不再，织缝补缀的巧妙心思既已被视作劳役荒废掉，与衣相关的便只剩下买、着与赏了。买衣，是空前的痴狂，衣着，是空前的张扬，赏衣，是空前的隆重。衣的舞台上下，演员与观众一样多，评衣论服的声音喧哗着，生活的光华流溢着。T型台上猫步行进也好，寻常巷陌里欢蹦活跳、莲花碎步也罢，女儿家用骄傲装点衣衫，将丰姿、花容与笑靥巧配衣衫，青春作伴，一路飞扬！

仿如掉进了一个前所未有的"衣"的海洋，女子们个个"宛在水中央"，每夜只需在璀璨的灯河里徜徉，顺流，逆流，便可将"伊人"揽在怀中。

买过一件小家碧玉般的对襟短袄，小方格，浅淡色，小立领，盘花扣。手抚上去，即可感到棉的温软，家的温馨，在风起寒临的季节里格外暖心。翻开领口，是个古色的商标：伊人坊，名字也贴心。就想，这样一个坊间，是一群心灵手巧的女子，为一些同样依恋乡土，依恋古典的"伊人"们创立的，有心通过"衣之链"来传递一些亘古的温情。初冬时节，就天天穿着它，穿着一种关怀，裹着一种气息。

衣橱里还藏有一件小坎肩，襟、肩、前后摆都滚着毛绒绒的白边儿，紫缎面上是些金丝绣成的菊瓣，瓣瓣纤秀清逸，她的牌子是"娟"。哎，这份典丽，要的就是这样娟秀的名字呀！

穿过一套翠绿印花的夏裙，上下两截，小褂子，胸前一排扣，傣式的圆筒裙，垂到脚踝。挽个小髻在脑后，跑到大叶榕树底下站着，扯它的流苏，跑到草地上坐着，手攀鸡蛋花树低垂的绿叶。一片沁人的绿意啊，人生的好年华。快门一按，影是留下了，而时光不停留。

人和衣，是有缘分的。一件衣裳，让你遇上了，让你看上了，让你喜欢上、迷上了，让你疼惜它，舍不得穿它，这都是缘。和人一样，衣也经不起岁月的潜移默化，它变化着的质地和色泽，你变化着的腰身与心情，还有虫咬蠹蛀的无妄之灾，共同致使这份缘一朝散尽。你若预知这样的结局，你若想挽留住些什么，那么，你穿上你的衣裳去留个影，留一个永远窈窕的样子！

人，有时真是很痴。

美丽的大襟

有些美，是要隔着岁月去看的。

大襟衫穿在祖母们身上，是一个远去的世纪。那个世纪衣的美丽，由大襟来描写。

那时代，穿衣的动作是胸前优美的一抹。左手牵着衣襟一片，越过胸前来到右翼，从脖颈向腋下再往腰间，摸着一排手工小布扣一路系下去，那是指尖的专心触摸，那是心情的细细体味，那是一份温婉细腻、优雅从容。若那时节穿衣

人心里惦记着些什么事情,面有急色,边行边扣,一手斜搭在胸前,发髻迎风微微掀动,那又是一种说不出的韵味了!噢,我是做过观众来的,那时候全然不解大襟的风情,还小,在祖母、外祖母那大襟包裹的怀里扑入跳出。因此,那情景似乎全待日后回味。幸而记忆尚未褪色。

在衣的历史上,大襟应是显明的一笔吧?那是个衣的"大一统"时代,穿大襟衫的女人山南水北,遍土皆是,呆在这个海角僻壤的祖母们也穿了一辈子。也怪,山重水阻,大襟是怎样流布的呢?它以哪点俘获了所有女性的芳心,像妇道一样能守上一世?

那是些包裹得严丝合缝的胸怀,像有着不便敞开的心事。大襟是含蓄的,富于包孕性的。不轻易显山露水的衣襟,宽大,绰绰有余地覆盖了所有峰峦沟壑,山山水水。那颗心便有点山遥水远的意味。大襟下的秘密是不能轻易泄露的呀,甚至,线条的优美,也一起隐埋了。

穿大襟衫的年代,世界是恬静些、清澈些的。古老的祖屋,在城市边上的小镇里,三进深的青砖大庭院,背坡面水。第三街挨着的小海湾常立着些木桅杆,有时船上炊烟袅袅,有时船去烟波茫茫。岸边一眼泉,石罅里迸出,清流汩汩向海,从幽深注入浩瀚。人们在这里濯足、浣衣。女人们大多蹲着揉搓,大襟衫在水里载沉载浮,末了被一双麻利的手水淋淋地拎起来,拧干,搁进竹篮里。浣衣人便赤脚爬上不陡的岸坡。大襟衫随后被搭在竹竿上晾晒,与阳光亲吻,与风儿相逐,边上是一丛丛火红的朱槿,美丽的大襟有如蝶翅翩翩!

祖母的大襟黑色的居多，一种古称"玄"的颜色。确是玄呢，黑得神秘，乌溜溜的小眼睛解不开，小小孩童觉不出美。但在祖母和她的同辈们看来定然是再美不过了，不然怎会有那么多玄色的大襟呢？喜爱黑色的祖母心难捉摸，也是玄。深深浅浅的黑，丝麻质地的黑，罩着她渐老的身躯，竹椅里，小板凳上，她给小孙女喂饭、讲故事，天边云舒云卷，脸上阴晴圆缺。葵扇扑着飞蚊流萤，往大襟里灌着风，老掉牙的故事从扇底扑出，一会儿逗乐了孩子，一会儿又唬住了孩子。红蜻蜓光芒闪闪地飞来了，擦亮了孩子们的眼睛，一个个乐颠颠地追过去。美丽的红蜻蜓是蜻蜓里的新娘呀，祖母又吟起一支关于红蜻蜓的古老歌谣，那是祖母的祖母唱过的吧？

也不是没有蓝底小碎花的大襟衫，都做了贴身的汗衣，棉质，有着"家织布"的淳朴温馨，使得祖母看起来像个小家碧玉了，如果不是满脸皱褶的话。流光飞度，我不知道，祖母可试过用她的老手去抚摸那蓝色小碎花的大襟，重回青春的梦乡？箱底可压着一件新嫁时的春衫？我驰想，在上个世纪初叶，一个春宵的尽头，年轻的新嫁娘迎着曙光推开一道古色的木窗，迎来她的又一个良辰。鸟啼枝头，她挎着竹篮子盈盈来到泉边，那时的泉水是清澈可照、清冽可饮的啊，她俯下身去，临水自照，红晕从脸上升起。然后，她向水心抖开一件件花色明媚的春衫，一律是大襟、小布扣，同她身上那件一样。此时她的青丝已经挽成发髻，姑娘时代垂挂胸前的两根长辫不见了，跳荡在辫梢上红头绳的那点猩红隐遁了，她是人家的小媳妇了！

所有女人的岁月不都在从媳到婆的路途上颠簸着吗？大襟衫一路风尘。

多年后，我重返祖屋，倚着变黑的门框望向阶前青草，泉眼已堵，儿时的燕雀已带着她们的呢喃不知去向。红蜻蜓又飞来了，我脚下不动，心上努力回忆着当年的老歌谣，却抓不着一鳞半爪。祖母的歌谣失传了。失传的还有美丽的大襟衫，祖母已穿着它走向无边的黑暗。

现时的衣襟是对开的了，对襟，对襟，对大襟的突破也。扣从胸口开，明快开放，遂让人感觉女性的胸怀包得再不那么严实了，心事藏得也再不那么幽深。小小一片衣襟的突破，走了一个世纪的漫长路程。

大襟结束了它的世纪。我看，它不是一股轻易回头的风，更不会复制出一个完全一样的时代，所以，曾经的祖母身上美丽的大襟，也许就从此绝版了罢？

蜻蜓低飞

蜻蜓的翅膀常常驮着暮色来临，那些黄昏并没有要下雨的意思，突然地，不知从哪里就来了一群蜻蜓，像一团聚散不定的云，在即将敛去光芒的夕阳前曼舞。它们飞得很低，离孩子们的头顶很近，金色的夕晖映着它们的薄翼，有时闪出点点幻彩，点染着黄昏的天空。那些黄昏并不因此而让眼睛迷乱，黄昏有其独特的恬静。

巷口的空地上，跑着一些孩子，蜻蜓在低空飞，孩子们在地面上追逐，赛着身手的敏捷。美丽的蜻蜓哪有不招引孩子的？孩子们喜欢哪有不想要的？可是地面上的孩子想要一只天空中的蜻蜓，多难啊。对付一群孩子，蜻蜓游刃有余，它们都是些经验老到的驾机者，绝不会坠毁在一个孩子的手中。

哦，再没有比一只蜻蜓的飞翔更优美从容的了！仰飞、俯冲、盘旋、滑翔，花样迭出，技术娴熟。有时像是故意似的，它降下它的小飞机，快要碰着孩子的前额了，简直是触手可及，孩子一定兴奋得手忙脚乱，小手臂急忙一伸，蜻蜓轻捷地一跃，孩子的手臂又一伸，蜻蜓又一跃，就是不让孩子的手够着。孩子心里多痒啊！

有时是一只离群的蜻蜓悄悄落在了一根朽木上，一个孩子蹑手蹑脚地跟上去，屏声敛气，伸出他两根嫩嫩的手指，对着蜻蜓的长尾巴轻轻夹去，可是眨眼之间蜻蜓已从他的两指间逃之夭夭！蜻蜓又落在了一截矮墙头上。蜻蜓落在一丛茉莉的绿叶上，落在一朵花的花尖上，落在低低的葡萄藤架上……蜻蜓总是和孩子们捉迷藏。蜻蜓的复眼厉害，这一场捉迷藏的游戏，蜻蜓总是赢。

阿婆坐在门槛上，浑浊的眼睛对着天空，她只看见了孩子们的笑声在天空中飘来飘去，她看不清那些飞舞着的蜻蜓的翅膀，也看不到天边那缕红霞的变幻。她的眼睛不灵光了，障着厚厚的云翳，暮色浓起来会彻底夺走她眼里的那点光亮，她得摸索着回屋去；而现在，她想在屋外待一会儿，看孩子们和蜻蜓追逐。她有时会朝孩子们奔跑的方向微笑，眼睛却不落在任何一个孩子身上，她的眼睛已经没有了焦点，只有当干瘪的嘴又瘪下去一些，你能看出她在笑。

谁的童年没有一片蜻蜓低飞的天空！一个孩子跑过她的跟前，脸上红扑扑，额上汗津津，她叫住那孩子，"小马骝"，她一律叫他们小马骝，"有红蜻蜓来过吗？"

夕阳中的红蜻蜓，总是被众蜻蜓簇拥着，新娘般美丽，可是要等一场红蜻蜓的婚筵多不容易，阿婆一生见过几次呢？

阿婆有一首关于红蜻蜓的歌谣，有时她用缺牙的嘴唱着："红蜻蜓啊红蜻蜓，披着新娘的嫁衣……"

阿婆唱了几句就沉默了，失去焦点的眼睛一片茫然。阿婆的眼球浓重地浑浊着，不再是玻璃体，也不再是水晶球，而是琥珀，凝结了日月风霜的两枚琥珀。

那些清澈透明水晶似的眼珠子，此时正镶嵌在孩子们一张张无邪的脸上，那是一个人走过了就回不去的童年！

哦，有红蜻蜓来过吗？今天没有，也许明天，也许后天吧。也许总是没有这样的幸运，谁知道呢？

黄昏是短暂的，当夕晖消逝，暮色四合时，孩子们一个个被召回家中；蜻蜓失去了玩伴，也会渐渐消逝，没有人关注它们的去向。反正，下一个黄昏，它们还会再来。

黄昏是这样易逝，夕阳是这样易逝，蜻蜓的翅膀是这样易逝，童年是这样易逝。易逝的，还有生命。

一只迷入江南的蝶

今夏，一季的风尽往江南方向吹：一个美丽的方向。风送行云，亦载思絮，江南因了你的驻足而令我动容。江南多水，你是在哪一条水边洗尘、濯足？又是在哪一片水上漂流、垂钓？纵使我是水，要淌到你的足边，也得赶一趟千回百转的断肠路啊！

但我是一个足跟被钉在了此处的人，你是一个穿上了万里屐履的人。你的足底千山万水。多年后你的重又降临已使我难以承受。我们都是走过岁月迢迢征途之人，曾共有过一个寻梦园，却就在那儿错过了好梦，弄碎了青春的梦境，宿命地奔赴远方，去寻找各自的"天涯芳草"。

是否相聚时，离别的结局早已写好了？只有下一次的聚首总是没有着落。山长水远，各人握好各自手里的东西——漫长岁月总不会毫无交代。人有所属了，头上那片屋檐和天一样大，得感激那檐收留了曾经流浪的心，所以无法弃它出走，另寻自己的远方啊。

而心一旦有了秘密的远方，就踏上了漂泊之途。只恐从今以后，我的远方要随你在万千山水间无尽地兜兜转转了！交给你牵引原也没有什么不情愿。今夏你停伫在江南，江南的水便绕不开我的哀愁了。

江南之水善载么，且请它多载上一片轻舟。我当赶在月落乌啼之前，到达离你最近的津渡。裹一身江南的蓝印花布和夜色薄雾，我悄悄靠泊你那排苍苔点点的红砖岸，我从你偷闲垂钓的石板上放下第一步，从草丛的断砖间辨认你留下的足印，从氤氲的水汽里一路跟随着你的气息……终于，我可以伸出五指来叩你门扉了，像心跳那样清晰可闻。

当着那一弯月牙儿，你我就真正痴一回吧！

在秋夜逼近之际，这是我的梦。

明白你的肩头有一座山之重，我若能为水，就做那无语绕青山的水！我怕江南错杂的水道会令我迷糊，你指给我一条清澈可洗的水啊，我好为你浣衣。我痴想你会端一张小板凳坐下，燃一支烟，滤一滤尘念，静静望我捣衣的侧影，假如它能够滋润一颗疲累的心！你再牵我去一片长菱的水面吧，我要采一把紫菱，亲手剥给你。你垂钓时我捣乱，把欲上钩的鱼儿吓跑了，知你会为之露齿一笑，因为你本意也不在钓，只求奔波的浮生里能有一刻清静的时光而已。我想做个最解你意的人，陪伴在侧，这仍然是我的梦。

秋霜降落之前，恍惚间我看到，江南的绿野上尽是蝶翼翩翩，我一时迷在江南的芳草丛里，不知此身是我、是蝶？

方知一切的不圆满根源于一种分裂，立在原地的我和翩然他方的蝶，总是难以合一。

当一半的我醒在此处，我的另一半梦在江南。今夏江南的蝶阵里，有我魂附的那一只。

而秋霜以后，寒江上的钟声会惊破这一切吗？也许夜半醒来时，发现自己正被一条夜航船千里遣返。那时正当"月落乌啼霜满天，江枫渔火对愁眠"，却又不慎将足踝没入江水中，那一瞬才惊觉：啊呀，秋水何其凉！

似水年华

"年华似水，匆匆一瞥，多少岁月轻描淡写，想你的心百转千回，莫忘那天你我之间……"剧中的人唱道。

年华似水，这样美丽感伤的词句是合于临水立在江南某个古老的小镇而唱的，对着那被时光之水浸渍的半朽门楣，那烙印着风霜痕迹的一片瓦檐，那些秘藏旧事的深深庭院，那爬满紫藤的一面颓垣，以及在南宋小令里曾令思妇秋水望穿的一栋玉楼，或者镌刻着隶篆的一枚印章，对着相守一生的白发翁妪……

"斜晖脉脉水悠悠"，残阳照水，落红流去，这就是江南，这就是似水流年！

当然，江南不都是些老时光的痕迹，江南鲜嫩水灵着，江南娇妍旖旎着：她的烟柳水荷，她的燕语莺声，她的亭台轩榭，她的风花雪月……江南，是水写的两个字，是情镂的两个字。所以，故事里就有人说："来到这里，真想谈恋爱！"他们来自宝岛，一朝抽身烦嚣都市、奔波生涯，嵌入江南这个为情而设的独特时空，真感难以辜负。

设若，于一个明媚季节打江南某座小镇走过，是会一见心醉，是会念想悠长。何况中间还有着一段美丽的邂逅，闪电的碰撞，以及在匆匆行程里未及展开的下文呢。

故事的女主角"英"，从台北来到江南一个叫"乌镇"的宁静水乡，为她设计的时装寻找独具风情的舞台。英遇到了古镇图书馆的"文"。一个最具时尚气息的设计师，一个浑身故纸味的守书人,跨越千山万水来相逢,遂于离别的清晨有了怦然心动的时刻。没有人知道三生石上是怎样写的。故事猝然开始。

日后自然是山长水远,死生契阔,一个梦回故地,一个魂断异乡。时光匆遽,世事阻隔,造化弄人,终致永绝此缘。在似水流年中谁也没有挽住对方,留下水样的忧伤,和一个终生烫手灼心的"英"字!

然而,迷人的似乎还不是故事本身,而是故事的背景:那水乡,那古镇,那风物,那人情,那岁月留痕。

小镇古风犹存。家家门前的春联不是一对红纸,而是竹雕木刻的"桃符",年节一过就摘下来,来年再挂。英说:"从这一次快乐到下一次快乐要等上一年之久啊?"文说:"快乐和快乐之间没有距离,长的是对快乐的等待和想念。"文说小镇人惜福,喜字刻在竹木上比写在纸上更耐风雨啊。文还讲述了一个故事:女孩默默的父亲与男孩东东的父亲曾是镇上最好的两名竹雕师,两人互不相让。自从默默的父亲病故,东东的爸爸就将所有刻刀沉入水底。他从此没有了对手,也从此失去了知音。

文是个不修边幅但内里文秀的小伙子,口讷,不过有时你会惊讶于从他嘴里吐出诗一般的句子。文和年老的齐叔情同父子,朝夕守护着镇上的图书古籍,像守着一屋子传家宝。图书馆是他们的单位,又是他们的家,一年三百六十五天,爷儿俩反反复复地给那一屋子的宝贝修修补补,粘粘贴贴。文常套着一件古怪的工装围裙,草窝似的一蓬乱发四下里戳,手执鸡毛掸子巡视书架，一遍遍掸落覆在书上的尘埃。在古镇坚守的宁静中，听不到钟摆的节奏，在线装书、故纸堆里出入的文看起来有些少年老暮。明天的他就是齐叔，似乎一望到头。但文钟爱这工作，心无旁骛，在他身上没有年轻人的浮躁。

当年的齐叔便是今天的文。老人将年少时的一腔思恋埋藏心底，一生痴守。

这一老一少之间不以生硬的工作关系而以父子之情维系着；这江南古镇的小书院，也不以一个工作场所之名，而以家之实维持着。

古镇的年华与温情，水一样绵绵流淌。

还有一些惹动乡情的东西，譬如蓝印花布。

说是一种叫"蓝"的草，染成的花布。是"日出江花红胜火，春来江水绿如蓝"的蓝，是教人"能不忆江南？"的蓝。蓝在柔绵的布上用蓝印与留白绘下了动人的图案：花、草、鸟、鱼，天地自然，于是，万千景致就缤纷在蓝布上了。蓝印花布在巧手的剪裁下成为江南女子身上衣，裹着无数娉娉婷婷的腰姿，当她们莲步轻动，就抖出了一份淳朴与娇媚，抖出了一千种一万种风韵！

秀，是个开染坊的江南女子，秀美与贤惠在她柔和的面庞上，清秀的眉眼间，在软软的齐眉穗和腰间的围裙里。在江南，没有缺少染坊的古镇。秀的染坊里，常有一挂挂美丽极了的蓝印花布，自高高的竹架上垂落，接受风干和日晒，以裙裾、飘带、水袖的姿态拂动。于是，蓝印花布就布满了小镇的生活：窗帘、桌布、床单、帐子、披巾、手帕，都是。

不知道蓝印花布芳龄几何？也不知道她是如何滥觞？只知道她穿越了悠长岁月，是似水年华的温柔物证。

"女儿红"是一种酒，父亲为小小女儿"默默"亲手酿造，红布封口，酒和祝福都封存在岁月深处了。默默在小哥哥"劲"的牵引下经风历雨地长大，而父亲早已遥赴黄泉。那坛子酒是在女儿订终身的日子里启封的，酽酽的一坛酒啊，父亲该含笑九泉了！

年华似水，古镇有着太多的东西在岁月里发酵……

与城絮语

你是我的城，我生命源头的城：从第一声啼哭到牙牙学语，扎朝天辫穿小碎花衣裤……人生之初温柔动人的往事，曾在这里上演。你默默地看着这一幕幕，看着一个女孩成长的故事。我记得你和我一起走过了一个最质朴无华的年代：曲折的街巷、砖砌的平房、低矮的屋檐、轻掩的木门，以及干净、不宽，走上半个小时也可能遇不上一辆汽车的马路。年幼的我嘴里常含着一颗糖走上去外婆家的路，就像童话里那个"小红帽"。那时的鸡鸣声还格外清脆，在海的这边，颇有"云外一声鸡"的清远呢！是我此时渴望但听不到的了。

城啊，你能否说得清，这些变迁是什么时候开始的：你的外衣亮丽起来，摩天的高楼耸立起来，街道宽阔洋气起来，夜来霓虹闪烁灯红酒绿……由来已久了罢！譬如我，终于发现，眼神被岁月揉进了成熟的意味和风霜的痕迹。那水亮清澈的眸子，终和你简朴的旧装一起，遗落在岁月深处了。在人和城同步发生的这场嬗变中，我和你一样说不清孰为得失。

久居一座城市，视野或会局限。然也有过四年的出游，那四年你送我到远方求学。于是，从认识火车开始，便又认识了许多你所没有告诉过我的新鲜事物，那便是人所说的"负笈求学"的岁月。我不曾落过一滴想家的泪，然而乡思又是无时不萦绕在怀的情绪。城啊，你既予我海般的胸怀，为何又予我海蓝色的忧郁？你的名字是时常挂在嘴边的，于是在骄傲的夸耀中，什么北京、上海、武汉，都失色了！

你只一个海就给人无穷的遐想和感悟：你那宛如玉臂的沙滩是你的骄傲所在，任天涯游子把万千足迹恣意抒写。黄昏来临，你便涨起笑靥似的潮水，含着金碧的夕晖，从容地往沙滩上漫去，像位宽容慈爱的母亲，温柔含笑，轻轻拭擦着孩子捣乱涂鸦的残迹。于是，黄昏又还你一片平坦无迹的沙滩。我曾感叹：啊，这是沙滩和潮水合玩的魔术，但这不是生命与岁月合写的奇迹。岁月不是潮，生命不是沙，可以周而复始，不留痕迹。我在你怀里度过的岁月，我用身心诠释着的生命，是不需要潮水为我抹去的。

城啊，我爱你伫立在海边木麻黄丛中那黑杆的灯，像一个个坚定的守望者，望着每一片归帆。我爱"守望"这个词，我守望在我不死的心愿树下。但你怀里人流熙来攘往，却为何给与我寻寻觅觅的冷清？是不是我必须越过你的肩头，去眺望更辽阔的天空？是不是在你的怀抱里其实早有一个与我有缘的人，只等蓦然回首的某个时刻，于灯火阑珊处你便把他呈献给我？茫茫海天，我其实只在乎沙滩上那对同行者的足印。你这恬淡舒适宁馨的城啊，在你怀里筑个温暖的巢，你不是早就明白我的夙愿吗？那么，一生一世的守候又有什么漫长？

然而，我的城，你既拥有大海，也一定拥有大海一样开阔的胸襟。你已经敞开胸怀迎接了成千上万的城外来者，你也会坦然凝望你的子民远走高飞。人来人往，就像潮涨潮落、日月交替这些你再熟悉不过的寻常景致，活力也正存在于这不息的更替中。如何跟你说，有一种躁动在我心中由来已久了，或许有一天我会再次离你而去！相信你会同意：世界很大，天外有天，海那边还有海。我不一定把我的生命我的事业和梦想羁系于你的翼下，但我若离去，会把整个的你装在心中带走，无形的你便随我浪迹天涯了！你的名字永远写在我的"籍贯"一栏里。我把你托付给别人，而在别人的城市里，我会给你争光。这样好吗？

我们的田野

我没有自己的田野，是一首歌。"我们的田野，美丽的田野，碧绿的河水，流过无边的稻田，无边的稻田，好像起伏的海面……"童声舒缓，如天使之音，如圣歌弥漫。在旋转变幻的时世，什么能持久？在我心里，这歌声持久。

它唤起了一种久远的隔世般的情感——前世，我是田野上的人吧？

祖辈是田野上的人，是无疑的。后来他们洗了脚上了田，又经过漫长岁月，才有了城市里的我。

作为城市人，我一定无数次庆幸，能有一段相对平顺的人生；从不曾想，是放逐于田野，才成了城市人。

建设一座城市是多么了不起的工程，以至于长期以来它掩盖了田野与乡村的意义，城市人不知深浅地睥睨乡村。

但我想，一生的体验中缺少一片田野，是多么大的欠缺！有些滋味和情感我们是不知的，比如：对大地的膜拜，对天空的敬畏，对风雨的忧惧，对阳光的感恩，对田野上一切绿色植物神奇孕育过程的观察、思考和参与，对瓜蔓豆荚、秧苗薯藤曼妙歌声、欢乐舞蹈的谛听与凝视，对一粥一饭的细细思量……

如果，命中有片田野，我愿它安排在童年的家园。因为，童心掌握着通天的语言，能和田野上一切生物交谈。拥有田野的童年是幸福的童年，我经不住这样的诱惑：光着脚丫在天底下疯跑，从不畏惧荆棘与芒刺，也不知地上砂石的硌脚，在池塘里做条快活的小泥鳅，以鱼儿、鸭儿、狗儿的姿势游弋，爬划，不优美，不规范，却妙若天成。与田野上一切花花草草、庄稼禾苗为友，将躲藏在花间草丛里的草蜢、蟋蟀们牵出来细看端详，我读着的必是一本最生动、插图最丰富逼真的博物学大辞典，我听着的定是人间最美妙的天籁：禾苗拔节，蛙鸣牛哞，溪水潺潺……

世间也真有些阴差阳错的事情是值得感激的。曾经有一个时代被扭曲，在那扭曲的时代恰好有我的少年时光。这样，本应坐在城市的小学堂里做个乖乖读书童的我们，一次次被放到乡下去"学农"，于是，我们和田野有了亲密接触。现在一回想，啊呀，不得了！插秧、割禾、施肥、淋水、除草、锄地、扶犁，甚至于挖渠、筑堤……哪样农活没干过？我记得砍甘蔗的哐当哐当，摘玉米的咔嚓咔嚓，挑担子的哼哧哼哧，挖木薯的汗水滴答，我记得玉米地里捅黄蜂窝的刺激，我记得手上起了茧，脚底磨了泡，肩上肿一片……神圣啊，我曾在一片田野里流过自己的汗水！我一直没忘那村子的名字，她叫"张屋村"，然而，在城市里转晕了的我，已经找不到她的方位，也无从知道，在城市的蚕食下，村子是否依旧？抑或早换了个什么居民新村的名儿，融入了城市的肌体中？

"我们的田野，美丽的田野，碧绿的河水，流过无边的稻田……"如果，有过那样一片田野，在遗忘中荒芜，就以此歌，为它遥祭。

药 房

　　药房的气息是凝重的。这种凝重感来源于那些药屉子方方正正、排列整齐的阵容，以及它们凝重的着色：枣红、深褐，或者一块原木经了风霜之后的那种颜色。几乎没见过用色轻薄的药屉子，似乎只有凝重的颜色才配衬药屉子里众草药正在从事的事业：治病救人。药的严肃事业是要让人肃然起敬的，所以到来的人心里就有了一份凝重感。

　　说的自然是中药房，只有中药房才会为那些苦香的草药备家具似的准备好一格一格的药屉子，贴上标签，让它们分门别类地躺好。草药们好好地在屉子里躺着待命，管不住的草根香却从罅隙里溜出来了，丝丝缕缕，混杂在一起，极为谐和，好像全是一个味儿。在药房的任一个角落你都捕捉得到。

　　一间红砖瓦房，在一个小院落里，那是姑父的诊所兼药房。小院坐落在一片布局杂乱的市井，房子高高低低，巷子曲曲弯弯，门窗东西南北，是这座整洁的小城里少见的杂乱局面，所以那里的居民成了搬迁户。后来是一条笔直宽阔的大道的贯通，致使那片杂乱的市井消失了，一并消失的自然有曾经作为姑父诊所兼药房的那间红砖瓦房。确切地说，是包含那间红砖瓦房的小院落搬迁并升级为一栋四层的别墅了。不过我想，一间坐落于乱市的红砖诊所或药房，显然更富于济世的意味吧！

　　那红砖瓦房的门口立着棵大树，二三层楼高，看起来有年头了,我似乎从没留意过它是哪种树,现在我乐意遐想它是棵皂角树,或苦楝树,或鸡蛋花树——那些可做药材,有种天然苦香的树,这样一棵树立在一间药房的门口最是谐和,那树用它的绿荫覆盖了小院子,并在药房的瓦顶敷上了积年的落叶,使得药房从里到外充满了植物的气息。在每一个寻常但总是有人在生病受苦的日子里,这间不起眼的诊所兼药房一再印证着"酒香不怕巷子深"这句老话,四邻八舍,甚至很远地方的人们,拐弯抹角地找到这里来,看病抓药。似乎有一种什么规律在暗中制约着,多年来这里形成了一种良好的"生态":每天前来的病人不会太多,也不会太少,不会门庭若市,也不会门前冷落,这正合我所认可的药房的情形——过热或过冷都会使一间药房变了味儿。姑父的诊所兼药房便在悠长的岁月里细水长流着。

  姑父坐在诊座上,他清瘦的身影前面是一张空空的诊桌,我单记得一个人性化的细节,即桌上两只软软的小布垫,微缩的枕头一般,是诊脉时给病人放置手用的,手放在上面真的很舒服——医生的关切从病人把手放到桌上就开始了。中医有"望闻问切"四种诊断手法,按说"切"是压轴的一招,姑父却不"闻"不"问"直接就"切",一"切"了然。接下来的事情不是病人向医生陈述病情,而是医生向病人揭示病情,这个揭示的准确度是极高的,说得病人频频点头称是——这是我以为姑父高明的地方,也是病人信服的理由。我对"切脉"这一中医诊断手法因而满怀景仰,感到神秘且神奇:会切脉的高手真是了得,指尖按在人家脉搏上就能对这个人的周身了如指掌！因此我想将脉搏比拟为某种关隘，一个视野辽阔得以观瞻全局的制高点。可是这种"观瞻"全靠不长眼睛的手指头来完成，真是难以置信。姑父切脉极为仔细，病人的左右手都切，交替着反复切三次，他往往指间夹着一支香烟，头一偏进入他的状态，他的这个姿势让我猜想，他虽然坐在椅子上不动，但他的神思已经从脉搏这个关口潜入了病人体内，正在病人的血脉里恣意游走呢，等他终于把手抬起来结束诊断，这表明，经过三圈"巡游"，他已把病人体内的山道水途摸了个透彻！然后他就成竹在胸地对病人开口总结了——他会说，你近来食欲不是很好，胃里面常常有饱胀感；或者说，你最近有时会感到头晕耳鸣、腰膝酸软；又或者说，你这阵子心烦气躁、卧不安寝啊……他说得很详细，很具体，也很自信，仿佛他是人家肚子里的蛔虫一样。

接着是开处方：当归10钱，党参10钱，熟地10钱，川芎6钱……他的笔在药方单上疾走，间或停顿下来酌量酌量，他会告诉人家，何故要用生地，何故要用熟地，何故要用丹参，何故要用苦参，如此等等。然后他把药单递给帮忙抓药的姑妈或者表弟妹，于是，药屉子就一阵砰砰开合，药秤杆一阵高低起落，秤杆、秤砣与秤盘之间不时碰击出叮叮当当的碎音，那是中药房才有的药秤的清响。草药分别称好了归拢为两堆或三堆，然后是一阵窸窸窣窣，用黄纸袋装好，交与病人。末了还会有些医嘱，诸如：两碗水煎成一碗水啊，加点儿盐把药引入肾里啊，小包里的药要拿块纱布包着煎啊，等等。病人谢过告辞，一串脚步声远去，小院门"咿呀"一声合上。药房静下来，缭绕的药香似乎又浓了一些。药房里的谈天也是围绕药的多，那些草药的功效，姑父说得兴兴头头，把他治好的病例广泛援引，在座的自然深表兴趣，洗耳恭听。阳光好的时候，有些草药盛在小簸箕里晾晒，一院淡淡的苦香。

这间药房，装的是一屋子被称为"草根"的药材，而它自身的状态，也堪称"草根"吧，是极富于民间味儿的一间药房。

后来的情形有所不同，姑父用他四层楼房新居的首层做了诊所兼药房，崭新的药柜贴着雪白的墙壁立着，药屉子贴着醒目的标签列阵，大扇窗玻璃明晃晃，诊厅里悬挂的大幅画框明晃晃，门外水泥路面的阳光明晃晃，那种隐于市井的幽深情趣不复存在。诊厅里，除了病人外也多了些茶友，没事到这里来坐坐，上好的茶叶常备着，紫砂壶叫茶水浸润得泛着光泽。宽敞的厨房紧挨着药房，炖汤的砂锅里不时冒出当归、党参、田七之类的药材味，这家人过的仍是浸透着药香的日子。这个紧挨着药房的厨房，给我一种"近水楼台"的感觉——是啊，有时候，药与食挨得是这样近，人与病挨得是这样近。

亲爱的小孩

那个星期六上午因为安排在"朴园"所以很惬意,这个私家园林开放之初没有游人如织,只有满园鸟语花香,我们坐了车专程从邻近城市来看主人毕生收藏的奇石盆景、古玩字画。泉水静静地从巨石上流过,石头的岁月显示在那一匹青苔上。那些缀满果子的台湾青枣树枝条低得吻地,我们尝试过采摘的快乐,又蹲在一块空地上看鸽子,那么多的灰鸽子、白鸽子,一会儿在空中,一会儿在地上,像欧洲城市的广场。我忙着拿照相机取景,小女孩蹲在我旁边喂鸽子,她手心里摊着一把黄灿灿的玉米粒,鸽子走过来,脖子一伸一缩地把玉米啄个干净。小女孩手心里的东西一会又换成了面包屑,她很快乐,叽喳个不停。

小女孩天性活泼,包装得也很亮眼,像朵养得很好的花儿,吊带裙子小皮鞋,脚脖上露出一截雪白的袜筒,整齐的短发像一块黑缎子在小脸颊上拂来拂去,岂止乌溜溜的眼睛会说话,简直连脸上那颗小小的芝麻痣都充满了表情,薄薄的嘴唇,一张嘴就有一串圆溜溜的小豆子从裂开的豆荚里噼里啪啦地滚出来,让人应接不暇。

我把镜头对准小女孩,她却忽然把头一偏,朝着一个方向清脆地叫了声:"妈妈!"那一刻空气里有一丝隐秘的颤动,我看见我的女同事,小女孩原先叫"阿姨",现在叫"妈妈"的,正朝这边走来,清秋的阳光照耀着,她披了一身的光芒——母亲的光芒,尽管她那时还没有生育。所有的旁人都不做声,我的同事们大概和我一样,是第一次听到小女孩这样称呼她吧,尽管她担当女孩妈妈的角色已有些日子了。时光看似很平静地从我们身旁流走,可我不相信这个平静的表象,我以我心里的微澜去揣测别人心湖的涟漪,关于付出与回报的因果关系,我想我们都深深会意,只是留在心底不说出来罢了,因为任何话语都是不合时宜的。朴园那天给我们的时光何其美好,在种种美好里又加插了这一个幸福的故事。

小小的池塘里,绿波上躺着朵朵紫色的睡莲,长夏的美丽还没有敛去,小女孩站在池塘边告诉我,她给自己取了个名字叫"夏荷",我一惊——她的父亲姓夏,母亲姓何,可是这个蕴含着美丽意象又珠联璧合的名字,眼前这个小不点儿是怎样想到的呢?真是"人小鬼大"呀!

小女孩的母亲和我住同一个大院,小女孩在父母离异后随了父亲,双休日则被送回母亲处。往往在天气好的早晨,小女孩和她的母亲沿着小径步出院子,她母亲领她去玩。小女孩被精心打扮过,戴一顶小花帽,有时蹦蹦跳跳跑在前面,有时嘟着小嘴落在后面,她的母亲会对她说:"女儿,等等妈咪。"或者说:"女儿,怎么啦?走快点儿。"小女孩管她母亲叫"妈咪",管我那女同事叫"妈妈",这个世界上不可多得的东西,母爱,她领了双份。

我们同事假日里出去玩,会带上家里的小朋友,成人世界里有童真会其乐无穷。见我们唱卡拉OK,小女孩也来跟我们抢话筒,只是没想到,她不唱《让我们荡起双桨》,不唱《春天在哪里》,竟唱起了陈慧琳的《记事本》,一首我当时还不知道的歌,"爱得痛了,痛得哭了,哭得累了……"这样的唱词打一个乳臭未干的孩子嘴里出来,调子又给她唱跑了一点,真让人忍俊不禁!她却一本正经,表情蛮像那么回事,她越是像个小大人似的,她越天真。那时,小女孩的父亲手里正拿着一支烟,站在边上微笑地看着她。我的女同事,小女孩的妈妈,为她鼓着掌。

有一些幸福是看得见的。我总记得朴园里那一声清脆的"妈妈"——一声使小女孩整个家变得圆融起来的美好称呼,刹那间令我眼前的世界也无比圆融起来。在鸟语花香中,我看见过幸福。

光阴流转,朴园的主人已然仙逝,我也离开了那座南方的城市,并在远方得知,我的女同事后来生下了一对双胞胎。小女孩现在是两个妹妹的姐姐了!她又会是怎样一副"小大人"模样呢?我轻轻哼起了苏芮的那首歌:"亲爱的小孩,今天有没有哭?是否朋友都已经离去,留下了带不走的孤独……"可是这个小女孩,她是不会孤独的。

遗 香

她姓香,我们叫她香老师,那是小学三年级。香老师清瘦白皙,洁净斯文,修饰得很好,她往讲台上一站,或是在校园里一走,一截雪白的脖子从黑色的衬衫领子上露出来,即便在最燥热的太阳天里也能令人眼前一爽。就算她不事修饰,她也是不俗的,她的天然气质,她的洁白肌肤,她的柔软具弹性的嗓音,她的温文举止、娴静性情,所有这些,别人难求她难弃。香老师说一口柔和纯正的粤语,当时在我那淳朴乡土简直是朵异样的花。

然而香老师的口碑在于她的普通话教学,传说她是语音最准的一位老师,于是,三年级时我们能有香老师来做我们的语文老师感到十分幸运。无论过去了多少岁月,我始终记得香老师金玉一样的声音在领读,小学三年级语文课本上的那一句:"文坚扛着枪,机警地离开岗亭,高兴地回游击队去了。"我一字不漏地记着这一句,然而我也只记得这一句,这真是令我感到惊奇的事情。想起这一句,香老师柔美风雅的声色仪态历历如在眼前,仿佛这么长久的岁月是不存在的。香老师教了我们不到一个学期就走了,据说是去了香港,她的父亲在那儿。那时香港,是离我们多远的事物啊,简直无从想象。然而说起来,香老师的归去香港,不是适得其所吗?也许正是天意呢,只是彼此从此再无缘做师生罢了。现在回忆起这位香老师,我只觉香风习习。

小学校的井栏边有棵香花树,一口井由它来傍着,那真是说不出的好景致。这棵香花树,株干苍褐色,老身老骨,疙疙瘩瘩,根部用水泥围了一个坛子,它看起来像个巨型盆景,又像是被供奉起来似的——原也值得供奉,这是校园里最香最香的一棵树,一定是有花仙子在上面栖着吧,年年夏天它花开无数,馥香无比,简直是枯木逢春。那是一种形似玉兰的小香花,喷出的是香蕉味的甜香,无比好闻,甜进肺腑里。花开时节，我们像猴子一样在它的众多虬枝上爬来爬去，采花偷香。然而树老了也会得骨质疏松症，托着人的树枝有时发出"啪啪"的声音并伴有摇摇晃晃，像是快要断了，把树上众"猴子"和树下那些看"猴"的吓得失声惊叫，在一惊一乍中我们享受着香花树赐予我们的美好礼物。香花被我们握在手心，装在兜里，藏在衣箱，压在枕下，使一个季节充满了芬芳。

我还记得一个叫陆香的小女孩，与我同班，和这个简单芬芳的名字一样，她单纯和善，不多话不多事，很好相处，圆脸带笑，一个调皮的弟弟老跟在她屁股后面。关于这个叫陆香的女孩子我没有更多的记忆，岁月剥离了很多东西，现在我单记得这一个带香的名字，留在脑海里，这已经很好了，是那所曾与我有关的小学校留给我的又一抹余香。

其实有个更香的名字一直伴随着我，我是直到很大了才品味得出它的滋味来，这个名字是：花自香，属于我的外婆。这不像是个寻常巷陌里的名字，却像是从宋词里摘下来的一句，幽雅与粉艳、绮丽奇异地交融着，适合在旧时的戏台上摇曳，像张爱玲小说里所说的"光艳的伶人"那样"长长的两片红胭脂夹住琼瑶鼻，唱了，笑了，袖子挡住了嘴……"那是水袖、胭脂、玉佩、丹凤眼、兰花指所构成的风情，在舞台上她是杏蕊一样的娇艳，她的身世品性则有着寒梅的苦香，芳名印在报纸上千人万人来传阅，戏外的时光却锁在深院，"雨打梨花深闭门"，玉嗓吊到云霄外，听着有种隔世的恍惚。是花自然香啊，可是冷艳，自在，寂寞。

然而，这样一个芳名被烟火中的我那外婆拥有着，从女童一直到老妪，这个令我叹绝的名字本来是要冠冕我外婆一生的，可是，外婆的一生实在太平凡了，世人终于看不到这个冠冕，只看到一个在陋巷里租屋居住、淘米煮饭、一天撕一页日历的寻常妇人，于是这个冠冕长期处于被遗忘的边缘，街坊邻里不叫她"花自香"，只称呼她"八妈"或"八婶"，只有外婆自己不时地在我们面前提起，有点孤芳自赏的味道。在寻常日子里，外婆钟爱的香应该是风炉里的木柴香和砂锅里的米饭香，她烧了一辈子木柴，在矮矮的泥炉子上用砂锅烧出香喷喷的米饭，揭开锅盖，饭上布满了均匀的火眼儿，木柴的香味渗进米饭里，那应是最有益于身体的饭。外婆的风情在哪里？她也会低眉俯仰啊，在灶台间，在那只风炉旁，她用一根细长的搅火棍拨拉着炉膛里的火炭，麻利地把木柴重新架好，使火烧旺一些，那时，发丝会从鬓边垂下一小绺，又被她用手指勾回去绕那耳廓，外公自会看得懂这里的风情。

外婆多忧多虑的性格使她的双眼过早地蒙上了一层翳障，她的摸索式的动作令人忧伤。晚年，更大的悲哀来临，在外公突然撒手了以后，她患了老年痴呆症，终日如在梦里生活。我这才感到，她那不俗的芳名在某种程度上贴近了那一句——红颜薄命。然而到底也不算，她毕竟已看过了八十多轮春花秋月了，并以奇瘦的身子将残喘之年一直延续着，如果这个名字总得有些什么传奇，这也算是个传奇了吧。

多少年以后，这个名字的芳香依然会被我暗暗嗅到的——它实在像一句宋词。

梧桐雨

曾记得那段畅游书海、寄情湖山的学府岁月：庭院深深深几许？半院梧桐半院楼。珞珈山下的梧桐、东湖水边的梧桐、古诗词中的梧桐……触目皆是，好深的一个梧桐阵！我负笈而至，做了那梧桐院中人。邻人郑重地手书一幅"梧桐深院"命名七步陋室。我读着古诗词选本上的竖行文字："梧桐树，三更雨，不道离情正苦。一叶叶，一声声，空阶滴到明。""梧桐更兼细雨，到黄昏、点点滴滴。这次第，怎一个愁字了得！"始知，古来梧桐雨最是断肠物！

更有那梧桐风，向敞开的胸襟长驱而入：黄昏时节，那从珞珈山坡滑下，从东湖水面卷起的长风，从梧桐疏朗的枝叶间穿过，沙沙沙，在心尖摩挲，不知怎的，憩息于黄昏的心听着甚感安适。夜静时分，梧桐风飒然袭来，夜读的我猛地回神，愕然四顾：啊？又下雨了吗？同室说：是风吧？我扶窗而望，见声音起处，梧桐树冠摇叶抖，始信是风。那风声极似雨声，似风似雨的飒飒声夜夜伴我入眠，依稀梦里有谁唱："听风声雨声，梦里喧哗……"忧郁而悠远。

那年月，极容易走入戴望舒的《雨巷》："撑着油纸伞，独自彷徨在悠长，悠长又寂寥的雨巷，我希望逢着一个丁香一样地结着愁怨的姑娘……"十八九岁的少年郎当着同学的面高声朗诵，用长长的拖腔念："悠长～悠长～"大家全都开怀了！女孩子笑得很凶，少年郎憨憨地站在那里，傻笑。那几天，我们一见面就冲他喊："悠长！悠长！"

在雨的诗册上还录有"丁香空结雨中愁",我自此还爱上了未得一见的丁香。

而我的"雨巷"是梧桐围成的,没有油纸伞,我的伞是石榴红布伞。

五月的雨心缱绻缠绵,于桐树的发冠;五月的雨脚行行止止,于桐叶的掌心。淅淅沥沥,滴滴答答,哆来咪发唆拉西,音乐的雨。湿漉漉的裙裾,湿漉漉的发梢,湿漉漉的眼睛,湿漉漉的心情,放眼梧桐树丛,绿伞朵朵,绿冠重重,绿雾团团。沿着雨雾中的路,我撑一柄石榴红伞去了,他举一把黑色布伞来也。远远地一触目,心内有十几只兔子四面奔突。黄昏本是恬静的:"月上柳梢头,人约黄昏后。"但月隐去了,梧桐影幽幽,默默站立雨中如举伞人。雨滴的碎音珠圆玉润——谁的玉指在拨弄古筝的弦?八面来雨汇入我心湖,心潮悄悄漫涨。梧桐围成的雨巷悠长又悠长,傍湖蜿蜒,望不到尽头——那一晚,我希望它没有尽头。桔黄色的路灯永远在前面照耀,桔黄色的雨雾桔黄色的意境,温暖着眼温暖着心。那比肩把伞,漫步梧桐雨巷的身影,多年以后,遂成记忆;那脚步双双,在湖畔踏起的甜蜜悸动,多年以后便成绝响。

如今,在没有半片梧桐叶的南国,雨至时我还偶尔想念起梧桐,以及随梧桐失散在人生之旅中的红伞、故人。

忆起那淅淅沥沥的梧桐雨。

想养一只鸭子

不知为什么想养一只鸭子,这念头简直另类。到处是养狗的人家,傍晚牵只狗出去遛遛,和狗说人话,给狗起人名,唤她米雪儿、露西或甜甜,都是风尚。遛狗的人们在路上照面,自己打完招呼又叫那狗打招呼,隔着十街八巷也是近邻,他们志同道合。养只鸭子会怎样?有点特立独行吧。晨曦里出门,尾随一只鸭子,摇摇摆摆的,嘎嘎嘎跟你去水边。池塘生春草,池塘里有鱼虾蜉蝣,池塘边有蚯蚓螺蛳,鸭子自己管自己温饱,不用你去管,你只管看水,看水上鸭子游弋。想养只鸭子可能与喜水有关。

城市缺少的就是清粼粼的水面,不能满足我对水的喜爱,每走一步都是实打实的地面,地面生长坚硬的楼群。城市的大厦这些年有披一种新装叫玻璃幕墙的,海蓝、湖绿和银灰,阳光淋漓的时候像一挂水,波光闪跳,溅入干渴的眼内。天空像一块巨大的倒扣在城市上空的水,却从不映照城市苍生十丈红尘,经久保持着它的明澈虚空状态,只有看不见的风看得见的云一场接一场地在那儿玩风云际会,云絮如浮萍一样来去,弯月似小舟一样飘荡,鸟儿会飞到那里去游弋,星星是一种水生花,就叫"满天星"。只是,天空这片水,望多了脖子会酸。

夏秋二季倒是可以去真正的水边看莲荷。城市里这儿那儿稀疏地分布着些水面,非常有限且珍贵,总是审美又审慎地规划些荷花、拱桥、杨柳枝、小划艇,当然不会规划进鸭子这类乡土水鸟。荷花也是乡土的，因为美得超尘，入诗入画，早被城市纳入了它的审美范畴，一片生长莲荷的水面总是得到极大的认可与欣赏。夏秋时节的莲池荷塘像一轴季节性画卷，莲叶田田，菡萏盛放，红颜高擎，矜持又蕴藉地向你隔水颔首。不过一片莲叶田田的荷塘是不会为鸭子留有余地的，想一想汉乐府诗句，只有"鱼戏莲叶间"，没有"鸭戏莲叶间"的，碧波下面盘根错节的莲根藕节以及唼喋的鱼群，想起来都如城市地面一般拥挤不堪。

要是一片开阔的水面，从荷花这边驰目向远处，兴许会有一群白羽毛的鸭子，在长篙的驱赶下轻快游弋，在波光潋滟里曲颈向天歌，嘎嘎嘎宣告它们的快乐：群居的快乐，戏水的快乐，捕鱼的快乐，做一群鸭子的快乐！那一般是乡间的事情吧。我喜欢鸭子、芦荻、竹排这些乡间水上的事物，养鸭人家扛着长篙赶群鸭子笑笑骂骂地和它们周旋于水面与鸭棚之间，这样乡土的日子看着滋润。我记忆中的一条鸡鸣狗吠的陋巷在我童年时期的小城，巷子里猪猫狗鸡鸭齐全，小巷人家和这些动物们一起过着日子，后来它们极大地分化，部分回到了乡间，部分成了城里的宠物。

一只鸭子还是回到乡间去的好，那儿有水草招摇竹排飘荡的水面，有"一棹碧涛春水路"的水上春光！城市给不了它这些。城市也给不了我这些，城市只给了我对"一棹碧涛春水路"的无限遐想，以及想养一只鸭子的离奇念头。如今城里是不许养鸭的，就算可以，也没法子找到一片让它尽情游弋的水面吧，它就真的会变成一只旱鸭子，并因看不到同类而孤独，因此这只鸭子，我看还是把它养在心里算了！

楼 群

楼群在城市的地面上不断生长，如雨后春笋。雨后春笋这个词令人联想到山间的竹子。城市不长竹子，只长楼群，楼群占据城市如同竹子占据山间。楼群类似于竹子，或别的什么植物，落地生根，高耸，挺拔，沉默，寸步不移，它们是有植物的某些特点，所以它们的群落被称作"石屎森林"，它们只是缺些绿色植物的枝节，以及冠摇叶摆之类的生趣罢了。楼房是城市人种下的钢筋植物，城市人栖居在这种植物之上就如同鸟类栖居在树木之上一样。

楼房改变了我们的栖居状态，也改变了我们的行走方式，我们天天沿着楼梯上下，螺旋式上升，积跬步以至高空。我已经习惯于被楼房托举起来，从顶上观看一株植物，如山楂树、香椿树、桑树、枣树或柿树，并且习惯于清晨的鸟鸣从脚底下飘起来的感觉，也习惯于平视一只喜鹊在对栋的楼顶上欢跳，没有翅膀的我竟和鸟儿同一个高度，和窗外最高的那棵雪松平起平坐，楼房使我轻易到达了空中，人在空间上的自由度大大提高了，这时候人是有一点点优越感的。楼房使我们获得了额外的空间，这个空间原本是一棵努力上蹿的树，或者一只长翅膀的鸟才能享有的。

蓝天下向一座城市眺望，楼群几乎是视野里唯一可见的东西，楼群使一座城市站立起来，有了高度。视线在楼群与楼群之间弹跳，我们的目光触摸到了城市的肌体：身躯坚硬，肌肤冰凉，体格强壮，城市有着石头的特性。

楼群其实是我们潜意识里膜拜的东西，我们用它来衡量一座城市，在这点上我们早已变得以貌取人，一座拥有壮观楼群的城市总是得到仰慕和追随，反之，一座城市拿不出像样的楼群，可能要被轻视和抛弃的，我们不知从什么时候开始相信，城市的全部底气就垒在那一幢幢看得见的钢筋水泥巨型结构中，城市一目了然。

一座拥有草舍瓦房、鸟窠树林的村庄会在风雨中飘摇，一座楼宇坚固的城市却难以撼动，拥有楼群的城市比村庄强大。虽然是稻田养育了我们，我们却愿意和楼群生活在一起。楼房总是以匣子的形式把我们堆叠起来举向空中，我们从它的窗口里获取阳光、空气，和一点点风景，感到安宁和满足。在越来越高大的楼群之间穿梭，我们的身影越来越渺小，像一粒浮尘那样，在楼顶落下的一抹阳光，或者一束汽车的尾气里兀自飘舞，每天分割着城市的一点点精彩，微不足道地快乐或者苦恼着。

在一座陌生的大城里坐过一趟辛苦的车，好似在穿城的水道里一路颠簸，高楼夹岸。终程下车时，还没立稳失控的脚跟，眩晕间只觉车流人潮汹涌在后，几欲将我覆没。一时天旋地转，楼群成了一柱柱狰狞的怪石，乱纷纷当空砸来。高耸的楼群原是奇重无比的，我眩晕的双眼使它们倾斜了，我脆弱的身躯便代替地面承受它们的重量，那一刻我已不是平日里自在行走于城市楼群中的那个我，我是一堆被楼群砸碎了的齑粉。

一艘轮船曾把我带离那座熟悉城市的楼群，向着一个海岛而去。我的双脚脱离了城市地面，在万顷碧波上凌空蹈虚，剧烈的眩晕袭击了我的身体，铺向天涯的海水使我徒然张着绝望的眼睛。轮船后来又从海岛向城市返航，在一望无际的海面上，城市的楼群是我唯一想念和期待的东西。它从地平线上升起来的瞬间，巨大的喜悦撞进了我的心坎。那是个午后，我看着它冉冉升起，裹着朦胧薄雾，像一座纪念碑那样高耸，一尘不染，沐浴过海水一般清新。从海面上升起来的我的城市，有着母亲式的微笑，那一刻我也微笑地看着她，泊向她，她是我归来的家园。轮船沿着海岸驶了一段，让我观看这座城市的美丽轮廓，那完全是由楼群勾勒出来的，烘托在蔚蓝底色上的一幅画，没有楼群这座城市在海面上将不存在。

沿着不断上升的楼梯，我登临了那座霞光照耀的海滨城市，那时我正朝着海的方向，因此这一次，从海面上升起来的是我而不是城市楼群，楼群已屈下了它巨大的身子，把渺小的我托在肩头观看那片壮阔的海面。在海与我之间有一带染了风霜的陈旧瓦面，那是两条绵延的老街，老街的高度非常有限，它以灰色的瓦面遮盖了头部，如同戴了一顶敝旧的草帽，还惭愧而谦卑地压低了帽檐，使人看不清它的面目。年轻的楼群在四周生长，使它陷入了重围，正如使人陷入了重围一样。那时我明白,城市的未来再确切不过,就是让楼群不断生长下去,直至填满城市里的每一个空档。城市所剩的空间都是为楼群预备的,楼群是一种见缝插针落地生根的植物,这种植物的群落叫做"石屎森林",城市是宜于种植这种植物的林地,我们是在这片林地拥有或渴望拥有一个昂贵的巢的鸟。

  我曾在芒丛的掩映下回望一座城市,那时我立在一个小岭头,城市站得老远,简化成一幅参差的楼群的素描,我一转身就把城市的繁华与浮尘抖落了个干净。我灌了两耳朵寂静的声音和雀子的呢喃,还灌了两袖筒野花香与草根味儿。岭上满是知名不知名的植物,清静地生长,好像不知道有城市。树木容许我在它们的间隙里穿行,正像城市容许我穿行在楼群的夹缝中一样,不过,这里的树木是站不出花园街、长青路,也站不出菜园里、担水巷来的。我有一天半天的工夫在这里逍遥,用不着匆匆直奔几巷几号,而那些泼辣辣的满坡长的矮灌爬藤也着实绊人脚。那一天我爱在野树丛中穿行的清凉感和与世无争,然而我是不能维持这种穿行的,我得回到城市楼群中去穿行,我的轨迹嵌在了那里。我会在阳光下爱一座小荒岭上的野花闲草、杂树乱藤,但假如夜色或者风雨来临,那就完全不同了,所以我赶在那之前回到了城市,我可能更爱城市的楼群。

【辑二：人间草木】

此生来到世上
是为了，与花草见面
和山水相逢，心生欢喜
在蓝天下行走，怀揣梦想
遇见有缘人，不拒
但绝非，卷入人海里挣扎

春夜，月下闻香

夜晚，走近一座春天的园子，会听到许多植物的絮语，闻到香。

夜色一压下来，就隔绝了尘嚣，隔绝了喧闹，把一座园子的幽香保护得很好了。在夜里，由于我的视力被幽暗的光线削弱了，我的嗅觉反而因此敏锐起来，我嗅到了许多白天不易嗅到的气息，甚至知道，哪一缕就是从脚旁一株微不足道的草那儿发出来的。只有这时，我才走进了植物的幽微世界。在这个世界里，植物的语言是香，无数的香在空中交谈，是一种温柔耳语，轻轻飘飘，甜甜蜜蜜，像鸟界的燕语莺声，像人间的吴侬软语。但是各种香的声息、语气只有香们自己才能分辨。园子比较大，树木不会走路，就派它的香去拜访那些站得远的树。月色下有很多的香在路上，互相问候，它们不断出发，返回，像些有翼的小天使，有时也贪景迷路。淡淡的月色使它们迷迷糊糊、半梦半醒，它们是饮了月色微微醉了！

月下那株樱花快成仙子了！一支春天的小夜曲正由她领衔主唱，旁边那株花树，我还闹不清楚是梨还是李，也轻声应和，隔着一条小道和她携起手来，像两树姐妹花。白天里仔细看过的，一树白里透红，一树白里透绿，真不是一个"白"字了得！我趁着夜色，从草地上蹑手蹑脚地走过，来到樱下，一仰头，一片花枝云一样地遮过，霎时的美好，把人快活得也成了仙子！我之上有樱，樱之上有雾，雾之上有月，这样美好的叠置，一生中并没有几个瞬间！

在夜里靠近一株芳香的植物，有无法言说的喜悦。一株开花吐香的树，是单纯、诗意的植物，她在春夜里一再重复着的生命活动仅仅是这样，在月下持续散发她的幽香，恬静又芬芳。做一棵花树要活在春夜！她沐浴过一夜夜月光，已在月下成仙了，因此她是有灵性的，听得到那些近来的足音，她感知着趋香而来的人，和那人相悦，口吐芬芳。这时候你不妨就这样想："这些香是为我释放的！"一树春花芬芳的馈赠，你便欣然独领了！

而这时候也一定能嗅到来自天上月华的香。

月亮也是一朵无瑕的花，倒映在一泓墨蓝色的天水中，轻雾淡淡，她暗香浮动。

啊，所谓"春宵"就是这样构成的吧：花好，月好，人好！

梦中丁香

丁香美名流韵，但在没有丁香的地带，我一直无缘得见她的姿影。早就稔熟了那几句诗："青鸟不传云外信，丁香空结雨中愁。"李璟说的。"芭蕉不展丁香结，同向春风各自愁。"李商隐说的。"撑着油纸伞，独自彷徨在悠长，悠长又寂寥的雨巷，我希望逢着一个丁香一样地结着愁怨的姑娘。"戴望舒说的。所有诗句里的丁香似乎都是含怨带愁

的——那已不是植物的丁香，那是文学的丁香，诗的丁香，梦的丁香。丁香之美，美得虚幻。

丁香。我念着这两个有韵的字眼，像花在唇间颊边轻绽了两瓣，像蜻蜓之足在水面轻点两下，像玉指在筝弦上弄出两声清响。是一种舒展、大方，又有几分矜持、内敛的优美。是一种带笑的声音，有美好心情流贯其中的声音，一种让人呵气如兰、齿颊留芳的声音。

大约和许多人一样，我也不明丁香所以结愁的缘由。第一个说丁香含愁的人是谁呢？大概不可考，但多愁诗人的笔下传统，使"丁香结"一直结在人们心里。在诗的氛围中，我倒也爱这样看丁香：一种花，她凝结着看花人的情愁，是楚楚动人的。丁香愁得无端，也愁得美丽啊。

但我想象的丁香，是有几分仙气的。她是素洁的一丛，不在炊烟袅袅的杂院，在清寂的苑囿。月光笼罩，她的花朦朦胧胧，看不真切，有暗香浮动，让人不知今夕何夕。

还有几分雅气。婉约的江南宜于她。她立在江南的烟雨中，立在江南的深深庭院里，那些庭院多有着悠远难探的历史，风流千古的韵事。她与一些性情不俗的人们结伴，儒雅书生，娴静女子，诗画相偕。不错，江南的池塘满池莲韵，江南的水湄杨柳依依，江南的庭院便应亭亭立着一株丁香，她侧畔是兰，窗前有月，阶前时雨：这才是江南的韵致，这才是丁香的谐和。

丁香，这种纤弱、隐淡的花，是不能站在街衢上的，市声尘埃会杀死她；也不能置身被称为勾栏瓦舍的地方，浊气会淹没她。她就应住在江南的深深庭院里，庭院的幽幽气息，和主人的优雅气质，才可以养她的心。

丁香花不浓不艳，朵儿不大，聚生、色浅；她的香成丝成缕，飘逸、隐约：我这样想象丁香。这样的想象长久盘桓在我脑子里，我想，这就是丁香了！

我无从印证我的想象。《现代汉语词典》说：丁香，落叶灌木或小乔木，叶子卵圆形，或肾脏形，花紫色或白色，有香味，花冠长筒状，供观赏。又说，丁香，常绿乔木，叶子长椭圆形，花淡红色，果实长球形，生在热带地方，花可入药，种子可以榨丁香油，用作芬芳剂。这些文字并不使人特别明白。如果说世上有两种完全不同的丁香树，那么我所想象的，怕是第三种。

我不知丁香的花期，也不清楚丁香的生长地，江南只是一种假想。江南至今未到，谁想，在与江南异趣的北方，我邂逅了丁香！

那是四月天，飞絮满城，众花争春。校园里多的是一种陌生的花树，枝矮花繁，素洁淡雅，似雪如云，排列路边，丛立房前。我每天自花下经过，只觉得好看，并不特别留心，觉察不到任何香气，也从不琢磨它为何物。一日，自小在京城长大的他不经意地说起，那是丁香。啊，真是惊喜莫名！那或许就是"众里寻他千百度，蓦然回首……"的情形了！

丁香来到跟前，我仔细端详：原来是一些朴素极了的小花，细细碎碎，攒在一起，一树繁花千万朵，一树浅紫，一树粉白，那是紫丁香，这是白丁香……丁香花比我想象中的要素朴平易，更惹人怜，乍望之下，见树不见朵。这些不起眼的小花，担着"丁香"这个美名，让人有点不敢相信。有意捕捉她的香，忽焉似有，再嗅却无，正如梦中那般。

我见到了丁香，圆了一个梦，也丢了一个梦。

走一趟春天的花径

春天是一条花径。从三月到四月，是缀满春花的行程。我的步子异常兴奋与忙碌，我忙于把它摄入镜头。我的眼睛忙着采花，瞳仁里始终放映着春花的烂漫，别的我已看不见。

在春天的路上，那些花儿的名字分别叫做：迎春、木兰、樱花、梅花、碧桃、紫丁香、白丁香……她们是春天的众女儿，一串芳名，芬芳了我的齿颊。由于我对北方花木常识的欠缺，有一些花需要猜测，例如：梨花、海棠。猜测一些花木的名字，就是解读春天留下的部分谜语，这使我春天的行程多了些意趣与兴味。

人在三、四月间行走，要感谢这一路春光！整个春天，就像是一场花的献礼。木兰向春天献出了最大型的花朵，花儿硕大，朵朵向上，素心朝天，长久地保持着虔诚端庄的神情，片片花瓣洁白如玉、紫红如玉。木兰的花事，像一场春祭。

路旁，两树最老的迎春花向着红砖墙甩出了最长、最飘逸的水袖，舞乱了春风。三株秀发青青的乔木隔墙观舞。墙脚下，群草已蓬起了绿茸茸的发丝。这两树迎春花，看来是经了多年春风秋雨了，它们金黄色婆娑的姿影里，已有了成熟的风韵。

樱花也是献给春天最早的礼物之一。园子里唯一的一树樱花，它如云的花枝，在一个月色溶溶之夜，成了我的仙境。当时有月，有雾，有幽香，有我这趋香而来的人，有此种种叠加而成的春宵。我便觉得，可以暂时关闭了映照过万紫千红的瞳仁，随这会飞的香一同漫游夜空了！樱下，我的步子轻得没有了重量，我不知是踩在了云端，还是踩在了如云的花枝上！

与樱花隔道携手的，我想那是一树梨花。它的素洁雅白，使人如啜甘醴。

碧桃却让我感觉有点不真实。纸扎一般的花朵，密匝匝绕满了黝黑的枝条，虬枝曲干疑经斧凿。一种花可以这样不讲布局，甚至不需要一张绿叶来衬托，也是那花的性子。碧血的颜色，浓到化不开了。

海棠也是繁花满枝的，但有绿叶相缀。它比碧桃要高，在碧桃艳光阑珊之时，海棠花正好。看蜜蜂嗡嗡不离，就知海棠花儿有多甜美！我的眼睛已被春光醉得朦胧，我看海棠，犹如看一张睡美人的粉脸。怎么可以这样娇媚呢，不禁要对天叹声"奈何！"

还有紫丁香、白丁香。啊，一念起"丁香"的名字，唇齿皆香。

在杨树耸立的路旁，沿着长长的红砖墙，丁香排成一列。一行矮柏形成的绿篱围着，丁香站在没有足迹的杂草处，有

点荒居的意味。它的香更是像隐者之香,在空气中若有若无,只有当一阵风过,你才会在风中遇到一群扑鼻而来的香精灵。我一次次把鼻翼向丁香嗅去,但始终没能记住那香。丁香之香,如同梦境一样难以记忆和追寻。

一丛丛伞形展开的低矮枝条,初时以为是不会开花的荆棘,等到那些枯枝根根绿透了,绽出娇嫩的重瓣黄花无数,才知道小看了它!而直到此时,它于我仍然是一丛无名之花。肯定的,春天的深处有着多少我所不知道的花,我所不知道的花的奥秘啊!

花儿是献给春天最好的礼物,也是献给人间最好的礼物。我感到至善至美的是,整个春天,天空下那些流芳百世的名花佳卉,以及草地上那些名不见经传的野生花儿,全都参与了这一场献礼,没有一朵花儿自惭形秽。

在春天的野地里遇见野菊花和蒲公英,我满怀敬意蹲下身去,是想看清一朵野菊以及蒲公英的尊严,夕阳与晨曦让它们顾影自怜了么?我看到,春天的怀里没有卑微!在姹紫嫣红的春天,要像一朵野菊花和蒲公英那样,坦然骄傲地开放;像野菊花和蒲公英,毫不羞怯地往春天的大襟前缀上一朵小小的花儿!

从三月到四月,我走着一条长长的春天的花径。我从木兰走向迎春,从樱花走向碧桃,从海棠走向丁香,从野菊花走向蒲公英……一树花萎谢了会有另一树花接替,连短暂的叹息都不需要。我爱春天的繁花,爱这灿烂的极致,爱被春花簇拥的感觉。在花下行经的一瞬,可以有梦里时空的一生,我爱这奇妙的感觉！我爱春花照眼，使人生呈现一时的梦幻：仿佛整个春天，我只是在一条花径上无尽地行走，除了花，再不需要看别的。仿佛花开的春天，没有人间烟火。

踏花归去香满袖

从我的住所到工作间是一条玉兰花短道。玉兰是一种芬芳的花。五月，玉兰花季，院子里飘起了游丝般的玉兰花香，涤荡着我们长久积尘的肺腑。

玉兰是一种旋开旋谢的花儿，没几天，院子里就落英遍地了。玉兰花瓣是优美的细长条形，洁白如玉，刚落到地面还是新鲜滋润的，不多久就形容枯槁、一落千丈了，让人神伤：仅几个时辰，花瓣的前生就完全模糊了。于是它被清洁工扫走。但是树上每时每刻都会有花瓣落下，所以地上总不缺新鲜的落瓣。

每天每晚，我踏着玉兰花瓣上下班，感到真是一件奢侈的事。玉兰花下来去，不仅肺腑间盈满花香，襟袖间纳满花香，就连鞋底也是沾满花香的，这是五月对我们的厚待，是值得感激的。常觉得，这条玉兰花道是通往《楚辞》的，我不止一次在上面想起那句"朝饮木兰之坠露兮，夕餐秋菊之落英。"那是高人雅士的怀抱。有时在月色皎洁的夜晚，做完节目，一个人迈下楼梯，走向那段玉兰花道，花香漫过来，我看见地上又多了一层新鲜落瓣，踏上一脚，竟有种不真实的感觉，仿佛这"踏花归去"的境界不是我等烟火中人所应享受的。

玉兰在院子里开落让五月充满了情意，是一种花对世间的情意：它奉上它冰清玉洁的花朵，它奉上它沁人心脾的馨香，它改善了院子里的空气，还有一种比花朵、花香乃至空气都抽象的东西，那是一种清雅的氛围。它的簌簌而下含有一种呢喃，是对世间的低语：玉兰花瓣轻落的时刻，世界特别安宁祥和。

院子里的人们对玉兰的动静不会太关注：年年如此嘛。也正因如此，玉兰的开落才更加从容一些，它与这个院子的关系也更加和谐一些，它能保持自己的安闲与寂寞，站在人们生活的边缘，不夺人耳目，因而也不招折肢断臂之祸，只有进入谁的视野和心境时它才是谁的风景。

玉兰的绽放是悄悄的，对此人不会比鸟儿知道更多消息，虽然我自恃拥有一个高悬在六楼的窗子，居高临下，对它的花事了如指掌，但只要我两天不去倚窗，玉兰花的繁盛程度就令我惊讶，很快，我已经找不出一个不开花的顶枝了。

走在树下，向密叶间仰望，我看到更多的花朵，繁星似的。那些花处在不同的开放进程，有的微微开启，有的还未突破外层的花衣，有的已经散得不成形了，像张开的手指，好比玉兰树一个放手的动作，这时仿佛一阵空气的颤动就可以叫花瓣跌落似的。

枯萎是花朵的宿命。有的花是在树上枯萎，有的花是零落在地，失养而死。零落是玉兰的宿命。仿佛它的开放就是为了零落似的，才开放不久就急急坠地。那是与母体的生生分离，我不知道可否以人心去揣测其中的痛与眷恋，而树与花之间有何嘱咐与叮咛我们又怎会知晓呢？

我曾经惋惜玉兰的落瓣最后干枯丑陋成那个样子，后来有一次我见有人把扫拢来的干花瓣收集起来，突然想起，呀，它好像还是一种茶、一味药呢。我更愿意花的归宿指向药，那近乎羽化登仙。

清晨来到树下，见地上新瓣压着旧瓣，有种天然的韵味。一夜宁静，玉兰在人事干扰之外，没有扫帚拨扫，也没有鞋履践踏。新鲜的落瓣带着晨露静静躺着，透出晨间特有的气息。

树都有化腐朽为神奇的本领，只不知这种花树的根系从地下吸吮的是何种物质，养出这种叫"玉兰"的花儿？它在枝头可观可赏，它的清香芬芳醉人，它离枝伏地，还要用它的落瓣一层层垫起我们的脚步。如果，不可避免地要从那上面踏过，我想让自己的脚步落得轻一些。

荷 塘

芙蓉出水后，七月的中心移往荷塘。蜻蜓、青蛙、麻雀、鱼儿、蝉，全都云集在此。人有爱荷的天性，所以人也跟着来了。来了的人很少喧哗，除了带来脚步。在一池莲荷面前，连惊叹也是不出声的，很得了些莲的妙谛。

只是不知道七月的蝉儿是有着强烈的爱呢，还是强烈的恨？何以激昂到声嘶力竭，誓要将天空掀翻了似的！我在耳朵感到振聋发聩的同时整个人也有些晕头转向了。我之所以没有从蝉声的乱阵里逃遁完全是由于那一池莲荷，给了我意味深长的微笑，她把我坚定地牵引到水边，拣一处参差的石头岸坐下，倾听那荷语。

莲荷是如何的淡静而大度，一再任由高处的蝉把那些石破天惊的声音统统倾倒进低处的荷塘，荷不惊亦不乱。荷不似蝉儿那样大悲大喜，大唱大叹，她只是稳稳地擎着她的一柱红颜，在清风中微微颔一颔首，或是与飞去的蜻蜓互递个告别的眼神而已。荷从来是如此恬静与娴雅。

我不怀疑在荷塘边遇到的人都是些真正的爱荷者，尽管他们大多不拘小节，难有士大夫们的儒雅。我想他们是听得懂荷语的人，显然他们无法如诗人一样地去复述，我也就不必以探询的目光逡巡于他们的脸了。我看到一个男人敞开着衣襟把头靠在椅背上闭目睡去，把荷塘当成是他家的客厅，毫不羞于在"静女其姝"的莲荷面前率性粗放。荷让人如此坦然。

高处的树木在荷塘上空围成了一圈，那儿又成了蓄满阳光的金水池了。那些垂钓的，你道他们是闲是忙？花一整日功夫在烈日下静坐，用一枝长竿不断探询水底世界。莲荷下的奥秘我们是知道一些的，关于藕，关于鱼群的喋喋……可是又何必一定要把它们钓出水面呢？

夏季天空的另一半是雨水。一场雨通常会给荷塘清清场，脚步骤然减少。长椅空了，像戏歇了场，特别有意味，让人且期待且回味。共打一把伞立在雨中的是依依情侣。他们往往痴痴地四目相对，除了看到对方的眼睛，世界上别的什么也不存在。而在垂钓者的眼里他们也不存在。你若以为垂钓的人光是与烈日较劲你就错了，雨也是劝他不回的。他们打着伞，或是裹在雨衣里，一个劲地用长竿探询水下，那都是些有真趣味的人啊。你完全想不到，一张荷塘给了他们那么多。

池塘边那块湿漉漉的石头有了表情，因为那个大大的朱红的"悟"字被雨水冲刷得新亮新亮。望着那个"悟"字，人会有种错觉，以为顽石也会点头呢。

雨中的荷叶丛是有些乱了的感觉，仿佛少女晨起未及梳理的秀发。雨水落入荷叶的玉掌，全都成了掌上明珠。那雨珠子越滚越大，把荷叶压弯了，然后冷不丁"哗"一下滚入水中，荷阵中总是不时传来这样的声音，这里，那里，让人时时讶然。能承受的且承受着，承受不了了赶紧把它倾倒——这就是我对荷叶的一"悟"。倒完了雨水的荷叶迅速弹起身子，又是亭亭玉立的样子了，又有力量去承受下一颗雨珠之重了。

同一池水，同一池莲荷，我说"荷塘"，它近在眼前，是众生共享之场所；我说"莲池"，它似乎离得远一些，成了诗画境界。虽然哪一种称呼都无损于它的"静""净"二色，但我愿意它听起来更切近些，愿意它是我足尖可以到达的地方，我随时能来看它，把一些烦和恼悄悄放下，把一些喜和

乐偷偷拾回。是的,它是众生驻足的荷塘,在荷塘边,我确切地感知到,"我"是众生之一。

看,海水里的草

草类也有嗜咸一族吗?绿野上的草也会下海戏浪吗?碧海银沙也能生长翠色吗?生命之舟系于海边三十余年就穷尽海岸真相了吗?

草什么时候长到了海里我可全然不知,这是一带我极少来的海边。在我的常识里没有长水草的海,我最熟悉的是枕着雪白沙滩的海。现在,一群水草从一片蔚蓝里钻出了它们青翠的小尖脑袋,在海浪的推涌下嘻嘻哈哈,摆起袅娜的身姿。上午十点半的微风和暖日轻拂照耀着,我惊奇着,看水与草亲密拥舞,经验中第一次有了长水草的海滩。

正是大海激情时刻,早潮满涨,浸没了整个滩头,海的身躯因充满了丰沛的体液而丰腴动人,她柔柔地起伏着。秋日静好,水面上一片幻美的阳光,迷住了我的眼,水下的世界我看不见,那是水草与海水、鱼儿的秘密。草滩多秀美啊,那一片绿色在海水里一涌一漾的,我丝毫不担心它会被海水的蔚蓝溶解或吞没了去,那是长进海水肌体里的绿,是绿川野对蓝海洋的侵入和濡染!怎么,我竟以三十余年的短暂光阴看出沧海桑田的端倪了吗?!

我坐于岸边一座四面透风的凉亭,背靠朱红的柱子,环顾四周苍色的木麻黄林。这种爱沙恋沙的亚热带防风林根扎得很深很广，是躲过了开发的刀斧才幸存至今的。它们坚守海岸那么多年，没有一丝进化的迹象，一如既往其貌不扬，一如既往歪七扭八，一如既往地掉它秀发般的针叶，落它泪一样的硬果，一如既往地，海边的人们把它们掉落在地的枯果和瘦叶烧成一把火，烹鱼煨汤了去，一切都没有变；不同的是，有一种草开始了对海洋的挺进。

看起来多么纤弱的一个族群，它喜欢大海给它的一切磨难吗？它不怕咸水呛喉、涩水伤肤，不惧风浪折腰吗？或者我理解不了这种草的选择。很想在一个月黑风高的夜晚，来看这草抗风搏浪，然后在一个明媚如斯的早晨，依旧看到它们在海水里欢笑，柔韧的腰肢依旧在碧波里戏浪。

几棵木麻黄树在岸边沙地一处小小的断层上暴露了深褐色的根根须须，潮水在退却，一片浅草滩呈现了，阳光到达了草的根部，我奔过去，看清了那是一张密密交织的网络。草根从沙滩向海底蔓延。秋阳蒸蒸，草滩一刻不停地呼出的微咸略湿的气息裹住了我，刚刚泅完水的草们从头到脚湿漉漉的，我蹲下去观看那些挺秀坚韧的身躯，同时发现了一窝宿于草根的小小尖尾螺，看来是潮退时被它们的鱼朋虾友撇在这里了，它们一定无比热爱这褥子般舒适的草滩！

海边的凉亭有多少年头啦？都曾歇过哪些人的脚？它尽日看沧海横流，不也够慷慨悲凉的吗？我今天可算是有缘，在一个没有惊涛拍岸的和暖秋日，拥有了一段秀美的草滩，以及岸上这一切风景。

凉亭临海，八面来风。

对秋实的仰望

  我路过一株枣树。瘦高的枣树挑着一树枣子在路旁。有个男人举着竹竿站在下面,嘭,嘭,嘭,连着几竿子打下去,枣树叶像鸡毛似的四散飘零,枣子"卜卜"落地,青青红红。我还在心疼着枣树呢,几个孩子已奔过去,在一地翠叶之间捡拾起枣子来。大人也来捡,随手抹两下就放进嘴里咬了。初秋的阳光比夏天要懒一些,静静地照临,过路人情不自禁放慢了脚步望一眼那枣树,近处摆小摊开小店的人也在那儿站着闲看,于是,枣树下,有人打枣子,有人拾枣子,有人看人打枣子,成了一场小小的热闹。我觉得这画面很乡土。秋天的枣树快乐着一群人。

  秋天是让人仰望果实的季节!

  丰硕的果园离我们太远,幸而石榴和柿树把硕果挂在了离我们最近的地方,在庭前,在檐下,在道旁,在拐角处。石榴、柿子和枣子代表着一种平民化精神。挂着的才是生动的,因为它们仍在枝头生长着,仍是树的一部分,是绿叶的手足,而不是被切断了命脉摆放在摊上的果子,要么烂掉,要么被吃掉。石榴树仍在向它的每一颗硕果灌输着浆液,越来越饱满红润的石榴里,果粒因充盈着生命的活水而晶莹,它们向着成熟更成熟的境界努力地靠近。一只挂在枝头被阳光照耀的红石榴让人充满了幻想。

  柿子比石榴迟熟,还青涩着呢,它是直到霜叶红透还不落的果子。我见过冰天雪地里孤零零地挂在秃枝上的一只红柿子，像张冻得通红犹自在笑的脸，头上一片灰蒙蒙的天，四周一片灰扑扑的房子，公交车粗声粗气地走，把下过雪的路面轧出污黑的辙印来，枯树上什么也没有，只有一只红柿子，太突兀。因突兀我感到滑稽，感到惊异；因惊异我肃然了。柿果通常挂得高，一把火烧过秋天。

路经荷塘的时候，远远地望见一张大大的黄叶，啊，秋天的旗帜挂出来了！便知道，残荷的境界在望了——"留得残荷听雨声"。眼下我只关心一池的莲蓬谁来收？明媚了一个夏季的莲修成了正果，一支支褐色的莲蓬纷纷举着，青青的莲子就含在其中啊，只等那采莲的桨划过来了，只等那采莲的手探过来了！"低头弄莲子，莲子青如水"。这等妙事只会叫人联想到头扎蓝印花布巾的江南水乡女子，那一番低眉宛转的动人情态。而这塘中的莲蓬会落得如秋蓬般飘零的结局吗？我怎知！很想得到一把它的青莲，但岸上的手是够不着的，自夏至秋，从花朵到子实，莲荷始终让人隔水相望。

还有埋在淤泥中的秋藕，充满着甘甜的淀粉，饱满丰硕，在最低处打造着秋天。

这最低处的藕，实在仍需仰望！

兰 心

可以养在室内的植物，我选了仙人柱、仙人球和吊兰。

那些把自己的叶子收缩成一枚枚针刺的仙人掌科植物，

来自阳光倾泻的热带海岛、沙漠,性应喜阳,于是把一盆顶着火红果实的仙人柱、一盆硕大浑圆的仙人球分别放置在书房窗台与卧室门边,那儿离阳光较近。枝条柔软的兰嘛,出自深谷幽涧,常年山岚缭绕,自当喜阴了,便置于离窗口较远的玄关处。

我虔诚地相信它们能帮我吞噬室内的废气余毒,我愿意和它们共处一室,我呼吸的空气经那些看不见的绿色滤网滤过我放心。我有时穿上软软的体操鞋,在卧室的木地板上做轻微的运动,伸腿展臂,转身之间,左一眼"深谷幽涧",右一眼"海岛沙漠",仿佛那兰与仙人球们可以让我在涵养流岚的空灵山谷与那只挂一丝云彩的赤裸蓝天之间回旋,不知不觉我的心神已越出了四壁,那是意想不到的空间的延展。

兰是玉心吊兰,绿色的边,一道玉带穿心而过,如镶如嵌,吊兰的枝枝叶叶纷披垂挂,线条流畅赏心悦目。佳卉有佳名,让人时时玩味。刚进来时吊兰的剑叶柔韧润泽,人有时是多么粗心,我隔天给它浇水,竟好长时间不察觉它在一天一点地枯萎。从叶片顶尖开始,绿色在节节败退,一截干枯的叶子越来越长地拖在每根枝叶的尾部,势不可挽。

这玉心吊兰,它已经病了,病在哪里?人听不懂花语,多么纳闷。是不是渴了?于是我把水浇得更勤。可是它一发不可收地枯萎下去。是缺少光照吗?可它喜阴啊,我笃信不疑。它终于病入膏肓,我束手无策。

到满盆秀叶枯成一把黄筋,只剩下一丁点儿绿色在根部时,我感到芳魂已逝,兰心已死,多么可哀的事情!

若说还有一丝救兰的希望，那便是一试阳光了。我把它移至走廊，仿佛是对阳光最后的祈求。一室幽暗，唯卧室外的走廊上，风掀廊帘时阳光像些小精灵，这里那里扑扇着翅膀。它能医治兰之病吗？

半个月过去了，玉心吊兰所剩无几的那一点绿没有消退；一个月过去了，吊兰的叶子在悄悄返青，绿色在向枯萎的部分点点逼进！我拿剪刀把那些枯萎的叶子小心地剪下来，帮助绿色收复失地。我悬着一颗心，耐着性子，怕过早惊喜会惊没了奇迹。

很多的日子过去了，玉心吊兰把生还的奇迹举在剑叶上呈给我看，我终于确信，是阳光救治了病兰！从此再没敢让它离开过阳光下的走廊。

植物的心都是向阳的。即便是出自深谷幽涧的兰，也不可幼稚地以为可以将它的心和阳光分离吧！而我，由于无知，曾经让它活在黑暗里。在它蓬头垢面形容枯槁时，在它于一片黑暗中垂泪饮泣时，我仍然无知。

望一眼书房窗台上的仙人柱，它的身躯已经严重倾斜了，像一根向外倒去的柱子。我明白，那是为了抓取窗外的阳光！

最忆是梧桐

在有缘相识的植物里，梧桐是很晚才登场的一种树。十八九岁我才见到了那些早已在唐宋词里哀愁了近千年的梧

桐树，原来是些高大、魁梧，夏季绿荫如伞、阔叶如掌的乔木，筋强骨壮，看不出半点哀愁的影子。然而唐宋词的根比梧桐树扎得更深更早，在我见到梧桐以前，梧桐的哀愁早已在线装书里定型："梧桐树，三更雨，不道离情正苦。一叶叶，一声声，空阶滴到明。""梧桐更兼细雨，到黄昏、点点滴滴。这次第，怎一个愁字了得！"那时年少，不解这个"愁"字。

　　我的眼前突然出现许多梧桐树是由于人生中一个新阶段的来临，我结束了在家乡的少年时代，负笈去到远方。纷乱的武昌火车站站前广场上，白天与黑夜正在交割，我坐上了下午最后一趟迎接新生的校车，是加开的敞篷车，我手扶栏杆站得高高的，风尘仆仆，心情忐忑。车穿过拥挤的街区突然折向一条宽广安静，拥着高大乔木的大道——后来知道是条梧桐大道。对于我，梧桐就这样毫无预感地出现了；对于梧桐，我就这样不声不响地降临了。那是黄昏，也是清秋，那是奔向目的地的最后一程，每个瞬间都充满了转折，空气中乃至人心头的冷暖在微妙地互渗，梧桐披一身黄褐的秋色立在暖暖的街灯下，在我的前面无尽地延伸，在我的背后指向苍灰的天际，让人心头霎时染上了一座陌生大城的气象：苍茫、安详。梧桐大道宛如一条长臂，把我接向深处，沿着它修长的臂弯，我滑入了我的大学。

　　完全是个梧桐深院：山脚，湖畔，舍前，路旁，触目尽是梧桐；春季梧桐风，夏季梧桐雨，秋天梧桐霜，冬天梧桐雪，一院的学子住在唐宋词里。有时手捧古诗词选本坐于高高的架床上,适逢竖行文字,目光便竖着游走,室外风起梧桐,飒然有声。

五月,梧桐张开千片万片掌状翠叶迎接雨季。一场接一场的雨自天而降,穿过梧桐茂密的发冠落向地面,我们说那是梧桐雨,我们继承了唐宋词,觉得周遭被诗情画意包围着,诗意得都有点令人忧伤了。我打伞走过植满梧桐的校道,雨意阑珊时脚步放慢,心生闲情,便抬头去望挂在桐叶边沿的雨珠,听它在伞上跌碎成音乐,如同在唐宋词里做了一趟短旅。

谁也没法和古词里的思妇谋面,撩一撩她的轻罗帐,问一问她三更醒来时听见阶前梧桐雨滴答的苦况,三更,通常是睡得梦都没有的时辰,我们年轻,不懂离情,想谁也不会想到三更去。而那一院的梧桐雨是否蕴含哀愁,终究是各人心上的秘密。

我的愁绪来临是由于他的来临。一起上课,一年多以后他才突然在我的注视下出现,偶然一个推门动作,巧极了,撞上了我的目光,从那一刻起,在我心头,他来了,把哀愁携来。

此前和此后,无数个五月充满了夏花的欢愉和芬芳,唯独那两个五月尽是梧桐雨——那原是避不开的风雨,就像我们相遇,我们相约,注定绕不过条条梧桐道。那两个五月之间,是最漫长的一年,整整一年的时间都被我用来想他了,是极幽闭的想,让他一无所知的想。我以为他不会知道了。不能预期的是,下一个五月来临之际,一根红线牵到了我们手中,而他欣然赴约。

初恋初约,羞涩局促,如果不是手上举伞,脚下移步,几近手足无措。唇舌笨极了,说不出更多的话来,只好在一条接一条的梧桐道上不停地行走,绕过山脚是湖畔,走过湖畔是丛林,穿过丛林是房舍,迷濛的雨雾中,桔黄色的路灯一盏接一盏地在前面亮着,仿佛天使的眼睛,无处不在,盯着两个肩并肩的人看。漫天的梧桐雨雾已把世界变得很空茫,像是要离我们远去,可是暖暖的光晕,走在身边的人,以及延伸在脚下的路,又将世界真真切切地拉了回来,那一下,世界是既远又近的,那时节世上只有两个人而已,并肩走着,是一件这样温暖的事情。

我们把伞收了,靠着路旁一面橱窗立着,檐雨从眼前滴落,珠帘似的织着,现在,夜雨梧桐在我们面前打开了一面更宽阔的橱窗,布景幽美,我们心猿意马地观看着,一心想进入的是对方的内心,却觉得那道门欲开又掩,有时仿佛钥匙在手,一转眼又丢失了,不知道怎样进去是好,三番几次回头去找,磕磕绊绊,可是钥匙在跟人捉迷藏呢,就是不让人轻易握得。我们稍觉困窘了,话语不甚流畅,也许我们还需要时间来消除彼此间的那点陌生感吧,也许竟是我们一时想得太远了的缘故,把一年后的那团浓雾过早地招来了——我们从一开始就认真地谈论过毕业后的劳燕分飞,我们把自己放进一个不可抗拒的结局里去了,我们感到无能为力。

梧桐树太高大了,绿荫都擎到宿舍四楼上来了,殷勤的枝叶还探身到平台边沿的护栏上，也许知道一个光秃秃的水泥平台需要这样一簇浓绿吧。梧桐环绕的平台是大家晾衣晒被、望星看月、读书唱歌的好地方，黄昏最好，太阳要落下去了，把最后的金黄给了梧桐，那时刻梧桐是瑰丽的，让人迷恋着不想走，站在那里，直到光芒敛尽。夕阳可以从世界上任何地方落下去，我那四年的夕阳就是从这方平台上落下去，从那些梧桐树的背后落下去的，梧桐伴落日，说不上凄美，可是惆怅是有一点的，站着站着，仿佛在等一个人，最希望蓦地一回首，无比惊喜地看到，那人就在平台那一端的小门口上，正要朝这边走过来。

是有一个这样的黄昏，他来了，惊喜之余，我忙从寝室里搬了两张凳子，一起坐到平台上。还是没有多少话语，只是默默地感受着彼此的体温，直坐到暮色四合。

那一院的梧桐不会永远为我们拥有，我们毕业了。七月的桐荫里布满了梧桐挥别的手掌，为了这场告别，我痛快淋漓地流过一次泪，清洗了我在这里生成的所有遗憾和忧伤，然后在一个晴好的日子里踏上了归程。我要回乡了，他也要回乡，那么多的同学回乡的回乡，不回乡的将奔赴另一个他乡。这是我们早就谈论过的劳燕分飞。我和他之间的距离将与中国大陆全部海岸线等长，这就是天涯海角。然而当我登上了南下的列车，从一个窗口探出头来与月台上的他挥手道别时，心境出奇地明朗，挂不住一丝哀愁，因为一切都已经远去了；我永远记得的是，他穿着一件淡蓝色圆领短袖针织衫……

　　我是沿着最初迎接我的那条梧桐大道退出那座大城的，可谓圆满。四年的光阴在梧桐的躯干上刻满了四小圈，我在这里刻满了一大圈。然后，我很快在不长梧桐树的南方亚热带海滨故土重新扎根生长，开始了人生的又一历程。

　　闲翻唐宋词，偶尔也读到："梧桐树，三更雨，不道离情正苦……"才想起，梧桐雨？哦，多年前下过！

【辑三：如梦浮生】

我仰望苍天，想着大地上那些
幸与不幸，苦难欢欣
有人揣爱，有人怀怨，有人裹恨
各自奔走，水东流

一个人的卡布奇诺

那家"上岛咖啡"躲在一个巨大的购物广场里,时髦的名词叫做"摩尔"。咖啡再浓香四溢,平时她逛"摩尔"时也只是翕着鼻翼走过,像个坚拒诱惑的人。

她曾从他的冰箱里发现过一大瓶"雀巢咖啡",旁边躺着"咖啡伴侣",她欢叫着拿出来,刚嚷出一句:"今天请我喝咖啡!"才想到去找上面的有效日期,发现已经过期大半年了,她惋惜了半天,将封口纸揭开,恋恋地看着那些咖啡色的、奶白色的粉末刷刷地落入废物篓里,咖啡的特殊苦香一阵散发,废物篓里已堆出了两座小山,一座像刚燃过一场山火,林木焦枯,一座像刚降了一场大雪,白雪皑皑。她把空瓶子洗干净,摆在他的餐桌上,一个是看不透的咖啡色,一个透明如水,她对他说,一人一个,你要哪个?他选了看不透的咖啡色。

在寒冷的冬天,周末午后的小客厅里,静静地捧喝一杯热咖啡,舌尖在浓浓的苦香中流连,这种体味她只有过一回,发觉原来冬天再冷也可独自制造点儿温暖,而落寞会化作暖暖咖啡色,不再是皑皑雪白。她再体贴自己,也不是那种会为自己煮一壶咖啡的人,那是别人送的速溶咖啡,她只用了一小袋,结果夜晚失眠紧随。剩下的咖啡也就被无限期地搁置起来了,这算是她对咖啡的一次浅尝辄止。

今天,她在"上岛咖啡"宽大透明的玻璃门前停了下来,无目的闲逛真有在人海中浮游的感觉,她开始感到鞋子夹脚了，或许，上岛来歇歇也是好的——可以歇脚的咖啡馆真像是一座悠闲的小岛呢，她走了进去。

侍者问："几位？"她答："一位。"侍者把她领到大厅中心一个四人座里，她选了个挨着一根柱子的位置坐了下来，开始浏览菜单：比利时皇家咖啡，蓝山咖啡，巴西咖啡，卡布奇诺……没想到在咖啡的队列里找到了Cappuccino，好一阵惊喜，也有种隔年的恍然！

多年前那首"Cappuccino"流行时，她并不知道是说一种咖啡，虽然那明显是种有咖啡因的节奏，而不会是茶，当然也不是烈酒。她喜欢那节奏，只是对那洋名字有点满头雾水，问他："喂，Cappuccino是什么？""呃，是种饮料吧，鸡尾酒？"哈，他也不比她更懂咖啡！

"有人说爱是一种烈酒，会让人失去了左右，我却对爱有种不同感受，我深深地觉得，它像手中Cappuccino。"她零碎地捕捉到一些歌词，有时也在他耳边哼几句。可是，到底什么是Cappuccino，和爱情一样迷人？她要他去请教他的一个调酒师朋友，他答应着，却总是忘。

直到他们分了手各奔东西，她还是弄不清楚什么是Cappuccino。有些问题时间一长就被放下了，就像那个总也弄不清楚的问题："你爱我吗？爱吗？"

"您的卡布奇诺。"侍者把咖啡端了上来。"谢谢。"她把咖啡杯移到自己面前，端详起这杯"卡布奇诺"：白色的奶油浮在表面，像冰山，她用小匙子挖掉"冰山"一角放进嘴里，品一口那甜甜的味道，然后开始搅拌，冰山转瞬化

为泡影,咖啡色的海洋里泛着一片泡沫。的确,是种泡沫丰富的咖啡哩。

方明白,为什么"爱情像Cappuccino,浓浓的眷恋泡沫,诱人的气息,多爱不释手!"眷恋泡沫?是哦,一种眷恋是不是泡沫,也须经年以后才知晓的。她轻轻搅动咖啡匙,觉得味道略苦,就又加了两匙子糖。

她的那张咖啡桌空落落的,是的,对面的座位上缺少一个对品咖啡的人,吊顶的射灯又偏偏在她头顶上坏掉了一盏,而完美的咖啡滋味是不能缺少这两样陪衬的:头顶,顺着她的秀发滑落的一束柔和的灯光;对面,照彻她心底的一束男人的眸光。

左前方壁上的挂钟指向午后三点多,咖啡厅里语声嗡嗡,连侍者都聊起天来,音乐不知什么时候断了,难道连DJ也打起盹来?她若是DJ,这会儿一定放那首Cappuccino!

她四下环视着,发觉这个座位处在中心地带,几级台阶之上,如岛中之岛,一根大方柱子挡在她的左侧,幽暗的灯光使她显得有点隐蔽,可以随意观看咖啡馆众生相,而免于被观看。咖啡座上的人们陷在各自的话题中,嗡嗡的语声足以让人飘浮起来。落定在她视线里的是左侧斜对面一个穿花格子衬衫的男人,这人说话时伴以大幅度动作,在蓝灰色的沙发靠背上时仰时倾,柱子挡着,她看不到他对面的谈伴,恰如一出对手戏被抽掉了一半,成了独角戏,而且还被抽掉了声音,成了无声版,让她不远不近地看着解闷。更远处是一对女伴,桌上点心已经零散,身上衣衫也已疲塌,显然是坐了些时辰了，她们在聊些什么话题呢？这样一个周末午后的咖啡馆之约对她们来说委实难得吧，各自哄好孩子，撇开丈夫，偷得一角自由时空，两个女人心里都有一丝窃喜、一刻轻松吧，聊聊她们信仰的化妆品、心爱的衣裳、敬畏的上司、过去的好时光、美妙或者渺茫的前程，最后，家和孩子丈夫一齐强劲浮现，那将是她们结束这次聚谈的时刻，还得算好了，到家正是准备晚饭时分。

桌上浅缸里装着一堆深褐色的碎末，应是一壶咖啡的沉渣，可是她错眼看成了一堆烟灰，仿佛此时他正坐在对面，指间夹着一支烟，望着她；而她，则用品咖啡的心情，品着他的表情，他的衣着，他的声音，他弹落烟灰的动作……她左臂挨着的柱子上裹着斜纹的墙纸，图案极像交织着的细篾片，一股米黄色，一股咖啡色，纹理逼真，让她忍不住伸手去摸，指端顺着纹理走，像在感受着一件衬衫的质地，是的，假如不是斜纹，而是一道道纵横条纹，那会组成一些品味很好的小方格子呀，这样的衬衫穿在他那样斯文清瘦的男人身上棒极了！

她面前的咖啡杯差不多见底了，她要把一杯卡布奇诺喝完了，不知道今晚会不会失眠？咖啡不是她所爱，茶她也无法说爱，这两样东西都会使她失眠。往事的复活也会使她失眠。若不是已经和他失去了任何联系，她倒真是很想告诉他今天的卡布奇诺，没错，是浓浓的眷恋泡沫！"苦苦的美丽滋味，藏在我心头久久。"还要告诉他，忘了什么时候从哪儿看到过一句："爱她就请她喝卡布奇诺！"

红菜汤

  她沿着大街走向街角那家餐吧时，夕阳还没有敛去光芒，城市浸在一抹暖色中，给了她一天之中最亲切的笑容，街上车流又开始奔涌，却是一派归心似箭的温暖。很好，该回家的回家，该赴约的赴约，她喜欢看城市在暮色里脱去浮躁，慢慢安顿，并为怀中万家灯火撑起缀满星子的巨大天幕，用整整一个夜晚来演绎白兰地似的罗曼蒂克，或白开水般的寻常幸福。

  和他约好了在那家餐吧见面。一年前曾在那儿留下过一些曼妙记忆：钢琴师弹奏着"梦中的婚礼"，在激荡的旋律中她和他一起啜饮那道"俄罗斯红菜汤"……

  近乎寻梦，被夕晖导引着，在黄昏的都市里，朝着一年前的记忆缓步走去。出门前打了他手机，他说手头还有点工作未结，让她先去，话没说完就被工作间乍响的电话铃声打断了。因此她步行而去，稍微拖延点儿时间。

  一年前他们漂泊到这座城市时，囊中羞涩，居无定所。找到第一份工作之后，他带她来到这家餐吧。"想吃什么？"他把菜单递给她，她漫翻着那本厚厚的菜单，念着那些价格不菲的西菜名：辣芥虾肉沙拉、铁板烤鳗鱼、里昂嫩口牛扒、比利时烧牛尾、丹麦鹅肝批、俄罗斯罐焖羊肉、法式牛扒配白兰地蘑菇汁……她吐了吐舌头低声说："哦，太贵族了！"他朝她努努嘴："今天我们不考虑价钱。"最后他做主点了蔬菜沙拉、俄罗斯红菜汤、烤鳗鱼、牛扒、意大利面、比萨和草莓冰淇淋。在喝那道汤色艳红的"俄罗斯红菜汤"时,她的眼睛越过他肩膀看一身燕尾服的钢琴师弹奏"梦中的婚礼",早已熟稔的曲名打她嘴里脱口而出,她的心即随着旋律摇荡起来,仿如站在红地毯的一端;而他,兀自对那道酸甜咸辣的红菜汤赞不绝口!

那晚,两个穷光蛋忽然活得像贵族一样。他们还猜测着:"明年的这个时候,会怎样?"

一年后,她有了稳定的工作和居所,他则换了两次工作,运程如朝阳初升。这次,他建议去另一家更有品味的餐厅,她却坚持要到这家餐吧来。

她步入餐吧,找了个靠窗的二人座坐下等他,第一眼就看见了前方小舞台上的钢琴,已由台式的换成了三角的,乐师还没就位。

她坐在餐吧里,偏头望窗外天色,这个黄昏和一年前没有任何不同,渐渐浓重的暮色将街上的喧哗慢慢压下去,她望见街对面灯火通明的一家餐厅里,座上有人晃动着手中的高脚杯,她嗅到夜的气息从千万只注满玫瑰色、橙黄色、葡萄红玉液的玻璃器皿中溢出来、溢出来,碧绿的装饰光打上了街旁的路树,原本清秀的枝叶披上了夜的魅影。绛红色的桌布上已摆放好洁白的餐具,她打开包裹着匙子刀叉的餐巾,把银亮的匙子取出来搁在餐盘里,听见了金属与陶瓷轻轻碰出的脆音,她喜欢耳朵此时在一片杂声里找到了这些温馨的有家居感的音符。

过了一会,她看见他匆匆推门进来了,她朝他招招手,

他走过来。"事情忙完了？"她问。他把对面那把椅子拉开坐下："嗨，哪有完啊，下一项又来了。""应接不暇呀！""是呀，累坏了！"他一脸疲惫，长吁一声，把餐桌上的菜单拿起来："今天我们吃什么？""一年前在这里吃什么现在还吃什么。""一年前？"他沉吟着，"嗯，比萨、烤鳗鱼、俄罗斯红菜汤……"

钢琴开始演奏，去年的黑色燕尾服钢琴师已换成了两个裙装女孩，四手联弹，且弹且唱，她估摸着是音乐学院的女生课余出来炒更，她一边啜饮白瓷碗里的红菜汤，一边和他打赌："下一首，梦中的婚礼，信不信？"结果，等她把一碗红菜汤喝得滴水不剩，"梦中的婚礼"还没等来。她坚持着："下一首，梦中的婚礼！"一半祈祷一半打赌。她真没运气，这"下一首"就像有的"明天"那样永远不会来。于是她说："今晚的红菜汤有点酸。"

从那家餐吧出来时，星子已经布满了天幕，霓虹把都市的夜空染得扑朔迷离，她随他沿着人行道慢慢地走，依然踏在去年的方格砖上，只是不再有去年的天真。一年前，她牵着他的手，屈起一只脚，在方格砖上玩起小女孩时代的跳房子游戏，一边咯咯笑着，毫不理会这是繁华都市的街头。

过街天桥还横在那里，也不再有一年前那个跪在那儿接受他们几枚硬币微薄施舍的流浪汉，而多了些卖皮带、发夹之类的小贩在夹道蹲着，面前摊满零零碎碎的小什物，满嘴满脸地吃着行人脚步扬起的尘埃。一个小女孩捧着几枝玫瑰花泥鳅一样钻来钻去，专找年轻的"护花使者"："先生，买枝攻瑰花吧！"她瞥见他蹙着眉头避了避，忽然想起，一年前，就在天桥阶梯转角，从一个提篮子的小贩那里，他给她买过一把黑紫黑紫的桑葚。

她和自己打赌，再过一年，又会怎样？她无法要求他承诺什么，而他，也无法承诺什么，因为都市没有给他们任何承诺。

一年后他被公司派驻欧洲。有一天，她在"百度"搜索引擎的输入框里输入了"俄罗斯红菜汤"字样，获得了它的配方：圆白菜、甜萝卜、西红柿、牛肉……她学会了做红菜汤，常常在周末的黄昏做给自己喝。为此她专门跑了趟陶瓷市场，买回了两只带双耳的白瓷汤碗，和餐吧里的一模一样，她把红菜汤盛在两只碗里，假设他坐在对面，一碗给自己，一碗给他，她喝完了自己的那一碗，再替他喝。红菜汤的汤色什么时候都那么艳红诱人，只是她的水准极不稳定，据说地道的"俄罗斯红菜汤"是有很严格的烹饪程序的，而她，总是一走神就让那道酸甜咸辣适口的红菜汤五味俱乱。

红鞋子

红鞋子像两只小船停泊在卧室的木地板上，光线自廊外来，勾勒着红鞋子的轮廓，她斜躺在床看书，目光从书本上滑落，沿着红鞋子圆溜溜的轮廓线抚摸上一周，被城市街头尖锐的棱角刺痛的眼睛会有种很柔软的舒适感。

软软的羊皮润泽的光,她用眼睛代替一双脚去触摸红鞋子光滑的表面。那红,是红得喜气又不张扬的,如一个暗自的微笑。鞋面上各缀了一朵红绒花,红蕊红瓣压着两片红叶子,是红鞋子的可人之处。有时她想,鞋子并不长在脚上,是脚长在鞋子上,鞋子自己有脚的,会跟着不同的主人寻找不同的归宿。这双可人的红鞋子随她回了家,宿于她的闺房,带来一些喜气——瞧啊,多像新娘子脚上的那一双!但凡是经历了些颠簸,又走到了顾影自怜路段的女人,对"谶"的魔力,多少有些宁可信其有:红鞋子摆在家中,总是个吉兆。

她用 MP3 "随身听"听一首儿歌:"虫儿飞,花儿睡,一双又一对才美,不怕天黑,只怕心碎……"辽阔的和声如一张星光熠熠的天幕,缓缓摇曳着网住了她,无数次,她甘心坠入这纯净童声编织成的网。她惊叹那个教孩子们唱"一双又一对才美",唱"不怕天黑,只怕心碎"的词人,竟拿了一句成人话语去找童心代言,令她此时仿佛手心里正捧着一张粉嘟嘟的小脸,如感受着小嘴哈出的牛奶饼干味儿一样,感受着心头的冷暖。

一双又一对才美。嗯,红鞋子就是一双又一对的,红鞋子是个吉兆。所以她将它单独摆放在卧室里,有点不当它是走路的鞋子似的,她不穿它去菜市场踏烂菜叶,也不穿它去扬尘的大街上吃尘,她为它选择的路径是:园子里、莲池旁。

鞋子总是惦记着路面的,红鞋子每日的低语她不会听不见。红鞋子说:"走,到园子里转转?"红鞋子用园子里的春色诱惑她:"春将暮,海棠落红遍地,碧桃都快谢了!柳条渐已成荫……"

她欣然成行,穿的是一条腰部绣花的黑色西裤,罩过脚面,走动时,肉色的丝袜从裤管下面露出来,和红鞋子映衬。她沿着石板两侧嵌满卵石的小径缓行,一路顾盼,像个有约之人,其实只是园子里将凋的花树约她而已,并没有哪个人站在哪棵树下向她引颈。她噗哧一声笑响,是想起了那句关于约会地点的经典玩笑:喂,是在第三根电灯柱下,还是在第三只垃圾筒旁啊?眼下,在她面前可做标志的,只有树了:第一棵树下站着一个书卷气女孩,第二棵树下站着一对T恤恋人,连第三棵树下的空位都给了一个神色似举棋不定不知是去是留的人……她抬起红鞋子,踩着些落英,不为哪棵树停留地迈过去。

红鞋子就这样润滑着她的时光;只是,后来多了两个疑梦。

有一天收到一个礼品盒,她急忙打开来看,惊奇极了,里面竟然躺着一双红鞋子,和她脚上的一模一样!一根红丝带把小香卡绕在鞋面那朵红绒花上,她把卡片拿来,看见几个清俊的字迹,墨香犹存。由于是梦,字句竟记不清,醒来时她把十余年来有缘无缘的异性都估摸了一遍,却找不到相同笔迹的人。

又有一天,她的一双红鞋子不知怎的只剩下了一只,她翻遍屋子里的犄角旮旯,也找不到走失的那一只!醒来时一眼看见红鞋子船儿一样成双泊在卧室的木地板上,一场虚惊。

她依然爱躺在床上看书,有时咂摸那两个梦:鞋子不送人,送人人会跑。那男的是谁?为啥要送红鞋子?红鞋子无端走失一只,是隐喻、是谶?

关于红鞋子的两个疑梦,始终找不到最好的说法去圆。

簪

女人头上的饰物,她顶喜欢那支簪。她的梳妆台上摆着各式各样的簪,长的短的,圆的扁的,木质的,金属的,象骨的,牛角的,玉石的,这使她脑后的发簪也如心情、物候般皆可变换。簪身上有冷暖,酷热的夏天,冰凉的触着才舒爽,寒冷的冬季,温润的摸着才熨帖,她用女人敏感的指尖拈着不同质地的簪,在那些簪上测着心情的轻重。虽则一颗心已打磨得没有了大悲大喜,但心情的星月暗换是每每有的;她本来就不是个善于驾驭激烈言辞的人,拈起那簪,暗自掂量过,所有悲喜都隐忍地簪进发髻里去。

她的一头黑泽得自天然,少女时候就用心呵护着,长发经年,一双手也练成了驾驭这种特殊素材的好手,春花秋月里,她乐此不疲地换着皮筋、发带和发夹,把头上打扮得如同枝上的春天。自从遇上了簪,秀发却从此定型成髻,再没翻过花样,仿佛妖娆女郎一经转性,也可成贞静无比的良妇。待一根簪把那份成熟女人的优雅稳稳地簪于脑后,连步态也摇出了莲的风韵,她的春花秋月也随之流逝了大半。

夜晚，她一身粉藕色荷叶领宽松睡衣，独自窝在沙发里看古装韩剧，里面的宫廷女子个个长簪黑髻，无一例外，所有女人不分贵贱尊卑全归簪统领了——她是簪的爱好者，却也不免惊异。那是一支女人的定型簪，簪着女人的矜持与娴静，贤良与谦卑。虽没法可与那些另一时空的簪发女子交流心情，她仍随剧情峰回路转到了深夜。到故事落幕，男人仍未归家，她倦眼望钟：午夜一点。她打着呵欠回房，在梳妆台前解发，抬肘把脑后的发簪拔下来，蛇样的发辫"哗"地急落，用簪支撑了一整天的优雅轰然倒塌。她盯着梳妆镜里的自己看，看见一张藏有内伤的妇人脸，没有什么意外的欣喜，只有一副不可收拾的疲态，因为深宵缘故，不惮被人看见，所以也无意收拾，放纵地疲着，破罐破摔的样子。她故意放心底一个声音窜出来，残忍地嘲弄这张脸老了丑了，这样反感到一阵快意，且无畏。

梳妆镜张着大口，把大而无当的双人床吃了进去，她整个人也恍恍惚惚坐进了空荡荡的镜子里。那个在她眠床的右侧占据半张床位，并占据她的丈夫名分的男人，今夜下落不明。半年来，他的行踪变得诡秘，像任何犯了狐疑的女人一样，她的全部感官一下子敏锐起来；和其他女人不同的是，她没有变成低级侦探：翻箱倒箧尾随跟踪、偷查电话号码手机短信，她既不旁敲侧击也不直截了当刨根问底。心再怎么紧缩着也还足以保留一份高傲，不试图去做挽留另一颗心的事情，因她认为心不可挽留，一旦那人无心停留便不值得挽留。因此当他带上门出去，扔下一句"晚上有应酬，别等我吃饭"，

她每每神情麻木地把它当作一张过期的废假条，扫一眼即扔进门角废纸篓里。很好，临出门还记得递张"假条"，总算还看得见她的存在！她似乎越来越清楚地感到，自己在搭乘一趟"快班"，奔向终程，可是在没有到站之前，她也下不了车。

她熄灯睡去。清晨醒来时发觉右侧躺着个人，在酣睡中，也不知他夜里什么时辰回来的。还知道归宿！她在心里哼了一声，坐到梳妆台前。梳妆镜里正反映着一副歪七扭八的睡相，半张着嘴，她顿时感到丑陋无比，一阵恶心。现在他是头熟睡的猪，任她嘲弄而不自知。

她开始用一把桃木梳子把头发细致地梳理一遍，然后绞成一股，像青蛇一样盘到脑后去，再从簪的队列里拈出一支。那是支金属簪，指尖触着有种铿锵的冷硬感，她曾用过多次，这个清晨醒来忽然觉得它像一件兵器。她凝视了一下，把它簪到了脑后，很快出门上班去。

日子像桌面上那支尚未变质的黏合剂一样有它的物理稳定性。她依旧晨起梳妆、卧前解发，白天出门她把发髻簪得漂漂亮亮，夜晚她窝在沙发里，一手握着遥控器，翻云覆雨地遥控那台彩电。遥控器真是好东西，换个频道易如反掌，可惜就是对人的遥控器尚未发明！

"哐当！"她拿遥控器的手颤了一下，停在半空。酒瓶子在饭桌上应声倒下，骨碌碌滚了几下，透明的液体从瓶口汩汩流出，洒了一地。女人气白了脸站在桌前，男人血红着眼扑上去扭她："找揍！"孩子缩在一角哇哇放声。这一家正爆发战争,她想。接下去的剧情自然是强者对弱者的一顿暴虐,女人拼命用手臂挡着男人的拳头,歇斯底里地一件件数落:吃、喝、嫖、赌。交战中,忽然一声惨叫,男人用手捂住一只眼睛,像头中了箭的野兽,她清楚地看到,一支簪"当"地掉落在地,没错,是女人用的簪,正沾着男人的血……

睡前,她把簪从发髻上拔下来,在镜前端详:是支坚硬的金属簪,一抹寒光,隐约有血腥——她还停留在刚才的剧情里。那个电视画面仍在切割着她的神经:一支沾血的簪"当"地掉落,女人头发蓬乱,急喘未定,满面泪痕……

她把梳妆台上所有的簪排列起来:木质的,象骨的,牛角的,玉石的,金属的,从头到尾巡看一遍,在最后摆上去的那几支金属簪那里,她冷丁想起一个词:冷兵器。

后来,她就不再酷爱用簪了,她把头发披下来,烫了个大波浪,每天波浪滚滚地来往于红尘之中。

用过的那些簪被她存放在一只木匣子里,整整齐齐地排列着。偶尔打开匣子,她会以温和的目光在那些簪的身上抚摸一遍,怀想一下簪发的岁月。

沙 漏

是在三年前的冬天,他们一同去到南方海边那片绝美的沙滩,在那里见到了天下最美的沙子。那时海滩寂寥,望去似一片雪,一片不染、不化的积雪。她不禁双膝跪地,捧起一把沙子惊叫道:"这哪里是沙子哟,这是我妈做蛋糕用的精白面粉呀!"他取笑她:"傻瓜,你以为什么都可以吃啊?"她就捧着那把沙子递到他嘴边:"我不吃,你吃,你吃!"却在他的下巴颏前故意那么一松指,沙沙沙,白花花的沙子顺着她的指缝飞快地往下落,眨眼就溜了个精光。于是他也捧起了一把。她又捧起一把。在彼此的注视下,他们将手中的沙子雪花一样撒下去……

他们把鞋袜脱了,光着脚在海水里走,不顾冬天海水冰凉。她走在前面,掉过头来脆脆地喊:"谁来追我呀?谁来追我呀?"她的声音用了整幅海做背景,辽阔着。同时他注意到了她的姿态比平时多了几分活泼可爱,心头一激荡,铆足劲追去……末了他们一齐倒向柔软的沙滩,像天底下最舒适的两个人。那片沙滩,比地球人还多的沙子聚集而成的沙滩,做了他们第一张共同的卧榻。

旅游淡季仍有一两道卖珠链、贝串的身影在岸边林带游荡。他们从那儿看中了一只沙漏:紫、绿条彩装饰着一小方晶莹剔透的有机玻璃,封在里面的那一撮沙子,据说就来自脚下这块沙滩。他们决定把它带走。

闲时把玩这只小沙漏,她把它握在掌心,左右交替倾侧,看两端的沙子通过一个瓶颈似的小口子流过来、流过去……像爱情。两端的沙子都努力融合,向对方流去,以求你中有我,我中有你,这和两颗渴望交融的年轻的心是无异的;只是,年轻的爱情也有类似的瓶颈,却不能指望每次都像那些光洁细腻的沙子一样,顺畅无阻地通过。

事实上,二年来他们已无数次突破了瓶颈,若不是后来发生了一次严重的"肠梗阻"……在那场持久的争执中,彼此都觉得疲惫不堪,最后双方同意做一个"一刀两断"的手术,来结束这患了"肠梗阻"的爱情。

那只小沙漏,自然没有必要将它砸碎把那些沙子遣散,所以她仍旧留着,闲时把玩,怀念那个遥远的海滩上的冬天。

后来她又在商场、旅游地看到过一些别的沙漏。做给情侣们的玩意无不精致又浪漫:容器是玲珑剔透,容器里的沙子也许不如那片海滩上的细腻洁白,却如梦如幻地变着戏法,以更为明快的流动,一次次雕镂着那些经典的情爱符号,如"Love",如"心"的形状。灵性如此,让人几乎忘了,沙子的前身应该是亿万年前的顽石啊。

顽石也懂 Love?她做了个调皮且夸张的联想,自己忍俊不禁。显然有人研究沙子的流动,同时也研究爱情消费,所以有送给情侣的沙漏出售。沙子其实是什么也不懂的,它只知盲流,盲流着就落入了人设定的路径。

没错,如水一样,沙子会流动:盲流,或遵循人给的路径,或沿着人掌上的指缝,像日子的流逝那样,像情感的流失那样。后来她又一次去了那个海滩,从卖沙漏的人口里学到了当地方言中的三个字:漏、流、溜,原来是同一个音。

那一次是跟团,整个旅游团,只她一人有旧地重游之感。是个火热夏季,天边飞着红霞,海边盛开着阳伞,白色的沙滩椅布满滩头。一些人从海水里湿淋淋地爬起来,将身子伏在沙滩上专心致志地做沙雕,做完了赶紧蹲着、躺着和自己

的作品合影留念,因为沙上的建筑和沙上的字一样,是脆弱易毁的。

她用食指在沙滩上划下了两个名字:一个他的,一个她的,然后看潮水漫上来,把它们一并淹没。曾从这里带走的沙漏她又悄悄带来了,攥在手里,她知道,只消狠劲一抛,这只曾经属于他们的小沙漏以及有过的故事,都将葬身海底。

弃 戒

他走后,她搬出一摞他的书信,准备焚烧;又翻箱倒箧搜寻与他有关的一切零碎:嵌有他相片的钥匙扣、留有他笔迹的书签、他的生肖玩偶……她要剿灭所有他的痕迹。一阵热火朝天之后,几个有可能藏匿往日印迹的箱子、屉子都底朝天了,她一屁股跌坐在那张旧藤椅上,一口气才喘匀,忽然想到,气味,这间屋子里还残留有他的气味!她猛地从藤椅上跳下来,向两扇对流的窗子冲去,她把厚厚的落地窗帘"刷"地拉开,让户外的风闯进来作一次扫荡。待她感觉呼吸中他的气味渐已淡薄乃至消失殆尽,心里总算舒坦些了。

够彻底了吧?她就势往床沿上一坐,把左手递向眼前,从中指上缓缓退下那只戒指。这只粗重的金戒指,原本戴在他的手上,是何年何日来到她指间的?已无从考证。当初,他似是不经意地把戒指从手上抹下来,说让她试试,一试就把她的无名指套牢了——他借口自己戴着碍事，不让她脱下来。后来是她觉着不好意思，才把它从无名指悄悄移往中指。

此时，从她指上退下的戒指沉甸甸地压在掌心。戒指几钱重？似乎听他提起过，她却不上心。现在更无需掂量了，因为眼下它要进的不是金铺、当铺，而是垃圾箱。两只圆滚滚的垃圾箱就摆在院门口，每天吃满满两肚子附近几条街的废物——不知它可曾吃过如此奢侈的"垃圾"？看来千载难逢。她想做得隐蔽一些，似乎不愿弃戒给谁侥幸拾得，所以她到卫生间扯了截厕纸，一层层往那戒指上裹，嘴角泛起一丝快意的笑：弃金戒如敝屣，不亦快哉！她性不好金，却也与之无仇，戒指本身没有错，错就错在是他的，这是无法改变的事实，所以她必须让它从眼前消失，彻底消失，永远不要再让她看见！

她本来也可以送它去金器铺赴一趟烈火，凤凰涅槃、脱胎换骨成另一戒指、项链或其他，她可以借此忘怀它的前生，而心安理得地依旧贴身佩戴，笃信这件金器已转世重生，不再与他有丝毫瓜葛了——她若是个圆通的人，可以这样做，但她不是。她倔，且喜欢纯粹，对一个人的爱或恨都纯粹，对一件事的遗忘也会来得纯粹：她要蠲除关于他的全部记忆，不留余地。那段往事要埋葬得彻底，不给它任何借尸还魂的机会。她确信自己在拿着一个坚定的、永不反悔的主意。

突然想起来，多年以前，朋友小C有过同样的"壮举"。小C扔掉的是一只婚戒，事后壮烈地向她宣告过。作废的婚戒自然更烫手，再上不了指的，家里任何一处也藏匿不住的，像一个沉疴的病灶，非要切除掉才安心的。小C的婚姻千疮百孔，是再也修补不了的那种；再也修补不了的婚姻就是垃圾，就得扔。所以，作为那场婚姻的遗物之一的婚戒，小C为它选定的葬身之地是垃圾箱，而不是蔚蓝大海。多年后她在重复，却并非抄袭小C的行为——女人啊，对待眼里的沙子，态度都是一样的。她走了出去，把那经厕纸伪装过的戒指扔进了院门口的垃圾箱。

然后，她在屋后空地上用他的昨日情书燃起了一堆火；二十分钟后，那堆火渐渐熄灭，她觉得心里清洗过一般。那些往来书信的另一半在他手中，早已化为灰烬，他说过的——她确定他说的是实话。人啊，对待眼里的沙子，态度都是一样的！被他扔掉的东西包括她送他的那只漂亮的黑色公文包。是"狠狠地"扔的，他告诉她的时候话里也使了狠劲，而她完全相信。

半年过去，在时间已将她脑子里有关他的记忆差不多洗劫一空之后，有天她打扫房子，满头大汗移开那张沉重的沙发，想要给沙发底下积尘已久的方寸之地搞一搞卫生，在一片模糊的尘灰中她发现有粒黑色的西瓜籽，当她用笤帚把它连同灰尘一起拨扫出来时，那个夏天里的情形也同时复活了：燠热的空气里，那台落地电扇不停地摇着头，风吹得呼呼响，他穿一件洗黄了的汗褂，坐在她的沙发上，他们手上各捧一块西瓜。他吃得急且狼狈，浅红色的西瓜汁沿着他的手臂直往下淌，她便放下手中的西瓜，到厨房取来一块毛巾，往他结实的臂膀上擦拭……当这些细节在脑子里复活过来，她整个人愣在了那儿：原来她的心跟这间屋子一样，也有清扫不到的死角！

她害怕，屋子里还有哪个犄角旮旯，藏着一颗没被发现的西瓜籽、话梅核，或是一枚被遗忘的纽扣、回形针，全是昔日埋伏下来的刺。她甚至瞎想，那只被她扔掉的戒指，会不会被当天扒垃圾的猫偷偷叼走了，就藏在这屋子附近？不久，她开始留意晚报上有关房屋出租信息；两个月后，她搬走。

婚 殇

女人离异后，把房子重新装修了一遍。从一辆小型卡车在她楼下卸下第一车地砖开始，女人拉开了长达一个月的装修，那些日子里她的快乐是看得见的：稍显苍白的脸上焕发出一种光彩，尖细的高跟鞋在楼梯上敲着清脆的节奏。女人一下班就往家赶，有时从高高的窗口扔下一串声音，指挥着那些搬砖块运木料的，又开着她的"大白鲨"一趟趟跑建材市场，亲自选料。在一栋安安静静过日子的住宅楼里，女人的动静很大，给人一种迎新的姿态。

女人的家从长期内耗中解体，男人女人都获得了解脱。这套房子承载过他们痛痛痒痒、不痛不痒七年有余的婚姻。第八个年头，男人的决心坚定起来，有一股九牛拉不回的力气，女人知道不由她不放手了——男人的新生活已经等在门槛边。

一边是败落庭院，风摧雨鞭、虫咬蚁食的腐木，一边是向阳高坡，清朗茁壮、欣欣向荣的新株，男人的取舍不可逆转。在最后的内心交战中，女人辗转了三个晚上，想清了：如她不想继续做腐木，就得让他走；如她试图以腐木之躯去阻挠男人，自己也将断送下一个春天。于是她对男人说，你走，房子留下。男人愿与另一个女人餐风宿露，没有割舍不了的房子，男人手里不拿一寸钉子地走了，把一切抛弃得很干净。男人获得了新生。

女人站在没有了男人的房子中央，交抱双臂，把心神慢慢聚拢，踏实起来，感到这房子是比男人更重要的东西，它将成全她做一个安定的、没有漂泊感的人，这于挣扎沉浮在嚣嚣都市里的人，尤其是女人，很重要！

装修完工后，女人拥有了一个四壁漆成粉红色的卧室，一个淡苹果绿的书房，淡蓝色的客厅，以及挂着奶黄色窗纱的小饭厅。女人把一盆红玫瑰、一盆四季桔和一盆九重葛摆上了后阳台。那是夏天，盆花盆果在她的后阳台上姹紫嫣红，女人则会很小资地坐在饭厅靠窗的一侧，摆上一只高脚杯，杯里斟上葡萄酒或玫瑰露——女人用新鲜的玫瑰花瓣自己制作，女人会在一块干净的案板上一下下地切着黄瓜丁、西芹片、胡萝卜块，用一只透明的玻璃碗来盛装，再拌上沙拉酱，那时灶上可能正微火煨着莲藕排骨汤，或搁了当归、枸杞子的香菇鸡汤，女人是怜惜自己且懂得生活的。女人体弱，所以厨房煤气灶上常坐着一只药煲，不时药香缭绕的，这使女人有了一层淡淡的林黛玉味道。

夜晚，女人在书房看书，有时也练练字，一笔行楷颇为清秀。女人在书房的纸灯罩上题了"随缘"二字，桔黄色的灯光每晚挑起这两个字，意味深长地陪伴她。这样的夜晚似乎很安宁。然而，每隔个三五天，女人的房子里就会传出断断续续的哭声——女人练字，练着练着就把毛笔一掷，伏在案上哭了起来，一开始哭得有点压抑，抽抽噎噎的，到后来就变成失声痛哭，如江河决堤。这样的哭一般持续二三十分钟，没有一腔委屈和辛酸的女人，是哭不出这个样子的。哭的过程中女人扯了无数条纸巾，往眼睛、鼻孔及脸上胡乱抹，往屋子里胡乱扔，一场哭过后，书桌、地板一片狼藉，女人的眼睛也网上了无数血丝，肿成了金鱼眼。

女人是在她自己的房子里哭，并不需要提防"隔墙有耳"，可是女人不知道，她的哭声被夜风撕碎了，撒入四邻，于是像味精一样被加进了人们茶余饭后的话题里。

一个离异的单身女人散布在静夜里的哭泣，和缭绕在她窗口的药香一样，是有几分诡秘莫测的，可是人们听了数月，也渐渐麻木，不再惊怪，茶余饭后的闲聊拿它做味精也嫌淡了。隔壁的大婶最后说，早知如此，当初何必嫌弃人家？又没有本事生个一男半女的。大婶说这话时并没有幸灾乐祸的意思。没有本事生个一男半女，是所有男人和女人认同的活该她离婚的一条。

其实女人并非哭她没有本事生个一男半女，女人也不哭她失去了鸡肋一样的婚姻，女人是哭她到了这年岁上反而形影相吊，哭她的青春落花流水。女人的青春锁在镜框内，那是张放大的黑白照，里面有个肌肤赛雪的女子，梳着一条长长的黑辫子，笑盈盈地和一枝玫瑰对视，那是恋爱中的她。新婚时她也是幸福的。事情不知是从什么时候开始变坏的，就像搁在窗台上的那只红苹果，表面完好无损，可是内心早已不动声色地开始腐烂了，直到有一天她拿小刀切开了才发觉，这只苹果已经不能吃了。

女人回头把自己的婚姻也剖开，看清了许多霉点，那是她与时俱进的欲望，总是与男人的现状相左。她巴望他晋升，加薪，创业，发达……男人也是进取的男人，只是离她的要求总是差着一大截。不知什么时候起她多了那么多的遗憾和不满足，并爱收集朋友、同事老公的事迹，带回家来给自己的老公树立榜样，"假如你也像他那样……"她认为这是鞭策，没有错嘛，一个好女人就应该是懂得鞭策自己男人的女人！可惜，不是每个男人都接受这样的鞭策的，尤其是，假如他不巧并非一匹快马，又偏陷于泥淖中。男人感到了来自女人的压力，抵触且反感。婚姻的霉点逐渐扩大，从内部慢慢侵蚀了整个红苹果。

在一些静夜，女人哭过之后倍感空虚，八年婚姻对于她的意义约等于零，还落下了爱哭的后遗症，看样子一年半载好不了，而青春已经接近于负数，她的精神有被洗劫了一场之后的萧条惨淡。女人想起，房子装修期间的忙碌和快乐，曾把她的忧伤掩盖得那么好，那时她一心相信，在这套正式归属于她的房子里会有她的新生活、新情调，她的心将得到休养、调理，逐步恢复应有的机能：梦想，期望，寻觅，追求……

当然，也不该少了体恤。是的，女人亲手捧到后阳台上的那盆红玫瑰，那盆四季桔，还有那盆九重葛，全都可以作证。

琥珀泪

那相当于一个童话吧，她没有见过真正的琥珀。一滴松脂从树上滴下来，也许一万次里才有那么凑巧的一次，粘住了一只小蜜蜂的左翅，或是一只七星瓢虫的右腿，又或是一对头顶头的大黑蚁，可怜的小生灵再也扇不动翅，拔不了腿，再也走不出去了，紧接着，第二滴松脂，第三滴，更多的松脂从树上落下来，把那精致的小生物整个儿包裹住了，用它黏糊糊的胶质的泪！经过多少年多少代沧海桑田的演变，也许，在一次巨大的地质变迁中它被嵌进了岩缝里，也许被卷入了海底，也许河床，又经过了多少年多少代，很偶然地被一双手发掘出来了，那时它已经磨练成一颗坚硬而晶莹圆润的琥珀了！那只小蜜蜂，或是七星瓢虫，又或是那对头顶头的大黑蚁，被生动地封存在琥珀珠子里，栩栩如生，毫发无损，它临难时的姿势，讶异而绝望的表情，甚至还有一点懵懂的天真，全保留完好。它们的小生命被松脂以包裹的方式夺走了，却又因此得以永恒，不错，它们用生命成全了松脂要做的一件艺术品：琥珀。这就是童话，在需要童话来滋养的童年时代，她听过这个故事。这个童话其实是残酷、忧伤的，但它的残酷与忧伤掩盖在美丽之下，它的忧伤是诗意的。

　　如果不是看到那条短信,她不会重又想起这个童话;想起了这个童话,成年的她不再一味地感到美丽,而是感到了更多的忧伤。

　　那天,大约是上午十一点左右,她像往常一样打开手机,然后就走开忙别的事情去了,是手机的两声"咕咕"把她唤了过去看短信,她摁开了那条新到的短消息,看到了这样一段:"我把你嵌在一滴泪里,幻想千年后是琥珀。我不敢低头,怕那颗泪坠下,碎了你,碎了我,碎了千年的梦。若有来生,必踏遍万水千山寻找你这永恒的朋友。"那一刻的感觉像是在欣赏一首好诗,她对好诗有一点敏感,忍不住赞叹,那么,把这条短信发来的,又会是谁呢?她启动右拇指去按那个下行箭头迫切追问,结果只看到了一个陌生的手机号码,没有名字显示,显然,发信人不在她的联系名单中。

　　此时离短信发送时间已经有两个小时,在她的感知以外,发短信的人,一个她认识然而久违多年的人,正坐在一列全封闭的空调特快列车上,他将要用午餐了。他的方向是北,他有一个机缘来她所在的这座城市看望这里的故人们,这在他忙碌的生涯中似乎是个难得的机缘。她是他即将见到的故人中的一个,他的心里因此不很平静。他打听到了她的手机号码,上车不多时就给她发了那条短信,没有说明自己是谁。列车轰隆隆地驰行,微微摇晃,轻度催眠,从车窗外面透进来的阳光使他不禁眯缝起眼睛,他轻微有一点在梦乡的感觉了。这一切她不得而知,她只知道当天晚上有场聚会。

　　她把那条短信反反复复看了好几遍,渐渐地有了一种被嵌在一滴泪里的感觉，她的心何其敏感，她想，这绝不会是无缘无故。

在傍晚的聚会上她见到了他，那么多年过去了，他还是一副清瘦潇洒的样子，当然风霜的痕迹是重的，使他显得沉稳历练，收放自如，她对他是熟悉的，缺乏的是深交。

她正好在他的对面落座，这样，他和她的视线便都无需拐弯抹角就很自然地落到了对方身上，他和满座的人说话，目光常常兜一圈就停留在她的脸上，她笑吟吟地迎着，一副毫不知情的坦然。在她低头摆弄相机的那会儿，他对她有过一次长久的凝视，她抬起头来，收不住目光，几乎撞进他的眼里去！他也不闪避，不掩饰，没有言语，没有浮泛的表情，只是久久地看她，似乎要看进她的心里去。最后是她承受不住这种强烈的对视了，慌慌而逃。

她记下了他的手机号码，回去把它输入到自己的手机里。当她再次摁开那条"琥珀泪"短信时，她看到，他的名字已清楚地显示在"发信人"一栏。她轻轻地"哦"出一声，抬了抬下巴颏，双睫飞快地合上又迅速分开——这是她感到恍然、释然以及感叹时爱做的一个小动作——原来，把她"嵌在一滴泪里"的人，是他呀。

她知道这条短信不是他写的，不是他为她写的，也不是谁专为她写的，移动通信公司有职业写手，该称作"拇指写作者"吧，逢时过节，短信批量供应，诱使手机用户漫天转发，与商品时代的任一项促销活动实质一样。对此她没有异议，因为这也意味着人们在享受着一项服务，譬如，在某个节庆日，甚至你的生日，你拇指一按就能收到一条话说得相当机灵漂亮的祝福短信，温馨，人情味浓，暖意融融，说到你心坎里去。她收到过的短信确有令人眼前一亮的，再不济也能在疲惫的唇边掀动浅浅一笑。我们需要别人的祝福，也需要祝福别人，可是大家都忙，没有工夫也没有灵感去写诗句，现在有人愿意捉刀代笔献上他的智慧和才情，何不愉快接受了，奇文共赏？因此她是乐于看，也乐于转发的。只要拇指按动的瞬间是真心诚意的，那些由人代劳的祝福话语也就如同己出。她相信他给她发那条"琥珀泪"的当下正是这样的，她相信那是他的心声。她从来没有收到过一条这样的短信，故她视为他专写给她的，一首珍贵的短诗，保存了下来。

　　这真是一首美妙的小诗，浪漫，奇思异想，藏着隐痛。她听见一个声音说："多年前我喜欢你，你却不知道。"他早已远归，可是这个声音一天天从她心底浮起来。她记挂起他来，想象着他每一天的情形，方知道，原来自己也是喜欢他的！他们是两个早已错肩的人，各走各的路，现在路已走远了。她在阳光充沛的窗下坐着，一首歌正好从邻舍的窗口飘过来，从前奏起她就感到耳熟，听了大半段才听清了几句："可惜不是你，陪我到最后，曾一起走却走失那路口……"音乐是有魔力的，午后的空间填满了旋律和唱词，她四下里望去，在这个充满了物体的实实在在的空间，门窗，墙壁，树木，栅栏，晾衣绳，样样依旧，可是似乎忽然又变得不同了，件件物体，连同她自己，包括她心头的那点莫名忧伤，全成了诗画里的东西，全被音乐点染过了。

人原是可以一脚踏在现实的土壤里，一脚跨向诗情的蓝天的，诗什么时候都不曾走远，只是变换了一下形式而已，她原本熟悉的那些分行印刷的押韵文字，变成了流行歌曲、手机短信，以及老少咸宜赚足眼泪的电视连续剧，这才是时下众生所需的诗。

现在，"琥珀泪"是离她最近的一首诗。她握着手机细读过无数次，都能一字不漏地背诵了，仍一遍遍地用拇指摁着看。逛街购物时她留意找那种叫"琥珀"的东西，仿制品倒是看过不少：方形、圆形、心形，随心所欲；黄澄澄，亮晶晶，它们模仿着琥珀，把一些漂亮的小生物嵌在其中，让人爱不释手，可是她一件也没带走。那不是真正的琥珀，不是从松树上掉落的大颗大颗浑浊的泪，可巧粘住了地上哪只小蜜蜂、七星瓢虫，或是大黑蚁——那个残酷却又美丽的童话！

一年过去，在一个同样的日子里，她把"琥珀泪"回发给了他。如今，是她把他嵌在一滴泪里了，幻想千年后是琥珀……那条短信被她原封不动地保存在手机里，每次摁开，时间、人物、内容，全部信息俱在，好像纪念册上的一页。她要把它一年年地保留下去，直到嵌着他的那颗"泪"，真的变成了"琥珀"。

【辑四：岁月惊鸿】

先前的我，必不认识现在的我
从前的我，却还住在现时的心中
像藏品那样安放，有时摩挲喟叹
我成熟起来，足以认清许多真相
只是唏嘘，青春舍我去远

和鸟儿一起过冬

　　雪都下了好几场了，绿叶繁花离我们远去多时，树木只剩下些光秃秃的枝桠，和行人一起瑟缩着。像那些冻结着的冰块一样，季节的表情冷硬不化。太冷了，我们只好待在有暖气的房子里，而那些露宿街头的树木呢，我怀疑，春夏的繁花与绿叶都躲到一个看不见的地方过冬去了。一些花是执意要到春天才肯露面的，另一些则期待着夏天，它们对季节的选择是如此坚定不移。被寒风扒光了衣服的树木，我看不出它下一季的绿芽都藏在哪儿，觉得，春暖实在是一件遥远不可想的事情。大概这个季节是专叫人等待的，人和树木心头所有的热望都得按捺住。一个季节的巨大沟壑，不能指望一步跨过呀！

　　幸好我们还有鸟儿！鸟儿是不会挑拣季节的。四季的天空都是它们的，多冰冷的日子它们都要出来飞一遭，唱一曲。这使我们因看不着色彩而感到的欠缺多少弥补了一些。

　　在冰雪寒径上走着的我，会情不自禁地停下来，看看那些鸟儿。我看到鸟儿停歇在枝头上，看到鸟儿飞翔在天空中，我听到它们叽叽咕咕，一如春天般温柔婉转。那些被绿叶繁花抛弃的空枝，若不是被一场大雪变成了美丽的雪柯，那么，枝上可看的风景唯有鸟儿了。鸟儿落在哪棵树上，我的目光便被牵引到哪棵树上，在这个冰冻麻木的季节里，我愿意去看这些活泼好动的生命。我没有去看河流，在寒冬，水的流动是会被冻结的，瞧，排水管里流出来的水都在它的去路上冻结得寸步难行了。人的行走也会被冻僵。鸟儿的飞翔却没有被冻结，鸟儿的歌唱也没有被冻结。这使我对翅膀生出了由衷的敬畏。高处不胜寒，它们还要起舞弄清影，鸟儿真是天底下第一潇洒快乐的生命！

有时候你闹不清鸟儿们在排练些什么样的队列。在两栋楼房之间的小方空间里望见，它们一会一个方向地冲过来，冲过去，队形千变万化，有时分为两队，有时三队，有时众鸟汇合，有时，几只鸟不知怎的就成了编外人员，一会又重新整合进队列里。站在低处观看，不觉看呆，就像摸不着鸟儿的天空一样，摸不着鸟儿的思路。

在天空中出现一群鸟的时候，在这群鸟突然来一个集体翻腾，用腹部洁白的羽毛擦亮蓝天的时候，我的眼睛不会错过这个闪亮的时刻。天边翻飞的鸟群就像是瞬间开放的一个巨大花序，让人喝彩，却不能要求重来。我看到了这美丽不可重来的开放，我的眼睛多么幸运！

看得更多的是树上的麻雀。若是在夏天，一群麻雀，是多么热闹的事情。而在冬天凄寂的背景上，它们再怎样叽喳，都成了温柔软语了。麻雀成群起落，叽咕一阵，便呼啦啦一齐换棵树去栖。真是一种躁动不安的鸟儿！在一棵树上还没坐热屁股呢，就又呼啦一声换枝另栖了，有点这山望着那山高的意思。也可能是疏朗的枝条叫它们特别兴奋，觉得每棵树都是它们的，每棵树都要去站一下吧。躁动的雀子令冬天少了些呆滞的感觉。

我最爱看它们呼的一声飞起的样子了，凌空腾起许多小逗点,刷的一下又全落到另一棵树上,上上下下地分占着树上的枝桠,脖子上的小脑袋一动一动的,嘴里叽叽咕咕,大概是在对脚下这棵树评头品足吧。一群麻雀会怎样议论一棵树呢?这让人多么好奇啊!

  脱尽了花和叶的树木就是脱离了名称的树木,我分不清哪一棵是石榴树,哪一棵是桑树、柿树,所有的树都成了一种树。这时,鸟儿就成了点睛之笔,鸟儿飞到了哪棵树上,哪棵树就开满了花朵,结满了果实。寒枝上的一树鸟雀,是不会比五彩季节里那榴花、桑葚或柿果逊色的!

  有时候看到三两只鸟落在行道边,闲闲地,一跳一跳的,行人匆忙的脚步并没有惊动它们,你走到跟前它也不躲。让我们感谢鸟儿的信任!一只不惧怕人的鸟是一面镜子,映照着你和善的面容。

  在肃杀的冬季,感谢鸟儿的不离不弃,如果没有鸟儿,冬天多么沉闷和漫长。是鸟儿的翅膀搅动了冬天的空气,使之变成了一池有涟漪的活水!

抛上屋顶的乳牙

  因为想起一种正在城市里消失的事物:屋顶上的瓦,顺带也记起了曾经虔诚地抛到瓦面上去的那些换下来的乳牙。

  冲镜子里的自己咧嘴笑笑,刷地露出两排白玉似的排列整齐的牙齿，像两列齐整的田垄。便想起，母亲曾经是这两排田垄的耕耘者！

是一口漂亮的"大板齿"。原先每个牙窝里都躺着一粒小小的"绿豆齿"，那是她的那些流落天涯的乳牙们。

说不定是个细雨敲击瓦面的午间，躺在床上，她还只有七岁，近日忽然被一种隐约的、未曾体验过的疼痛困扰。她一颗门牙的牙根微微有一点发红，但她是觉察不到的，她不会知道，这是因为，生命的一个新时期悄悄开始了。她在床上翻覆，午睡醒来又觉着了疼，是一种想不明白的疼。想不明白就不想了呗！她寻鞋下床，怪呀，一动起来就不那么疼了。直到吃晚饭的时候，不小心咬着了夹在米饭里的一粒沙子，嘎嘣！正好触到了埋着隐痛的门牙。啊哟！她的右手迅速腾出来捂住了嘴巴。撒手的筷子有一只骨碌碌地滚到了桌下。

"怎么啦？"是母亲关切的眼神。她捂嘴的手没有松开，疼痛里有一种酸溜溜的更加说不清楚的感觉。妈妈把她的手拿开，叫她张开嘴来看看。准是奶奶，在一旁说："七岁了，该换牙了！"啊，白发的奶奶对生命的季候好像有笃定的把握呢！在小孙女慢慢长大的过程中，奶奶一定没少唠叨："七个月了，该长牙了！""一岁了，该戒奶了！""一岁半了，该学话了！""两岁了，该走路了！"生命的规律正如那季节轮换。现在，七岁了，是该她们操心换牙的事了。妈妈也许注意到了她的门牙，指导她用食指和拇指捏住那颗门牙摇

摇看,"是不是有一点松了?"她前后摇了几下,体会着,含混地说:"像是有一点哩。"

呀,这就意味着,这颗牙齿要脱落了,好比瓜熟蒂落。有点儿松正是牙齿透露给她的消息。于是,从一颗乳牙开始,在母亲的点拨下,她初次领悟了这奇妙的生命信息。一颗乳牙脱落,是会有一颗"恒齿"填补上去的。尤其是,小小的她也知道了,换牙是一次嬗变的机遇呢。"原先是大板齿的,换了牙就成了绿豆齿;原先是绿豆齿的,换了牙就是大板齿了!"她从小一口稀稀疏疏的"绿豆齿",因此她盼望着通过换牙,把那一口漏风的绿豆齿全都换成饱满结实的"大板齿"!

接下来的事情就是遵照妈妈的嘱咐,每天摇它几下。直到牙齿有一天摇摇欲坠了,母亲就拿出一根早就准备好的小粽线,过年时包扎粽子的那种,专门留了一小段来做拔牙的工具。小粽线一端系在牙根上,一端握在妈妈手里,轻轻一拽,牙齿就脱落了。只一点点疼,出了一点点血,妈妈安慰说不要紧。她这辈子没为换牙的事情去见过牙医和他们那些血腥的钳子、麻醉针,没被牙科的血吓得大惊失色,想来是该感谢母亲。她后来知道,并不是所有孩子都有这样的幸运,并不是每个孩子的换牙都是这样充满温情地进行的。

拔下来的牙齿可不能随手扔掉,上牙要扔到床底,下牙要抛向屋顶。扔的时候得两脚并拢,脚尖对齐,不能一脚前一脚后,不然长出来的牙齿就狗牙参差了。不知是什么规矩,也不知这规矩传了多少年多少代,反正妈妈和奶奶都是虔诚的信奉者，还要把她培养成新的信徒。小小的她双脚并拢站在她家厨房屋檐下，手里握着那枚牙齿，大气也不敢出，直到亲自把那牙齿扔上了屋顶。只听咕噜一声碎响，牙齿落在瓦面上了，像一颗雨珠跌落瓦面，顷刻之间无声无息。它已经在瓦面上安家，听天由命，不知所终。

在她能回忆的童年里，充满了细节。是那时的生活充满了细节，奇特的、无法再现于现时的细节。终究是人们的内心充满了细节罢，譬如对待一颗拔下来的小小的牙齿。已是没用的废掉了的东西，然而，毕竟是自己身上掉下来的，所以不苟，肃立着抛到屋顶上，无异于为它举行一场小小的"天葬"。

被虔诚地抛到了屋顶上的牙齿，能为她做点什么呢？它会日夜向天祈祷，祝小主人新长的牙齿整齐又漂亮吗？无论如何，在拔掉了牙齿的小窝里，在舌尖的感觉下，慢慢地有东西冒出来了，对镜一照，有一点儿白芽芽，仿佛春天的泥土里拱出来的嫩笋！

"嫩笋"节节长高，她天天揽镜自照，跟奶奶看着孙女长高的心情一样。最明亮的镜子还是妈妈的眼睛，明察秋毫，新牙躲进去了让她用舌尖往外顶，突出来了让她用手指往里推。牙是坚硬之物，舌是柔软之物，可是，从小母亲教她以柔克刚。绳锯木断，水滴石穿，她的一口好牙硬是这样被舌头调教成了！

她是不是该为此庆幸？每当看到谁的牙齿参差不齐时，

她会替别人惋惜：是不是在他们儿时，缺席了一位尽职的母亲？

在繁杂的生活中，她的母亲可从没忘记帮助孩子们扶正一颗牙齿，这样细小的事情。从扶正一颗牙齿开始，母亲还以同样的用心，扶正了孩子们的身体、思想、言行。其实，多数母亲都会做这些，只是有的母亲不够细心，所以终没能扶正孩子的几颗牙齿罢了。

旧的岁月滚滚东逝。生活的梗概什么时候都一样地写，但是细节，大部分生活的细节已经被彻底改写了，这就是过去变得陈旧和陌生的原因。房子永在，但房屋的细节里不再有瓦；孩子们的换牙永远在进行，但拔牙的细节里不再有小粽线了吧？又能到哪里去找一片与自己有关的屋瓦，为牙齿举行抛顶仪式呢！她不知道在今天孩子们的换牙过程中，会含有多少母亲的叮咛和期待？她是有的，留在永恒的童年记忆里，使旧日子经得起回味。如果为它定一个基调，那就是温情。对温情的记忆将是长久的。

如果没有理解错，牙齿是和岩石一样经得起天长地久的物质，要多少年头才能叫它风化成尘呢？不得而知。小小的牙齿，是人脆弱的身体上一个小小的奇迹。这么说，她的那些抛向屋顶以及扔向床底的乳牙一定还在的，只是不知到了世上哪一个角落而已。屋顶上的乳牙，也许早已被一阵狂风扫落，也许是在一只猫夜行瓦面的脚爪下滚落的，也许已随檐溜滴落，汇入地面的水流中，四海为家了！也许有那么一两颗，竟牢牢地被两块瓦片咬住了，于是一直留在瓦面上。

而什么会把瓦留住呢？在那个飞速变化着的海滨小城，人们随时会把一间小矮平房顶上的瓦片拔个一干二净，然后让一种无瓦的钢筋水泥楼房从那儿升起。瓦的幸存将是奇迹。离开小城之前的一个夜晚，她凭着记忆摸回了儿时居住的那条短巷，两边的砖瓦平房居然还在，只是，巷口已被一道简易铁门锁起来了，夜色下窥见里面杂陈着些木料和工具，人们已经不住这儿了，它现在是个工场。瓦暂时还在，这已经是个奇迹。不错，那里有一片瓦面，曾经承接过她的那些被抛洒的乳牙！

瓦上的猫步

对于瓦，这种飞快地进入过去时态的事物我唯有怀念。瓦和瓦上的轻雾，炊烟。雨敲打瓦面的淅沥。"檐溜"自瓦上滑落的滴答。越过瓦面生长的芭蕉叶。从瓦上轻轻踏过的猫步。抛上瓦顶的我那些换掉的乳牙。瓦上的乡愁。时光苍茫，星光昏暗，而我，一回眸就从那片瓦面上认出了我童年的家。一间又一间的瓦舍构筑了我人生的故里。我看见，我的童年宿于红砖房子里。如鳞的瓦片从我儿时的天空遮过。我躺在床上不仅一睁眼就望见了无数红色的、灰色的瓦片，还透过一小方明亮的玻璃天窗洞见了青灰色的苍穹。

瓦顶是多走向的，像一些随意起伏的山脉。那片片衔接、页页相望的瓦顶构成了鳞次栉比的烟火人间。瓦檐下，一片鸡犬之声。

新盖的房子，瓦面片片新红，从此它替房子承担风霜雨露。岁月的重量压在上面，是不让人觉察的，直到那片片新红经年变作苍灰黯淡。当一所房子的暮年来临，它的顶上早已是瓦色苍苍，正如一个人白了头。一片瓦从新红鲜亮到瓦色苍苍，就像人的一生那么长。在这一生中，会有很多事情发生。瓦面上经意不经意地落了些东西：来了又去的雨，一场后来消失了的雹子，阳光灼伤的痕迹，从天而降的一团鸟粪，鸟粪里未能消化的一粒小小的榕树的种籽，被台风刮到屋顶上的枯枝败叶，在孩子们的游戏中滚到一半停留在瓦面上的一个荔枝核，或是龙眼核，抛上屋顶的我和妹妹的乳牙，还有，薄薄地敷着的、旱天干着雨天绿着的苍苔……那时我头顶上的南方的瓦从未承受过雪的重量。榕树的种籽常常在贫瘠如荒漠的瓦隙墙缝间创造生存的奇迹，直长到一树葱茏；但是，一颗龙眼核或荔枝核绝没有那样的幸运，即使吸吮了些天上的甘露而萌发了它们的幼芽，也无缘享受完一季的阳光。瓦面上一株贫弱的小龙眼苗往往就是这样，寂寞地自生自灭。那是地上的人们很少关注到的事情。只有猫知道。

回忆瓦面，猫轻轻悄悄的脚步就会紧随而至。

而且，我总能看见一只猫跃上屋顶的矫捷身影。

孩子们是被禁止爬树上房的。没有猫瓦面多寂寞呀！一张瓦顶肯定乐意让几只猫时不常地在瓦楞间跳来跳去。那是些没有重量的东西，不会踏坏任何一片瓦，却使瓦上有了些故事，有了些追逐和欢爱，有了生气。有了猫步，有了记忆。

猫步是瓦的记忆。

说到猫步，人们已经习惯于指向T型台上那些风姿绰约的美腿，好像不干猫们什么事。是啊，猫步已经被人类移植过来了，它现在是人类最时尚、最具风情的步态！但这个名词又明明白白地告诉了我们，谁是始作俑者，谁在为人类的时尚步态提供范式。猫步，不错，来自猫王国的舶来品。直到今天我才明白，猫，有史以来就一直踏着这种今天被人类引为范式的步子，优美而寂寞地走了一春又一秋。在一片连一片的瓦面上，在我们的美感混沌未启的时代，不为人们知晓地，猫们曾无数次在屋顶的瓦面上举办过它们的时装秀。这一场场时装秀的所有观众当然只有猫们自己。因为这种爱黑夜的动物总是选择万物沉睡的时辰进行它们的表演。它们需要一幅墨黑的缀着星光亮片的巨大天幕，需要一盏月亮一样冉冉升起的聚光灯，需要黑黢黢地隆起的瓦脊、瓦楞和瓦面充当它们的T台。毫无疑问，当其时人们永远蜷缩在这个舞台之下，只有一些鼾声和梦呓偶尔自瓦缝间逸出而已。我其实不解猫步的奥秘，猫四腿的步态如何被两腿的人类模仿，我只是自然而然地对"猫步"的来历作着这样的理解。

对于喜好夜间活动的动物我向来心怀芥蒂。这种动物的气场始终是阴盛阳衰，给人一种阴森感，它到哪里，便把这种气场带到哪里，不是很吉祥。猫来去无声，神不知鬼不觉，它夜里的阴叫尤其令人毛骨悚然，它那闪着炫彩幻光的绿眼

珠里有着极扑朔迷离的东西,是个迷惑人的深渊。和猫眼对视是一种神秘的体验,即使光天化日,也会有一丝阴冷的恐怖,如入"聊斋"。对于猫眼,我总是尽量不去看它,一不小心触及了也是赶紧闪躲。仅有一次,我大着胆子和一双猫眼对视了足足半分钟,由于自己为自己壮着胆,我紧缩的心渐渐舒放了,并第一次感到,那其实是世上最漂亮的眼睛啊,是两汪美丽的绿湖水,是两颗晶莹的绿翡翠!

有时想象一只独立于屋顶上的猫,有多寂寞。在黑暗统治的长夜,在洒着清冷月光、寥落星辉的屋顶,它站着,仿佛站在世界之巅。万物皆梦它独醒。同样出没于黑夜的它的同类、它的天敌老鼠,见了它就抱头鼠窜,不会与它共舞于屋顶。在广阔的屋顶上,它无朋无敌,举目荒凉,孤独忧伤。噫,那可也算是种境界!但我怀疑世上有没有这样一只高处不胜寒的猫?因为从儿时的屋顶上传到我耳边的常常是一阵接一阵杂乱的猫步,好像一夜之间总会有无数猫足从顶上踏过。所以我想,屋顶上的猫是不孤独的,黑夜像面旗帜,把天下的猫全召集到瓦面上了。

屋顶上有时轰轰烈烈,春意盎然。在一些诡秘的夜里,我曾经对瓦面上那些猛烈的追逐和令人毛骨悚然的欢叫怀着神秘的猜测。它曾经吓着了一颗脆嫩的孩童的心,它也曾经暧昧了一颗清澈的孩童的心。等到我确切地知道那是猫在叫春、求偶、交欢之时,我已经长大很多了。

瞧,瓦上,那一片无人区,在那些黑暗的深夜里,曾经是猫们的天堂！那些黑夜藏着的永恒的疑问是，一件极温柔的事情，为何叫猫们弄得如此凄厉惊悚！

猫步，使夜空下一片瓦有了可倾听的声音。躺在床上，还没有入眠，就侧耳去听那些有时窸窸窣窣、有时轰轰烈烈的声音。从前住的宿舍，与私家宅子毗邻，仅一沟一墙之隔，半空中，瓦面之间便形成沟壑，对于一只猫来说，于是又多了一项跳沟的游戏。夜里，嗖一声，飞过去了一只，嗖一声，飞过来了一只。其实也许还是那一只，我们看不见。瓦上的猫步，只可听。

今天回想，我曾在那片瓦面下，诗意地栖居。

此时，我坐在一间飘着红纱帘的玻璃房里写作，掀开帘子一角我眺望那些新建的楼房，意外地在云脚下发现了一片崭新的红瓦顶，一片多么富于装饰性的瓦面！呀，瓦以这种形式在城市里流连吗？但那是一片高耸入云的瓦面、一片不会有猫步的瓦面了，不是我记忆深处那片低矮的、从童年的天空遮过的瓦面，那片拙朴的、从新红色开始慢慢走向苍灰色、沾满岁月风尘的瓦面，那片一转眼就会有只猫纵身跃上去的瓦面……何时无猫？何地无猫？只不过，如今城里的这些猫，都是些失掉了瓦上天堂的猫了吧！

壶中日月

父母有一只年久日深仍完好如初的暖水壶，是他们结婚的纪念。火红的金属外壳，一对金鱼欢快地摆尾。壶身几行黄漆小楷，上题"结婚志喜"，下落赠者姓名，有一个方阵之多呢！

关于这只暖水壶，我从没向父母打探过它的故事，因为最美丽的秘密都已经书写在外壳上了。它的年龄应比我略长，它先于我落户这个家。家中三姊妹喝着壶中的水长大，一个个亭亭玉立，终于纷纷披嫁衣出了家门。后来又把可爱的小外孙女送回外婆家来，它还在老地方殷勤服务着，像个鞠躬尽瘁的忠实家仆。

总不见老！我能破解此中奥妙，皆因父母一双小心轻放的手，几十年如一日爱护着。父母的手爱护着一切什物，并不因它关系特殊而另有偏爱。事实上，寒来暑往，日子匆忙，谁会对那蝇头小楷多看一眼呢？谁心里老惦记着它的由来呢？只不过是一种惜物之念存乎心间，根深蒂固了，所以家中物品大多受惠，能够安享天年。由此我明白了，东西握在什么样的手里才会天长地久。

好比这一段姻缘。

那么，有什么比这只暖水壶更像一座纪念碑？可想而知，多少同伴都已经粉身碎骨，不知所终了，而它，在这片屋檐下，和昔日那对新人偕老，一站就是三十多轮春花秋月啊！

咂摸一只以一方阵的名字来落款的暖水壶，是让人感慨的。

　　那年炮仗是怎样热烈，贺喜的人们是怎样拥挤在那间小小的瓦舍，这一幕已经灰飞烟灭，而他们的名字拥挤在这小小的壶身上，列队道喜，却成了一道历久不灭的印迹！喜庆、祥和与热闹在那火红的外壳上，在那壮观的名字阵中未曾剥落丝毫，固然是时光的奇迹；而小小一壶，它的价值几何？它何以能承载如此厚重的情谊呢？

　　在这不再把一只暖水壶当东西的时代，早就找不到可以衡量它的天平了。不过这并不妨碍我去想象，一只漂亮又实用的暖水壶，当年是怎样深受人们青睐！摆它在显眼的位置上，是房子里添彩的一笔；在商店里，它抢眼得很，被一群群朴实真诚的人选中，写上祝福话语，作为礼物，大方得体地送到一对对新人手中。这份朴素温馨的人情，由于隔着时世，已经恍然如梦了啊！

　　几十年来，任凭时光白云苍狗，这只暖水壶始终在我父母家里说着天长地久。我目睹这一个漫长过程，当年的青丝变成白发，虽不是一夜之间的事，但它常使我有一刻的惊心，仿佛听到那条看不见的河流，滚滚东逝的声音。我在想，我一朝醒来也白发皤然，不知会不会有一样胜似父母暖水壶的什物，握在我的手里？

在时间的某处（三篇）

有白色飞鸟的绿草地

那一片绿草地至纯至美地呈现着，白色的鸟儿在上面起起落落，宛如一些会跳跃的音符；恍恍惚惚还有雾，氤氲着在绿草地上拖曳她缥缈的纱裙……多年后当它重新浮现在我的脑海里，我的呼吸仍会被它带走。

那一年我们二十上下，我们坐在同一级台阶上，以最好的年华面对着那一片翠色，以及翠色之上的白色鸟影。那是一页我们从未见过的精美花笺，偶然或注定地，在我们生命中的那一天，从我们纯真的双眸前轻轻飘落。在碧草的底色上，它要我们奉神之旨，写上些初恋的诗行吗？

我们的胸中正流荡着那种叫"初恋"的情愫。大三，我们在一座叫"珞珈"的山上落籍已久，春夏秋冬，那座山赠我们以碧桃、丹枫、腊梅、桐荫以及一切风花雪月。或许内心并未真解风情，但心仍是一颗天然地闻香会动的心，从不缺乏诗意的沉醉，与那风花雪月、湖光山色无间地交融着。是在桐荫初成的夏日，内心深处的处女地豁然开启，穿梭在梧桐树下的身影忽然暗揣起心事来，负暄午读时翻书的手会停顿在愣怔里，夜里老用一个梦中的身影煎熬自己，偷偷呷起一杯酸甜涩苦的相思之水……一切一切，应着初恋的征候！

一生中最稚嫩最纯真的初恋的诗行开始落笔了，那是一行太长的等候与期待！又一个桐荫蔽日的夏季来到，青青桐叶滴下了它那一季的雨水，我看见他从路的尽头向我走来。

那个午间，我们不知道是受了何物的指引，也不知道走过了多长的梧桐道，踏上了多高的台阶——初恋之约常有梦一般的恍惚，然后我们就肩并肩坐在同一级台阶上了。我们俯一俯身定一定神，才发现所有的人影与喧声不知何时已全部退场，世界为我们腾出了一处纯净的空间，一片沁人心脾的绿草地呈现了！白色的鸟翅开始舞动……

我们在那儿坐了很久。我们一定是迷醉了，说不出更多的话来，只是偶尔交换一下眼神，又触电一样地闪开了。我们本应相看两不厌的，但内心里的悸动没有给我们平静的眼神，我们只好和那片绿茵茵的草地相看两不厌了！

后来才知晓，我们看到了一生中最美丽迷人的一片绿。此后的岁月证实了，生命再没有向我们打开过一片如此秀美纯净的绿草地。那样至纯至美的绿草地，一生只有一次；那样带着初恋的悸动并肩坐在台阶上看鸟的日子，一生只有一次。

那条河从身后淌过

浅淡月色里，稀薄星光下，那条河泛着波光从我身后淌过，无声的波澜暗涌。站着一排栏杆的高拔的岸在这边，平缓开阔的坡状的岸在那边，没有霓虹，没有喧嚣，红尘很远。一条载沙的船逆流而上，马达声声敲击出夜的荒凉，如深林中某一无眠人耳畔的松涛。河来无来处，去无去向，苍茫地，浩荡地，如从你一生的河床上淌过的那条河流。我记住了它，作为承载过我一页记忆的场景。

那条河我从不认识它，它叫什么名字我不知道，在我的时间里它仅只出现过一个晚上。

我倚着栏杆，背朝河流面朝他，笑说真是"人生何处不相逢"啊！那是异乡，我逢着了他，那时离我们分手已有数年之久，几乎什么都忘了，什么都淡薄了，突然从一条陌生的河流边的树梢上坠落这样一个夜晚，让若干年前分了手的两个人四目相对。风，像是个善于周旋的精灵，梳罢树梢，溜到他那儿，绕肩三匝，又来摆弄我的裙裾，光听着那一点声息也不觉夜的单调。往事由远及近，确是一条路途。我们都试图让那条路途在心里尽快地缩短，以确证今夕是一个戏剧性的现实。他坐在长椅上，无言，以最稳健的姿势，我确信是岁月磨练了他，但在言语开始传递之前，让人无从猜测他内心的章法。他的目光有一些不得其所的游移，从我飘动的裙裾上，到我的脸，再到我身后流淌的那条河水，擦过我面颊的瞬间他眼里的光不可解读。

一个男人突然面对若干年前和他一起砸碎了梦想不谈将来的那个女子，理应有些幽深的情绪，如夜晚隐藏着的无数秘密那样吧？如夜晚秘密绽放的花儿的心事那样吧？哦，所有的故事早已结束了！我把爽朗的笑声放在风中，不远处高尚住宅区尊贵的花圃里簇簇夏花正在月下养着神，是啊，这是良辰，故人重逢，花前月下，在恩断义绝之后，历经多年又平常得如两个无恩无怨的人，邂逅在异乡，见面欢喜，试一把豁达心情，有何不可？于是听他三言两语说现在，说如何把异乡变成了家乡，说那个小鸟依人、少不更事的她，曾经负气出走，到河的对岸，说他彻夜的担心，辽阔的牵挂与寻觅……虽内心不免诧异这位被娇宠的女主人公以及她的小闹剧，但是，让我还是祝福他们的未来吧——有何不可？

河水正从我身后汤汤流去，无数的前浪覆灭在后浪之下，我看不到，但是我知道，一条河注定要这样前进。一只离开河道的小舟，搁浅在它的杨柳岸边，回望滚滚而去的波涛，为猜测那小舟的心情，在月下我怔了好一会儿。

我扭过头去望河水是因为我的眼里噙了一颗泪，我噙泪的时刻是清醒的，所以我迅速假设了如下情形：假如那颗泪不小心在他的面前滚了下来，我会解释说，啊，是一粒砂子被风吹进了眼里……

月下的泪珠都是珍珠，如果我的眼里曾迸出过珍珠般的泪，那是值得记忆的。

那条河曾从我身后淌过，那条河是值得记忆的。而我也知道，即便我有心循着旧路去追溯，此后我也将再也找不到它了。

他竖起了风衣的领子

"那，就这样吧？"最后，他说了这么一句，一句通常用于道别的话，说完这句话他就可以把这次陪伴交待清楚了，这会使他如释重负。我得感激他，陪了我大半天，从街心花园到钟乳溶洞，尽管是我坐了长途汽车翻江倒海地颠了六个半小时远道来看望他的。

是我执意来看他，心里明白这将是最后一幕，我一定会伤心欲绝。我预知到一个忧伤的相思故事将以绝望结束，我想让这个结局绝望得浪漫一些，我想向自己如此交代，我便来了。

道别的时刻街上的灯火如此璀璨，在这座属于他的山水名城的中心广场上，游人如织，我独凄然地看到了他的一张清瘦的脸。

起风了，他竖起了黑色风衣的领子，把手递过来，我没有拒绝这友好的一握，我还悄悄地在一个笑脸的掩饰下把一些一厢情愿的悲情握了进去，来成全自己心中的浪漫。

哦，在风中他竖起了那件黑色风衣的领子！我就知道，这将是刻进我脑海里的一个动作。

他转身的动作在我的眼前以慢镜头分解着，他转身时扬起的衣摆凄美得摧折心肝！

他就这样走了，把他的背影融进了幢幢人影里。我立在风中，挪不动脚步地望着，直把他的背影望成一座模糊的远山。

我明白自己的心正悬在悬崖上。这个城市正在浓墨重彩地重建，在中心广场的人工瀑布跌下来之前，我的心已经跌碎了千百次。

相思太长，回忆是条太艰难的长路。现在是水落石出的时候，在他的心里日月分明。他说那是个阳光般的女孩，照亮了他沉郁的心境，她絮絮的话语，她一刻不停的笑声，使她像只在林中放歌的快乐的鸟儿，我一时被他的描述带走了，体味到一份互补相生的和谐萦绕着他与她，这使我几乎忘记了嫉妒和不平。我想象着他指间夹着一支烟，弹了弹烟灰，换了个坐姿，复又微笑地望着她，依然默默地一言不发，把她悦耳的笑声当成一支赞美阳光的曲子，为自己的思索伴奏着。

我仿佛听见一串咯咯的笑声，像是阳光下的风铃发出的，来自春天向晴空敞开的一扇窗口。

一个阳光般的女孩……哦，我的心是该为之上升还是下沉？而我，只能月光一样地映照着一个人；对于不识月光的人，我只好走。

归途中我又翻江倒海。车上放着一支歌，在我的心里又掀风浪。后来知道，那歌唱的是"那一片海"。

不错,在那一趟车程的终点,我不仅回到了我大海边的故土,同时也开始了在一个苦涩的大海里艰难泅渡的历程。

而就在那一片海的边上,有一道长堤,在一个星光灿烂的夜晚,我和他曾经一起坐在长堤上看海。

远去的童年 (三篇)

拾松果的小女孩

木麻黄是一种长头发的树,海风整日给她梳头,太使劲了,她的青青毛发一根根从梳齿间零落,一会儿就撒得一地都是了。在风中,木麻黄还会落一种叫"小松果"的泪。"吧嗒!"又摔下一颗,坚硬的泪珠稳稳地扎进沙地里,没碎。

松毛青灰色,松果麻褐色。不出半天,松毛准被竹耙子耙走,松果呢,会被一双短短的小手捡了去。

小姑娘来得勤,携个小竹畚箕,专在人家歇午时分。七八岁光景,学生仔模样,懂得柴火的意义。她把小松果从沙地里拈起来,吹掉沾着的沙尘,放进她的小畚箕。赶明儿,松果们在炉膛里旺烧,是再好不过的煤引子呢!

宽阔的沙地上蹲着小女孩的影子,满地的松果叫她欢心。她头也不抬地盯着沙地上的小松果,飞快地动着手,自觉很麻利,松果一一落入她的小畚箕。每移动一处,她就以自己为圆心，前后左右地收拾着松果，等到抹出个干干净净的圆盘来，她便快乐地挪个窝。每忙碌一阵，她就瞧瞧她的畚箕。好，垫底儿了。哟，平了边儿了呢！她就红着心，要把松果垒出个尖儿来。她每回都和自己竞着赛似的。想想，端着一畚箕冒尖儿的松果回家，该是多么骄傲的事情哟！

可那得看情况。冒尖儿的一畚箕，在短短的一中午，不易有。有时，她感到得回家去了，只好直起身来，望望林子那边，当日未到过的地方，颠了颠半是抱半是夹在腋下的小畚箕，恋恋不舍地。那是一些个风儿都跑疲了、蝉儿都唱乏了的午后，只有日头正猛。不远处，海在打盹。林子里外回荡着一片低低的混沌的声响，像支含混不清的催眠曲。

落松果的木麻黄林，和许多茁壮的野生花草藤木一道，在一个没有围墙的海滨公园里，小女孩像空气一样自由来去，扎着羊角小辫，时而光着小脚板，走着任何一条小道。她的家不远，就在马路的那边。

本来，她可以把手伸向那些水灵灵的覆盆子、五彩的野生花、停在绿蔓上的红蜻蜓，或是浪花遗落在沙滩上的小贝壳，那毫不奇怪；但是，在那些午后，她只把稚嫩的手用来拾松果了，那种等着进柴火筐里的东西。

小女孩，就是我。

不知下落的红苹果

大约天底下的外婆都擅长讲自己外孙女儿的故事吧，像祥林嫂说她的"阿毛"那样津津有味。在外婆讲过的故事里，有一则"苹果被老鼠叼走了"的趣闻，说的就是小时候的我。

是在街边骑楼里一个匣子似的房间，小时候我常被放在外婆那儿，外婆一边在她那手摇搓鞭炮机上忙着，一边伺候边上的小祖宗。

爸爸妈妈会从长街的那头步行过来看我。有一回，爸爸来了。说来奇怪，我只记得一个后生坐在窗边，摆着两个诱人的大红苹果在我面前。他走后，苹果被我痛痛快快地吃掉了一个，剩下那一个，外婆问我，是吃了它呢？还是留到明天好呢？我左看右看，看着那油光水亮的表皮，大概有舍不得一下子吃完的意思，外婆就说，留明天吧！熄灯上床前，我亲眼看见外公把那只大苹果放进藤篮里，高高地挂起来。

第二天，我惦记着，外婆就叫外公把篮子拿下来。藤篮取下来了，却是个空篮！咦，苹果呢？苹果哪儿去了？"苹果被老鼠叼走啦！"有经验的外婆恍然大悟，又惋惜又开心。嘀，外婆又有新故事啦！

我并不怀疑是老鼠干的，是神出鬼没的老鼠，偷走了我的苹果！

今天，我已完全忘记了当初的心疼、恼恨或懊悔、不甘是什么滋味，如同即使我美美地吃了那只苹果，那滋味也会水过鸭背一样，但是有了故事，就有了另一些味道，可以咀嚼、反刍。此刻想起来正好解颐：我们为什么要赖定老鼠呢？装在藤篮里的大苹果，老鼠得出动一个"搬家公司"才行啊！一窝老鼠在房子里明火执仗，热火朝天，怎么睡在房子里的大小主人们一点动静也听不见，这祖孙仨统统梦到"南柯郡"去啦？假若不是老鼠，又是谁？难道还有更神秘的手吗？真是不可思议。

那是一只下落不明的红苹果，是悬念，是谜，是一悬几十年、时过境迁再解不了的谜。它早已没有了形，却魂存至今。

粘蝉蜕的"小草帽"

那是个富于天籁的时代。夏天，天空里布满了蝉歌，草丛林间藏纳着无穷无尽的小活物：蟋蟀、蚂蚁、土狗、蚂蚱、甲壳虫……孩子们的欢声是最大的天籁。在那遥远的年代，做个孩子自有他的幸福，玩不完的泥土沙石，在辽阔的天底下疯跑，逮个蟋蟀捉个蜻蜓就有心爱的玩具了！

蝉，是孩子们的活玩具。树林里捕来，折根青枝养在家里，饮之以树的新鲜浆液，捏着它的腹部听蝉叫，直到可怜的蝉不堪其命乘夜逃遁，或忧郁而亡。可一个孩子并不用为此内疚啊。

关于蝉，不只这些。小孩子家还知道"蝉蜕"，知道蝉脱下的衣是一味药，和晒干了的桔皮、鱿鱼筒里剥出来的硬

壳、杀鸡时攒下来的鸡毛一样,是可以拿到药材收购站去换钱的好东西呢。

还记得那日的小女孩,穿着小汗衫,卷着小裤管,戴着小草帽,扛着长竹篙,跟在大孩子屁股后面,也去粘蝉蜕。她仰着小粉颊,绕着一棵棵树兜来转去,一竿竹篙探上探下,弄得汗流浃背,臂酸脖子疼。

还记得那季火伞高张,还记得那日蝉噪林静,还记得疏朗的小叶桉树林高高挺立在近郊的路边。林子深处是一些瓦舍人家,舍旁点缀着团团浓绿,荔枝树啊、龙眼树啊、柚子树啊、黄皮果树啊,都是些飘着果香、流着果汁的树呢,是蝉的乐园啊。孩子们的目光专在矮枝密叶上逡巡。可蝉蜕难觅,它趴在树上,不会动,不会叫,薄如蝉翼,淡如轻纱,磨练着孩子们的火眼金睛,磨练着孩子们的耐心呢。

望眼欲穿,也难寻蝉影一只,偶有发现,必是激动得惊呼,即以竹竿涂着粘胶的那头,抖抖索索地伸过去,惹得伙伴们四下里巴巴地望过来,羡慕着。粘下来的蝉蜕,托在手心,没重量似的,轻飘飘,仿佛一口气就可以把它吹走。但是——多么精致的蝉蜕哟,那是一具空了的蝉啊,瞧瞧,什么都在呢,羽、身、手脚。蝉玩了什么法术,把一个空空的壳子扔下,肉身又从哪里溜走了呢?神奇啊,太神奇了!

只是,今天才知道,时间也会施魔法,人也会玩"蝉蜕"呢。记忆深处那戴小草帽的小女孩,不就是我留在遥远林子里的一具"蝉蜕"吗?而我,谁知道历经多少次蜕变,于今晨的微光中醒来,又发现了一个不同于昨天的我!

童年拼图

女孩有时觉得,关于那段童年的记忆,捡拾起来多像是些童话的碎片!

太遥远了,要说此身即是那个小小女孩的延续,女孩感到有点恍惚。但千真万确,是那个小小身影,把一系列童话般的情景深深镌进了自己的脑子里。女孩清楚地记得——

有缀满贝壳的潮湿的海滩,有掠过舌尖的咸咸的海风,有众石凝成的坚固的长堤,有长堤拦截的奔涌的海水。有与沧海共分日月的老街,老街上有挨挨挤挤的骑楼,有麻石板铺设的旧巷,清凉的石板上踢踏着大大小小、轻轻重重的鞋履,夜间,各种声音沉寂下去,一支月光小夜曲沿着一块接一块的麻石板一路流淌……

当年的旧巷有逼仄的楼房,楼房里有一道窄窄的响声很重的楼梯,有匣子一样的木板房,二楼的木板房里有外婆和她的搓鞭炮机,搓鞭炮机旁有伏在外婆膝盖上打瞌睡的小外孙女儿。墙上挂着个大藤篮,藤篮里面装有一个第二天就不知下落的红苹果。呀,有夜间出没的老鼠贼!大白天,外婆宠爱的那只毛色漂亮的老花猫,打着呵欠走过,或是一直蜷缩在风炉边,外婆饲养的红耳朵的小白兔,老老实实待在笼子里,等着人来喂它吃白菜叶子。有一个用大大的网罩网起来以防小孩或什么东西掉下去的天井,天井旁有外公的鸽子笼,笼子里有谁也听不懂的鸽子们的咕咕声,有放飞鸽子的

每一个清朗的早晨，以及等待鸽子归来的每一个绚烂或暗晦的黄昏。

二楼的过道总是堆放着外公劈好的一大摞干木柴。那是些简单似乎又颇富足的日子，每天有许多便宜又好吃的东西：二三毛钱一斤的甜橙子，三四毛钱一斤的红苹果，四五毛钱一斤的新鲜鱼，七八分钱一斤的大车螺，外公时不常往家里拎。在小外孙女儿专用的那只菜碟子里，什么清蒸石斑鱼啊，清蒸螃蟹啊，香味从没断过。只有那段日子例外，她出麻疹，就被断了一切不利于麻疹恢复的海鲜，于是粥碗里换上了萝卜干，香香脆脆的萝卜干，外婆一口一口地喂。在几千个流水般的日子里，她清楚地记着这些琐屑的细节。

老街上有一家常年飘香的牛奶铺，有过一个生病的上午，唯一一次，她被母亲领进铺子里，在一杯牛奶和一块蛋糕的芳香中度过了片刻时光。她从小消受不了牛奶的滋味，喝了几口就不喝了，但那仍是个有一点点特殊享受的上午，像是对她生病的一个小小安慰，在去医院看病的途中，妈妈领她进了牛奶铺。她仍记得那杯温热的牛奶和那天的奶香。

有一家一分钱一碗白粥、五分钱一碗鱼粥的粥粉铺，汤碗里有三个炸得焦黄的大肉丸子，她有时从门前经过，可是连倚门解解眼馋的机会都没有，大肉丸子炸过之后泡在粉汤里的特殊香味诱惑着她，成为她关于气味的最深长最久远的记忆之一。

在外婆那间匣子似的木板房边，一道楼梯拐向三楼，楼上住着小洁。小洁的小舅舅，她也跟着喊"宁舅"来着，她光记得这两个名字，却全然忘了他们的面容，仿佛从不曾谋面似的。她还清楚地记着那道拐向三楼的楼梯，如同屏障一样。一道楼梯能有多高呢？她只是从小守规矩，绝不随便逾越界线，因此那道楼梯，对她一生的行为准则，可说是个预示。

小洁家后来搬到了省城。省城在哪儿？她不知道。在她心里的版图上，只有她们家住的这座小城，以及周边的某个小镇、某座县城罢了。省城在天边吧！可是在节日的公园里，忽然又邂逅了那一家人，小洁的妈妈将一把酸枣塞到她手里，酸枣的味道又酸又涩，一点都不好，她勉强吃了半个，剩下的紧紧攥在手心里。

是个河豚正肥的时节，海堤街上一溜儿堆放着一堆堆的鱼虾蟹贝，堆得小山似的。肯定有过一艘艘满载而归的渔船在这里停靠，可是渔船都没了影儿了，它们的战利品还在那儿堆放着，也没人看管，不知道主人是谁，好像一点也不着急啊。按说那是个清贫的年代，可是，这些东西陈列在女孩的记忆里，就传达出了某种安宁、富足的气息：大海啊物产丰饶，乡亲们啊道不拾遗。有两个戴红袖章的老人在巡街。是街委组织的治安联防队，家家有份。红袖章挨家挨户地传过来传过去，传到外婆家时，外公就把它套到左手臂上，用别针往衣袖上一别，出去转上老半天。记不清是什么时辰了，小女孩和隔壁的木子妹妹溜到海堤街上，她俩围着一堆堆的鱼虾蟹贝转来转去，转来转去，忍不住就用手指挖了点什么握在手上。啊，戴红袖章的没看见，走远了。这俩小姑娘其实没提防什么，她们的小心眼儿里压根不认为这是在偷东西，她们只是觉着，小鱼儿啊小海螺啊多可爱！很自然就把它们拿在手里了，要带回去给外婆看呢。她好像是拣了几只扇贝什么的，木子妹妹挑了几条肥肥的小河豚，当她们把这些东西递到外婆手上时，外婆先是惊讶地问是哪儿来的呀，接着就把她们责备了一通，当外婆说到，这是偷东西啊！小家伙才知道有这么严重！外婆叫她们把东西给人家送回去，一会又哑然失笑了，外婆说，木子啊，你怎么尽拣小河豚呢？是不是见小河豚生得肥啊？一整天，外婆都在唠叨这件事，对着不同的对象，说得津津有味，有时笑得眼泪都出来了！

这样，木子妹妹拣的肥肥的河豚和她胖乎乎的脸蛋儿就印在记忆里了。

木子住在隔壁，木子的外婆住在同一条巷子的那边。巷子被一条通向海堤的马路截为两段，走下几级石阶，往西再上几级石阶，就到了巷子的西半截。她对那半截巷子犯怵，犯怵的原因和木子说的一件事情有关。木子说，她外婆家的后楼，住着一个"脓猪头"！小女孩想不出，这"脓猪头"是个什么样子的怪物，怎么能和人住在一起呢？单纯的小女孩不明白，这只是句咒骂人的话而已。木子外婆家和人家结了仇，就把这个恶心的绰号送给了人家。她老问木子：这"脓猪头"什么样子呢？什么样子呢？木子说来说去她脑筋就是转不了弯，唉，小姑娘真是有个点不开的窍啊！木子就带她去看。她在木子外婆家二楼支桌吃饭的那个大厅里等候"脓猪头"的出现，屏息敛气，感到有一点点紧张和刺激，真像是个隐蔽在林子里准备一睹水怪的探险者！第一次空等了半天。第二次去，有个穿花衫的中年女人出来转了一下，木子低声说，"脓猪头"来了！她立刻毛骨悚然。可是，没什么异样啊！她原以为先是一声怪叫，然后窜出头野猪一样的怪物来！现在，她什么也没看见啊，难道说，那怪物会隐身，木子的眼睛看得到，她的眼睛却看不到？木子急了：哎呀，那个女人就是"脓猪头"嘛！可是，一个人好端端怎么会是"脓猪头"呢？这是她理解不了的事情！那是个遥远的纯真年代，小女孩的心智浑然在成人世界之外，她搞不懂人间的是非恩怨，又怎谙人世的复杂混浊？那是她的混沌时期，懵懂无知，天真未凿。

多年以后，女孩回味起这件事，不禁设想：假如，那时的小姑娘知道卡夫卡的小说《变形记》，她还会这样困惑吗？既然格里高尔一觉醒来会变成个大甲虫，那女人为什么就不会变成个"脓猪头"呢？女孩觉得，她小时候经历的那点事情，真可谓是另一篇《变形记》！

女孩很早就知道，黑夜是包藏恐怖事件的处所。这样的夜，连月光也是惨淡的。她就在这样的假定下连缀那个死亡事件的碎片。

是个月色阴冷的夜晚。对面那家的男主人突然被手忙脚乱地抬上车送往医院。他从那条麻石板路上一出去，就再没能回来。是整条小巷都睡得很熟的时辰，街坊们正逍遥在各自的梦乡里，没有谁知道那家人的惊慌失措。在黎明前最黑暗的时分，那家的女主人失魂落魄地回来了，摇醒四个年幼的孩子，流着泪跟他们说，他们的爸爸再也回不来了！女主人用手不停地抹着年迈的婆婆的胸口,哽咽地告诉她,她正值盛年的儿子,再也回不来了!世事是多么奇怪,在同一条小巷里,家家户户安然无恙,就这一家天崩地裂。在那家人呼天抢地、痛哭流涕之际,小巷正从容地迈向黎明,迎接晨曦。麻石板路上的脚步不慌不忙,上班上学,该干嘛干嘛,日子平常如旧。不是一家人,痛不到一处去。天亮以后,小女孩揉醒惺忪的睡眼,用黑夜补充给她小小身躯的体力,拥抱这个和平的早晨,照旧蹦跳,照旧玩耍。后来她断断续续地听外公跟外婆说,心肌梗塞,是心肌梗塞。小女孩心清脑瓜灵,明白是昨夜的杀手。这迅雷不及掩耳的杀手,让四个孩子顷刻间没了他们的爸爸。孩子们的妈妈听说是在医院干清洁工作的。小女孩想到,事件的后半部分,对孩子们爸爸的抢救,就是在医院里进行的。不知怎的,一想到医院,空气中好像突然就飘起了那种带药味的鸡蛋花香。这种花医院里最多,在一些看起来十分沧桑的租界时期的西洋旧建筑旁边,一丛一丛,绿叶肥厚油亮,五张花瓣有着蛋白和蛋黄的色泽,多么好看。可是它开在医院里,便沾染了医院的神秘气息,就连它的花香,都是带了药味的。那一夜,满医院的鸡蛋花香都是裹挟着死亡气息的,一丝一缕,像游魂似的,在冷冷的月光下飘荡。

  记忆之神是诡秘莫测的,她会在你脑子里留下什么,抹去什么?完全不可捉摸,非要等长长一段岁月过去了,你再看看自己的心版,才见分晓。童年的记忆总是以碎片的形式存在,多少年过去了,女孩的脑海里依然有一个小小女孩的身影在动，那是遥远的自己。甚至，那时候从镜子里、相片上看到的稚气的脸庞、害羞的表情、笑起来眯成一条缝的眼睛，都历历在目。小女孩在巷子里蹦跶，在楼梯上拾级，在匣子房里困守，小女孩心里泛起的一些微不足道的情绪，对一种花香或一些食物的气味的记忆，在黑夜或生死故事里的小小恐惧，以至小脑瓜怎么也转不过来的一个弯儿，小女孩对人世悲欢的一丁点儿触摸，对世事真相的雾一样的朦胧，奇怪啊，无论那是个场景、举止，还是一些心理体验，都清晰如昨。她仿佛可以真切地触摸到那颗远远的童心！她不知道为什么记忆之神让她记住了这些，而遗忘了另一些。到现在，记住的再也抹不掉，记不住的永远随风去了。这就是缘。这些记忆的碎片与她有缘。她想，任何一段回忆都是对往事碎片的拼接，这多像是孩子们玩的拼图游戏。

【辑五：乡风淳淳】

往后半生，令自己着迷的风景
　　一半自创在心间
　　一半天成于远方

我很想，躺在乡间一把摇椅上
　　赞美绿荫与荷塘
　　鸟啼花开长相伴
　　更有蛙声和蝉鸣

落雨大,水浸街

"落雨大,水浸街,阿哥担柴上街卖,阿嫂出街着花鞋。花鞋花袜花腰带,珍珠蝴蝶两边排。"

从来没有问过,落雨大大时,水都浸了街了,阿哥干嘛还要担柴上街去卖?阿嫂把花鞋花袜都着上了街她可怎么办?就唱着这歌谣走过了童年。

旧时童谣的魅力之一就是不妨有一点点莫名其妙,无需深究。如此才令一个孩子开心。在我有限的关于一首完整的童谣的记忆中,这一首最鲜明地呈现了某种戏剧性情趣,我甚至觉得它有种舞台感。仿佛那雨下不停、积水盈尺的南方街巷成了一幅独特的布景,阿哥脖子上那条搭巾,肩上那根扁担,担上那两捆木柴,阿嫂脚上的绣花鞋,腰上的花腰带,都成了一场趣味性表演的道具了。因而它带给我的愉悦盖过了怀旧带给我的惆怅。我望着那道远去的布景不觉要笑出声来!我该记得,做孩子时,曾在它的韵脚里开颜乐过!

我所熟悉的南方骑楼长街,狭窄逼仄,蜿蜒绵长,两排楼房拥挤出一种市井气息。我所熟悉的南方夏季的天空,变化无常,眨眼之间阴云密布,电闪雷鸣,豆大的雨点劈头盖脸打下来。打在晒热的瓦面上,打在滚烫的柏油路面上,打在急忙张开的朵朵伞花上。沿街的窄水沟,一会儿就"流水汤汤"了。只有这样的急雨才会"水浸街"呵。

我那时躲在哪儿呢?我不能学乡下孩子那样,举张荷叶或芭蕉叶在头顶冲进雨幕里去,非溅得两腿雨水泥浆才痛快。

若是在那条曲尺形的短巷里，红砖房家中，父母早已在两页朝里打开的红漆木门前落下一个木栅栏了，既挡雨，又防止孩子溜出去。从瓦檐上落下来的雨水成了水柱子，哗哗作响，我只有隔栅而望。若是在中华街118号外婆家，我更是深居小笼似的楼房里。那里与我家隔着一条长长的骑楼街。雨向天井落下去时，搭在半空的白鸽笼静悄悄的，听不到鸽子们的咕咕声。猫蜷曲在离火炉不远的地方打盹。这时候是不会有个担柴的阿哥从门口吆喝着走过的，但是二楼的过道上，木柴整整齐齐堆成了垛，那是外公晴时劈好的。外婆好像对烧柴煮饭有种不死的情结。外婆一辈子用着柴灶。两三根木柴相架着在矮矮的火炉里燃烧，哗哗剥剥，我感到很暖和。炉子上，砂煲盖下开始喷出了水汽和饭香，渐渐地散了一屋子。多少年来我对那木柴烧出来的特殊饭香记忆深深。尤其是这样一个下雨的日子，在一屋子的饭香里还会夹着雨天的馨香。饭快好时，外婆把木柴烧过的一头捺断，把木柴退出炉膛，炉子里只剩下几块通红的火炭，慢慢暗下去。楼梯口一阵木屐声，外公回来了。外公收起湿湿的伞花，把它搁在厨房门边上。他手里提着几条新鲜沙箭鱼，或是石斑鱼，对我和外婆说："水浸街了，新鲜鱼差点买不到了！"他说这话时，手里的沙箭鱼还在嗒嗒有声地弹跳着箭形的身躯呢。啊，我的用鱼养起来的童年！

"落雨大，水浸街，阿哥担柴上街卖，阿嫂出街着花鞋……"阿嫂出街着花鞋了吗？我的外公是穿着厚厚的木屐上街去的。他就这样去了鱼街，去了菜街。又穿着木屐从鱼街菜街往回走，沿着柏油马路，沿着街口石级，再沿着麻石板路，沿着一道暗暗窄窄的木楼梯，"得得得得"往家走。水浸街时，外公的木屐像条小船，载着他结结实实的身体，一路驶向家里。

我的外公外婆居住在租来的木板房中，终日与木为伴：木板墙，木地板，木楼梯，木柴，木屐……门窗自然也是木的，连天花板也是木的。一楼的大木门像页页相连的屏风似的，占去了一面墙的位置。这不同于我高德祖屋青砖大庭院与我父母宿舍红砖瓦房的风格，使我在青砖红砖的冷硬之外认识了木的温柔软和。也使我对于栖居多了一种体验。外婆用一只金黄色的铜盆盛满了水，拧了块湿布巾跪着抹地板。我抚着那摸得黝黑的楼梯扶手上楼下楼，有时磨磨蹭蹭，有时蹦蹦跳跳，有时干脆一屁股坐在楼梯上自己玩儿。我那在粮食局当干部的父亲和在小学校里当教师的母亲上起班来可能就顾不上我了，特别是有了妹妹以后，他们就把我寄放在外婆那里一段时间，而老人总是欢喜有个孙辈陪伴在侧。外婆的木板房软软地关闭着我童年的一些岁月，而从小好静的我并没有不乐意。在木匣子一般的房子里我陪外婆搓炮仗，我推不好搓鞭炮机，我能做的只是在一张压一张铺好的红炮纸上刷浆糊，刷得匀匀的，让外婆表扬。我在木板房里侧耳倾听楼梯口的每一次木屐声，尝试着小小的等待的滋味。而我的外公总是从那里给我带回来有关新鲜鱼的消息，使我嫩嫩的身体得到来自海洋的最新鲜的滋养。

木屐，是一种被怀念的事物。我从外公外婆那一辈人的脚下认识了它,它是我赶得上看到的最古老的鞋子式样。完全不同于日本人的木屐,它是不分趾的,并有着厚厚的木底,底板下修成桥墩形,使整只木屐有了好看的线条,敦实的一块木板灵巧起来,一道宽宽的黑帆布带从鞋面上搭过。外婆他们那样爱穿,那该就是好鞋子。但其实木屐到了我们脚下是不会舒适的,那就不是我们的鞋子!我便明白了鞋须与脚互相磨合的道理。木屐与外公外婆的脚已经磨合到难分难舍了。他们亲切而乡土味儿地叫它"山屐",叫得那样顺口。直到后来有了塑料鞋,他们有时也失口叫它"山屐":"小囡,到床底下去给外婆拎对山屐来!"其实指的是摆在床底下的那双生胶鞋。对他们来说,鞋子永远是叫山屐顺耳,"山屐"成了鞋子永远的名称。在塑料鞋统治了路面的时代,他们会托人专门打造两副木屐,这是他们的怀旧方式。而那些会造木屐的匠人,谁知道藏在哪条深街老巷呢?外公外婆与他们能找到的那些木屐供应者之间,存在着一份秘密的旧式生活。

　　什么东西一小起来就可爱。在外婆家,我是否曾经拥有过那样一双小小可爱的木屐呢?好像是有过的。没有的话我也曾经小脚着大鞋地趿拉过我外婆的木屐,在木楼板上弄得很响,差点儿绊跤。木屐厚厚重重的底板一下一下拍打着我的小脚板,黑黑硬硬的带子一次次地碰疼了我的脚面。那可真不是我们的鞋子!

　　"落雨大,水浸街……"在雨水浸没的街面上,一双木屐多像是条小船,载着穿木屐的人往家的方向驶去。噢,这已不是今时今日的情景了!一代木屐声沉响绝。

落雨大，水浸街。浸了高德街，浸了廉州街，浸了北海街。在故里，"街"的概念可以很大，大到等同于堂堂一座城、一个镇。一提那"北海街""廉州街"，差不多就是"上海滩"的口吻了。那时，我乡北海真正的街数来数去不过就那几条。雨浸了珠海街，雨浸了中山街，雨浸了中华街……哦，珠海街，最古老的骑楼长街，它傍海绵延了百余年。雨把地势低低的珠海街沧桑的路面泡在水中。雨把中华街的青石板、麻石板冲刷得光洁明净。雨使我怀念的那座城市湿漉漉、白茫茫的。雨使那座城市唱过的一首童谣湿漉漉的。雨，使我对那首童谣的回忆湿漉漉的。

旧时有座山

"旧时有座山，山上有座庙，庙里有个公仔讲故事，讲啥故事呢？讲——旧时有座山，山上有座庙，庙里有个公仔讲故事……"

这个故事当然是讲不完的，而且总也讲不到正题上去。从前，孩子们常缠着大人讲故事，大人们纵有一肚皮故事也不够讲，况且不是总有心情讲，拗不过，只好采用迂回术。这一招十分好使，等颗颗小眼珠子一眨不眨地盯着一张嘴，准备听故事了，忽然却来这一套："旧时有座山，山上有座庙……"一时，孩子们像揭了个扫兴的谜底，沮丧里知道，今天从大人嘴里是再抠不出故事来的，只得作罢。但这一招也学来了,小伙伴们相逗着:"给你讲个故事吧!""好啊。""旧时有座山,山上有座庙……"咳,上当了吧!由于朗朗上口,也就成了童谣。"……讲啥故事呢?讲——"这个"讲"字承前启后,音尾拖得长长的,高高扬起,像惊堂木举而未落的一瞬。下面却是圈套,一个套一个,绕来绕去绕不完。在场的孩子,一个跟一个加入到这个怪圈中来,像课堂上唱读课文一样,铿铿锵锵绕唱几周。又一定在什么地方忍不住了,"噗哧"一声笑破!

随着这首童谣,从前的那些夏夜纷纷回来了。星光月影,竹床马扎,板凳葵扇,葡萄藤架。巷子里总是有很多的孩子,巷子里也总会有一些老人。老人走过了很多的路,也走过了很多的桥,老人吃过的盐比孩子吃过的米还多。生命到了暮年有些东西就要向童年传递,所以老人有故事要讲。故事从老人向孩童传递,是一种生生不息的精神。老人和孩子,是多好的搭档啊!跟嘴巴和耳朵一样。孩子们可不光做耳朵,也要做嘴巴,叽叽喳喳,问个不停。"后来呢?那后来怎么样了?"按捺不住,刨根问底。孩子就是孩子。孩子们不知道自己将来也要做人祖父母,不会好好去记一个故事。一个故事要听很多遍,听完了还记不住,下次再讲还是新的。我就是这样子。我从没记下过一个完整的故事。但这并不妨碍我后来深刻地记着那些夏夜的饶有兴味,以及毛骨悚然——自然,花妖狐魅也是要出场的!

真是:"姑妄言之姑听之,豆棚瓜架雨如丝。"说得架上那些微微卷曲的葡萄藤蔓也一一竖起了好奇的耳朵,牛乳般的月光流泻在张张葡萄藤叶上,时光更宁静了几许。一年之中有个独一无二的夜晚,夜阑人静时,葡萄藤架下据说可以听到牛郎织女鹊桥相会时的窃窃私语,沙沙,沙沙,那可真是"语如丝"了!可是谁真正听过呢?没等牛郎织女开始私语,孩子们早被母亲召回去睡了。"秋前秋后热死人。"在一片酷热的天气里,这一夕的下半夜却总会落些雨,几乎年年不易,这真是神奇!大人们又说,那落的不是雨,是天上织女的眼泪水呢!这一夕的雨水是宝贵的,可是,拿个瓦瓮放到檐外去接,不如等它落下井里再去打上来,存上一年也不腐。硕大的冬瓜囫囵泡着。吃了七月七水浸泡的冬瓜,孩子们长年不生湿疹疥疮。

这一天原是有很多个叫法的:七月七,七夕,七姐诞,乞巧节。这一夕的故事最凄婉。葡萄藤架忽然神秘且多情起来,由于传说架下可听得牛郎织女鹊桥上说话,又由于乡人的土语里"葡萄"乃"菩提"(这个是我今天所悟),它很沾了些仙气。短短一条陋巷,我们都相信,仙女若要下凡肯定会先从那架葡萄藤上下来。那时大一点的女孩子要"请"七仙女,向她问命,向她乞巧。捧着半笞箕的米,米上插了筷子,口中念念有词。筷子一动,米上留下字迹,那即是仙女的神示了。一种古老的迷信活动。长大了看到"扶乩"二字,想应就是这一类。却说这篇天书纵有,又谁人能解?解读的过程不过又是世人一番捕风捉影、借题发挥罢了。但世俗的乐趣正在于此。那时我对这样的事情全然混沌,只看热闹,外加一点诚惶诚恐,对不可知的命运,对操纵命运的天意。一条溺于世尘的巷子，会教一个人从稚童时起就触碰到一个神秘的世界，好奇并慑服于这样的超自然力。那仙女若真下凡，也当是在一个万籁俱寂的时辰吧，一身绿衣薄如纱，踩着片片翠绿的葡萄叶，飒然有声地来。哪个女孩子能和她梦中相会，便会好运相随，且传得她的心灵手巧。所以第二天女孩子们醒来后的第一件事就是赶紧看看自己的枕头边，是不是有七仙女来过的蛛丝马迹。

在南方的长夏里，更多的夜晚是河汉灿烂，明月皎皎。大人们把一天的事情忙清楚了，心情、眉头也舒展了，清夜悠悠，没道理总是"旧时有座山……"，便好好坐下来，享受一下被孩子绕膝的乐趣，把那故事慢慢道来。牛郎织女、银河鹊桥、蟾宫桂树、嫦娥白兔……那些夏夜余韵悠长。

夏天乃裙子的季节，这天经地义，但又确实有过很多年的夏天见不着裙子，男女老少一律穿着没有线条的肥大裤子晃来晃去。人们身上一片灰绿暗蓝，胸前佩着像章，扣子扣得严实，意识里有个冻土层，一些东西在冻土深处沉睡，后来经过慢慢解冻，才如笋尖一般露出了触角。终于有一年，裙子像那年夏天的疯草一样卷过地面，人们突然停止了非议，家长默许，女孩子们赶做着夏裙。那一年夏天开始不久，我拥有了一条小裙子，并从那上面第一次认识了"裙子"。那是我母亲为她的孩子们制作的第一条裙子。在一块旧的条纹布上，母亲初试身手，不会完美：硬硬的布料，很少的皱褶，不太明显的裙摆，夏裙该有的柔软、轻盈和飘逸它都没有，纵向的条纹局促着视觉，让人感到怎么也摆不起来。但我在那粉红色的半截小裙里兀自喜滋滋的，又很费了些勇气才敢走出家门，走到巷子里，羞怯地挨在众人聚坐的竹床边，听大家用惊讶的目光打量着说："呀，穿裙子了呢！"

每隔一段时间外婆会带着一两块花布来和我母亲商量，给家里这几个"小马骝"添件什么新衣裳。她和母亲说起她的几个外孙女时总是这样说："这些小马骝！"她比我母亲还有兴致逛百货大楼的花布柜台，用她搓炮仗攒下来的钱，和手头有限的几张布票，买来时新布料。外婆那儿有最新的花布消息，从棉布到后来的"的确良"。做孩子的我长年一身花布衣裤，从头花到脚，逢年过节成套地添，都是外婆在策划着，不用母亲费这个心。外婆用手抚着柔软的布料，絮絮叨叨地跟母亲分析这块布的好处，又把它提起来一次次往我身上比。母亲有一部"华南牌"缝纫机，她亲自缝制家里的每一件衣裳，在衣服的款式上多少弄出些"燕子领""桃子领"之类的小变化，给孩子们带来大喜悦。母亲不擅长讲故事，但她用"燕子领""桃子领"亦能为我们的夏天剪出朵朵开放的心花来！不知母亲做姑娘时是否曾向天上的织女乞过巧呢？

长夏再长也有尽。北风吹起的日子，月下的故事早都停讲了，竹床马扎也收起来搁进了小柴房。饭桌不再摆到屋檐下去，厨房的窗口落下了一张覆满烟尘的厚竹帘，红泥火炉上，砂锅里的米饭"嗞嗞"冒着蒸气。晚饭后在屋里窝着，围着小笼炭火暖手，漫漫冬夜就要来临。这个时候再念起"旧时有座山，山上有座庙……"只觉得那山和那庙皆在寒风里瑟缩了，且遥远得很。成熟的葡萄一串串剪下来以后，满架翻卷的叶子日渐枯黄，不复有翠莹莹水灵灵的仙气，也不复是夏夜故事的场景了。是的，夏天已经遥远，葡萄藤架下的故事也已经遥远，那是些睡得很早的、没有故事的冬夜。

儿时的月亮瓦解了

是谁把那个美丽奇幻的月亮放进了我们童稚的心里？又是谁将它瓦解掉了呢？这是每个人成长中的故事。

关于月亮的假象是由祖母、外祖母，以及居住在小巷深处的那些满肚子故事的街坊们编织起来的。她们说，月亮是一座美丽的花园，有巍峨的宫殿，月宫里住着嫦娥仙子，花园里有一棵高大的桂花树，有个叫吴刚的男人天天用斧子在砍那棵桂花树，可是砍啊砍啊总是砍不断，那桂花树是棵神树呢！有只小白兔在桂花树旁不停地捣药，对了，还有只大蟾蜍呢……

月明之夜，一张张乘凉的竹床摆到小巷红砖瓦房低低的屋檐下，一张张小脸仰天躺着，遥对月亮上面影影绰绰的阴影胡思乱想。家家都有小孩，家家都有祖母，家家的祖母都会指着高高的月亮对自家的小孩说："看见没有？哪一棵是桂花树啊？"

可是孩子们的问题是层出不穷的：嫦娥为什么要住得那么高呢？那么大一座月宫，她不害怕吗？吴刚为什么要砍那棵桂花树呢？小白兔"笃笃笃"捣的什么药啊？月亮上的蟾蜍和我们这里的蟾蜍一样丑吗？……

孩子们的问题祖母们是招架不住的，因为祖母们念的书不多，她们的故事也是从她们的祖母那儿听来的。祖母们回答不上来，就会边拿葵扇赶着蚊子，边催孩子们睡觉："快闭上眼睛睡觉吧，梦见了嫦娥仙子，你自己问她！""我要梦见小白兔！""好好好，梦见小白兔你问小白兔去！"

不知什么时候起，儿时的月亮瓦解了！是怎么瓦解的？是被一本自然教科书悄然瓦解的吗？是被一位剪着齐耳短发的女老师温柔瓦解的吗？是被一组关于人类登月壮举的资料图片轰然瓦解的吗？岁月漫漫，历经瓦解无数，一个美丽虚幻的月亮在心里的一次瓦解并没着太重的痕迹。

后来知道，人类也有童年，人类小时候和我们小时候一样爱望月发呆，爱胡思乱想，想什么"嫦娥奔月"的；现在人类长大了，是成年人了，成年人做的就不再是坐在那儿呆想什么嫦娥奔月了，而是动手造宇宙飞船自己登月去了！可是自从人类在荒凉死寂的月球表面踏上第一步，传说中美丽神奇的月亮就土崩瓦解了！人类用科学瓦解了神话，用射电望远镜和宇宙飞船瓦解了那座遥远虚无的月宫，瓦解了嫦娥和她的寂寞深闺，也瓦解了人类自己的无邪与天真……

读过"猴子捞月"的故事：天上的月亮倒映在水中，猴们就以为是月亮掉进水里了，大大小小的猴子急吼吼地来个总动员，一个抓住一个的尾巴从树上"倒挂金钟"到水里去抢救月亮。啊哈！猴子就是猴子，想得到这一招。可见猴子比人天真，熬成一把岁数的老猴子了，也还是个老天真！它们以为天上的月亮会失足落水。所以猴们心中的月亮不会被瓦解，所以，猴也就成不了人。

可还是有人会像猴子那般"水中捞月"，那是人中大天真之人，李白就是。写"床前明月光，疑是地上霜"的诗人李白，大概不知道现代天文学里"星球"这个词吧，所以李白的月亮没有被瓦解，他是抱着水中的月亮作别这个星球的。

要在月下"把酒问青天""起舞弄清影"的词人苏轼，他心里那座"天上宫阙"也没有被瓦解，他那"转朱阁，低绮户，照无眠"的月亮没有被瓦解，所以他和他的胞弟"千里共婵娟"了！

祖母一辈子搞不懂"星球"是怎么回事，所以祖母心里的月亮至死也不曾被瓦解，祖母抱着她笃信的嫦娥仙子的故事升天去了。

巷子里的傻二心里的月亮也没有被瓦解，因为他的心智始终停留在六岁那年。一个永远活在六岁的人，留住了时光，摒弃了烦恼，会不会是某种意义上的幸福呢？

然而，瓦解的月亮让我看到了：真实的不美丽，美丽的不真实。我知道，哪一个月亮更真实，也知道，哪一个月亮更美丽，还知道，是真实的那个瓦解了美丽的那个。我明白了，有一些瓦解会令我们站得更高。

弹棉匠

弹棉匠刚开春就上路了,沿着春天的方向一路前行。他要叫遍城市:"弹棉花哎!"他有一根会叫棉花跳舞的弓弦,是他贴身的行李。弹棉匠走了很远很远的路,于飘絮的四月来到这座城市,他从一扇扇窗下经过,把那声音送进城市的万家窗口:"弹棉花哎!"他对城市的窗口存有一些幻想,以为有一声半声的回应不难,但这时,城市显得比任何时候都沉默。

对这喊得跟唱一样好听的声音,城里人充耳不闻了。弹棉花的时代好像整个儿陈旧了。谁家要弹棉花?你家要弹棉花吗?现如今谁还张罗那个!现成的好被子商场里不有的是吗?旧被子破了扔掉,抱床新的回来就是了!

在夜里,破旧的被子被抱出来,太大了塞不进垃圾箱里去,就搁在旁边,天没亮就让拾破烂的拾走了。路边那几个垃圾箱旁,成天转悠着拾荒者的身影。城市里的破烂东西,通过他们的手化废为宝。他们和那弹棉匠,兴许是半个老乡哩。

弹棉匠来自田野,他的声音有着春野的寥廓。这时节,他的家乡春泥已经犁过,黑土翻开肚皮晒太阳,种子要播撒了,村里的种田能手个个都在摩拳擦掌。他家不缺劳力,还难得有他这个弹棉的好手。春田不能荒芜了,祖上传下来的手艺也不能荒疏了。于是他上路了,踏着解冻的土地,从一个村庄走向另一个村庄,从一座城市走向另一座城市,越过一道道山水，路过一片片油菜花田、紫云英田，沿着春天的铁轨，来到了这里。

在城市里，弹棉匠能揽到的活儿不多，只是很偶然地，有一两家需要翻新棉胎的，那些人家准是有个节俭的主人，或怀旧的老太太，他们留住了弹棉匠的脚步。就在路边的空地上，弹棉匠扫出一小块地方来，铺上一张塑料布，用一根弓弦在棉花上面弹奏。那声音嘣嘣嘣的，在城里人的耳朵听来再单调枯燥不过了，只有弹棉匠的耳朵觉得美妙无比。弹棉匠是操独弦琴的乐师，也是指挥家，他指挥着棉絮翩翩起舞。一场棉絮之舞，那就是弹棉匠的春天啊！

在春日的大地上，在白杨树挺立的路边，在飞絮的天空下，弹棉匠再一次演示了自己的手艺，他有一丝满足感。弹棉匠的儿子将不再是弹棉匠。儿子看不懂棉絮之舞，握不了他的独弦琴，棉絮飞起儿子就远远躲开了。弹棉匠时常暗自掂量手中的那根弓弦，仿佛又一次面对曾弹了一辈子棉的父亲和祖父。弹棉匠自言自语道，这根弓弦我摸了几十年了，扔掉了舍不得哩！

弹棉匠背起他的弓弦又上路了，从一家窗口到另一家窗口，把那声音送进去："弹棉花哎！"弹棉匠这样向一座春天的城市问候，他问候着城市里的每一个人，春夜身上可温暖？他的声音有着春野的寥廓。这时候容易叫人想到，苍天下的苍生，他的饱，你的暖，如此而已。

弹棉匠一声声叫起了人的春愁！如果你走过的年代，曾有过许多缝缝补补的细节。

零花钱

我是说,很久以前,当我还是个小女孩时,外婆一次次塞到我手上的那些零钱,通常是些钢镚儿,一分两分的,顶多不过五分。当我和大妹一前一后,走着长长的骑楼街,一个礼拜去看望她一次,做外婆的自然是欢喜。时候不早了,该回了,外婆总会轻轻撩起衣角——那是她的压轴戏,从里层的口袋里摸出几个硬币,分给她的两个外孙女儿,大的给五分,小的给一分两分,每给一个,必反复叮咛:不要乱花呀,不要让爸妈知道啊。做孩子的拿了这钱,欢喜得多听不清楚她老人家在说什么了,把那钢镚儿攥在手心里,迫不及待地要回家去啦,似乎这一趟已然取得了正果。看望外婆自然是情理之中,但是,自从有了这给零花钱的事儿,讨零花钱的动机似乎来得更直接些,末了,我和妹妹总是眼巴巴地等着那最后一幕,毫不掩饰——孩子嘛!

这零用钱的分发,有点瞒着家长的意思。我的父母,是何等节俭之人,管教子女何其严厉,唯零花钱一事睁一只眼闭一只眼,不好违拗外婆,毕竟她是他们的长辈,老辈疼小辈,亦在情理之中。我的外婆一开始就选择了这种疼爱外孙女的方式,我不知道对不对,我是直到很大了,才品味得出这些钢镚儿背后的"疼"字来。父母呢,何尝不疼孩子,只是,生活俭朴、从不娇惯孩子的父母是绝不会给一个子儿的零用钱的。在这点上,外婆极大地弥补了父母的空白,我的童年生活也因而有了花些小钱的滋润。

零花钱自然是花在零食身上。街头巷尾的杂货店里，和油盐酱醋在一起的，是一排排透明的玻璃缸子，展览着各式各样的零食：棒棒糖、话梅、橄榄、杨桃干、"鸡仔饼""牛耳饼"……它们是专等小孩的。杂货店货源充足，"棒棒糖"们什么时候都躺在那儿，只是，得等孩子们拿足了钢镚儿前来，才心甘情愿地跟他走。有时，我领走一根红辣椒样的棒棒糖，不怕它烈焰般的火红灼伤了舌头，我拿舌尖儿一下一下地舔它，把它的甜味儿一点一点地卷到我的舌上来。"牛耳饼"的形状像只牛耳朵，"鸡仔饼"则不可望文生义，其实与鸡仔并无半点关联，这些小饼都做得坚硬香脆，让每一张小嘴巴变成了老鼠嘴，一丁点一丁点地啃，甚至，由于舍不得那好口福去得太快，只用小门牙磨着吃。一个小孩拿着块饼子吃，另一个小孩就眼巴巴地盯着看，如果他或她素来友好的话，兴许能分得一口半口呢。有一种叫做"风吹鸡蛋饼"的，甚是稀罕，不混在杂货店的零食堆里，而是在城西一户人家里，现做现卖。那张雪白的薄饼是用蛋清压成的，据说轻薄如纸，入口即化。日久，那"风吹鸡蛋饼"就不止是种饼了，而是来自城西的一个传说，是城东孩子们心头的诱惑。在一个有月亮的晚上，想必是西来的风把那传说和薄饼的清香一起吹拂到城东了吧，想必是孩子们又听到那诱惑的声音了吧，大家偷偷在月光下集结，避过大人耳目，向着城西而去。我把几个钢镚儿攥在手上，高高的月亮把我和伙伴们一路送到了那做饼人家的门前。我亲眼看到了传说中的事情：一匙子蛋清在滚烫的铁夹片内"嗞啦"一声压成一张薄饼子，几近透明，轻如鹅毛，叫人担心一口风就把它吹走了！拿嘴去咬，什么也咬不着似的——眨眼就化了！

有时，崩爆米花的会来，做"棉花糖"的也会来，带着江湖的风霜，在巷口摆开架式。那爆米花机蒙着经年的烟灰，黑得像非洲人的头颅，在巷口惊天动地地炸开之后，裂出一肚子白花花的爆米花来，香馥馥的，哪有不吸引孩子的！"棉花糖"则是在一个架子机上做成的，架子机呜呜地响，敞开的铁盒子里，一把白砂糖抽丝一般抽出一堆雪白雪白的絮絮来。卖糖人拿小棍儿一撩，举起来问，"谁要？"那会儿孩子们是欢喜雀跃的。可是，他们在江湖上流转，会来也会走，带着无人能猜到的漂泊的忧喜。他们一走，巷口的热闹就休场了，孩子们的节日也结束了。

我有一只草绿色的肥猪"扑满"，我把外婆给的零花钱从猪屁股后面那道口子里投进去，可是，我也总想方设法把它们弄出来。我使劲儿摇，想把硬币从口子里摇出来，我用竹签儿拨，常鼓捣得满头大汗。

圆圆的硬币有时候可当个小玩具呢，特别是当它落入男孩子的手里时。他往往背靠一面墙，右脚屈起来抵住墙根，把那钢镚儿的边沿往墙上使劲一碰，硬币就借着墙面的反弹力朝前冲去了，像只刹不住的小轮子，直到它自己耗尽了力气躺倒在地上。这是个叫"车戒"的小游戏，扁玉戒指，硬币，小圆铁片，但凡是扁环状、圆片状的硬物，都可以"车"。寂寞的小男生，百无聊赖，他可以自个儿"车"，自个儿玩；

一伙皮小子，可以扎堆玩，比谁"车"得远，赌些小钱。当你拿到一枚边沿毛毛糙糙的硬币，八成这硬币是被"车"过的。

在一个特别的日子里，一枚毛边的二分硬币落入我的小手掌，我当时还未来得及看清它的毛边，它不是我在男孩子们"车戒"的现场拾到的，而是从一个垂暮老人的手里落到我手上的。那是个一辈子只去了一次的地方，一辈子只见过一次、并且很快就面目模糊了的人。那是我父亲的外婆，我的曾外祖母，一个气息奄奄的老人，我和一些亲戚一道，被祖母领着，去了那个乡下小镇看望她。那是所老屋，我第一次踏进去，后来再没有踏进过第二次，它就像人一生不能两次踏进的一条河流。老房子阴沉，湿气和尘气都重，让人不爽，铺在天井地面的砖块都已经苔痕深深了，我的曾外祖母躺在床榻上，两眼枯涩，她行将燃尽生命的最后那点灯油了。她的神志昏暗混乱，捉摸不定，如常日翳蔽的天空，忽又会从云罅里流泻出一缕清明。那日，祖母领着一干子孙来到她的卧榻前，她似乎又恢复了一丝神志，和说话的力气。她不知从哪里摸出了几枚硬币，抖抖索索地要分给她的重外孙们，后来落入我手中的那枚毛边硬币就在其中。当那枚硬币从她失控的手指间失足跌落，正好落到我的手掌上，我接住了。

"给，两块钱，买糖吃哦。"她好不容易说完整了，并且也让我们听完整了这句话，却令人啼笑皆非，那只是枚二分硬币。姑母们于是又要取笑她老懵懂了！活得太久了是要被取笑的。那一天应是个特别的日子，不然祖母是不会这样兴师动众的。后来祖母催促我把那个二分硬币尽快花掉，我不明白其中的意思，便是今天，我也只能够猜测，其中是不是有某些深奥的，并且已经失传了的含义？我在把那枚硬币花出去之前，仔细地看过它，我留意到它的边沿，稍稍显得毛糙，显然，它经过了很多人的手，并多次被小男孩"车"过，最后，它从曾外祖母的手上跌落到我的掌心，我心里忐忑，不敢让它在手上多停留，我把它递向糖饼店的阿姨，买了个棒棒糖：一根小竹签，一头挑着个糖疙瘩。我端详着手里那个糖疙瘩，有点儿奇怪，糖果一般都是光滑的，它的表面却是粗糙的，就像那枚毛边硬币。放在嘴里吮了一会，从甜里竟慢慢渗出了一种麻的滋味来，咦，这是从没有过的呀！

不久，世上就再没有我曾外祖母这个人存在了。

若干年后，当祖母的暮年来临，我已经不再年幼了。祖母一生严苛，她的孙儿孙女们从没得过她一分半毫的零花钱。她凌厉的眼神震慑过大家庭里上自祖父下至孙辈的每一个成员，但是，当她渐渐老去时，我看到，那个凌厉的眼神一点一点地软下去，最后，她独自躺在一所庞大的三进祖屋属于祖父这一支的一套老房子里。她的儿女们均已在城里落地生根，自成一株，并且枝繁叶茂，陆续有了各自的孙儿孙女，他们先后遗弃了祖屋。祖母在人去室空之时执意回到祖屋来，将一把老骨头扔在那里。在寂寞的日子里，祖母依次念叨着众儿孙的名字，等着他们轮流来看她。我看见堂兄、表兄们开始往祖母手里塞钱，我想，那是他们给她的零花钱吧。只是，那"零花钱"已经不是昔日大人用来哄小孩的钢镚儿了，那是大张大张的钞票。祖母拿着一手的钞票，自言自语道："买点什么吃吧,这把年纪了,能吃就吃吧,再过些年,想吃也吃不上了!"几年过去,她依然蜷缩在祖屋的木板床上,听到高高窄窄的小木窗外有人一声声地叫卖,她有法子让那叫卖者为她停留,并把热腾腾的包子送进屋来,然后,她把她攒下的"零花钱"中的一张,用颤颤抖抖的手抽出来递上去。这个时期,她过往所有凌厉、威严或苛刻的事迹,已然被我淡忘了。

鸡鸣喈喈

有人家的地方一定有鸡舍,这是我记忆里的市井。仿佛不可剥离的生活元件,鸡舍与人家,是里巷中多么匹配的陈设。那年头,小城里没有不养鸡的人家。鸡,这家养的大鸟,人的伴儿,家中的成员。一户人家屋檐下没个鸡舍,那成什么生活?人间气息,可是从那灶台、那烟囱、那鸡舍中弥漫出来的呀!人居瓦房,鸡宿竹笼。夜里,主人在屋舍入梦,鸡在露天打盹,世间一片祥和。月色皎皎,夜阑人静,鸡笼里也鸦雀无声,鸡们肥胖的身子挤在一起,互相偎靠,相互取暖,偶尔叽咕两声,夜更深、更静了。据说鸡是很警觉的,它半梦半醒,像是在为安睡的主人家守候漫漫长夜。

我们家的鸡舍从来是父亲一手打造,木条竹片稀疏地钉在一起,成一方方正正的笼子,前面开扇小门,顶上苫上油毡纸、塑料布之类,下面用砖块垫起,使它悬空,这就是鸡的安乐窝，雨淋不着，鸡不用当"落汤鸡"，这就安顿好了。铁丝扎着个长形的木槽，挂在笼外面，那是鸡的食槽，鸡在笼内可以把头从柱子间伸出去啄食。一天三两次，喂食时间，主人不会让槽空着，鸡有饮有啄，心满意足，每日下蛋、打鸣，为主人家献力。

在这鸡舍已绝迹的新城里，我依然清晰地记得昨日的鸡们，过往的岁月，少不了那股子鸡腥味儿，每个平凡日子在鸡啼中展开。"人家在何处？云外一声鸡。"哟，这鸡声听着怎么这么熨帖呢！好比一个跋涉了许久的人，终于听到一声鸡鸣那样，知道村落近了，可以歇下他疲惫的身子了。"鸡声茅店月，人迹板桥霜。"虽是行旅人的羁愁，但有了一两声鸡叫，就透出了亲切的田园气息。我不处田园，处市井，这市井不也因了那两声鸡鸣，而散发着一种小城特有的小家、小日子的温馨吗？念及"人家在何处？云外一声鸡。"我每觉得它之于我，可改为"隔海一声鸡"的——家乡有片海，而况，回眸间，与往昔确是隔着个海呢，时光的深海。现如今小城人家早不兴养鸡了，鸡声日益缥缈，为此我内心里会腾起一种乡愁，这与一个人是否安守家园无关，那是光阴流转、世事变更带给她的，人生的乡愁。

还因了《诗经》里那一声"鸡鸣喈喈"，我这并不沧桑的胸怀里又会缭绕起另一种乡愁：据说就是"文化的乡愁"。是读诗书知道的，这家禽很古老，自古人们就把它养在家园里了。《诗经》里不止一处提到："鸡栖于埘，日之夕矣，羊牛下来。君子于役，如之何勿思！"看来这大鸟古来就是日出而作、日落而息的习性,白天它遍野撒欢、觅食,黄昏它钻进屋角墙头那叫做"埘"的小窝里。不想,这纯属天性的举动,竟还招惹了女主人的惆怅泪水,因夫君远役在外经年未返,看着鸡栖于埘,牛羊入栏,伊人触景伤情呢。赶上鸡鸣与风雨交作,这黄昏叫人怎生安歇?"风雨凄凄,鸡鸣喈喈,既见君子,云胡不夷?"昏暗的天色下,野地的泥泞里,是谁蓑衣笠帽深一脚浅一脚在往家赶?又是谁在风雨飘摇的茅庐里、一灯如豆的火苗旁切切守候?古时候一个不为人知的女人藏在心间的悲喜酸甜,亘古一致的那烟火红尘中的长情短意,平凡若此的幸福,怎么这样叫人动容呢?那是很遥远的尘世生活,很遥远的鸡声了。

　　家里养鸡就得为它忙活,主人辛勤劳碌之余惦记着它的三餐一宿。不过这活儿也有限,弄份鸡食是很简单的一件事,不像喂猪那样麻烦,下米煮饭时多备一份给鸡就行了,要不就是吃剩的饭菜,往鸡食槽里一倒,拌上粗糠,搅匀了给它吃。这活儿不费劲,半大孩子都做得来。比起牛羊,鸡可就省心多了——又不用放牧。早间打开笼门放它们到广阔天地去,舒活舒活筋骨,晒晒太阳。鸡在巷子里来回蹓跶,会会它的左邻右舍,到树根底下刨刨食,啄啄虫儿草籽,日子过得可真闲适!鸡在路上总是一副寻寻觅觅的样子,大概它也是以食为天的,不放过任何一点食物,洒在地上的米粒儿、饭粒儿,它统统收进胃囊。蟑螂、臭虫躲在哪个角落给它翻出来了,或正要溜过路面时给它撞个正着,它是要怒发冲冠,穷追猛打的,誓要用尖喙把人家宰了吞进肚子里,仿佛不共戴天,

其实是嘴馋罢了!鸡这东西虽然游手好闲,整天东游西荡,却不会不知时辰,它的生物钟从不混乱。早晨笼门还没打开它已候着要出门了,傍晚打开笼门它一准往里钻,白天它不恋窝,黄昏它不恋外。天黑了,主人关鸡笼门前是要数点鸡头的,像幼儿园里的阿姨数点孩子一样,若是发现不足数,那得出门寻找。主人走到巷口,四下张望,用鸡听得懂的语言大声呼唤:"咯嗒咯嗒咯嗒!"看那焦急神色,像是寻找自家迷路的孩子来了!

时不常有手艺人走街串巷:"阉鸡补锅啦!"人们背地里管他们叫"阉鸡补锅佬",列入"引车卖浆者流",可他们都是过日子用得着的人啊,帮了东家帮西家,是人家的活路。阉过的公鸡长得快长得好,披一身亮闪闪的美羽,神气那个活现!哪知它脖子、尾巴上几根招牌羽毛早被孩子们算计好了——能做好几只漂亮毽子呢!不过,那得等它功德圆满——上了节日的餐桌。最可贵是那老母鸡,吃糠糟下金蛋,日产一个,营养一家。哪个小孩子不爱抢着去翻鸡窝?拣出个热乎乎的鸡蛋捧到奶奶跟前好表功啊!每次母鸡下完蛋后都涨红了脸跳出鸡窝,"咯嗒咯嗒"一路叫去,招摇过市,广而告之,嘀,她不骄傲谁骄傲呢?就给她奖把米吧!小鸡仔一个个毛绒绒、小尖喙,煞是可爱,捧一只在手心,满手柔软。一群小鸡啾啾乱声,叫得人耳朵根子都软了!

捧本书坐在庭前闲读,有只鸡绕膝闲步,那辰光是会添了几分闲情的。只是,那鸡绕着绕着,突然会"噗"一声,拉下一泡屎来,这个它是无所顾忌的,它也无法自控,像极了小孩子羞耻之心未受启蒙，随地大小便呢。你不用跟它急，只要你脚面不中招就好！那些撒满地的鸡屎，就等傍晚鸡们都入笼再扫好了。这活儿通常是我的。扫起来的鸡屎可以做肥料培育花木呢。那堆鸡屎里面是有信息的，小孩子都懂得，哪只鸡要是拉出了泡白屎，准是有毛病了，是要及时报告爹妈的，大人就追问，是哪一只鸡，是黄澄澄的那只呢，还是白花花的那只？就密切留意，小心看顾，灌它些"土霉素"什么的，必要时还得隔离起来。

我爱看鸡足踏在沙地上留下的那些小小"个"字，像一幅沙画，颇有些田园诗意呢！鸡足不长蹼，是不懂水性的，只宜在陆地上行走，所以我们有时取笑一个人不会游泳，就说他是"鸡脚"！海不属于鸡。天空按说也不属于鸡，可气的是这笨鸟有时兴起，要温习"飞"的本领，可又飞不高，扑扇着翅膀打翻了摆放在矮墙头的花盆，要不竟蹲在上头刨土啄枝，咳，让人恼！可你别牙根痒痒啊！你难道要把它的毛拔了几根来解气不成？

旧时厨房一角有个草窝，深口的粗陶盆一只，填半窝稻草，专供母鸡下蛋、抱窝、孵小鸡。天天下蛋，母鸡也有被"掏空"的时候，那时她变得无精打采，不思饮食，也无心游逛，只想往鸡窝里钻，能一动不动地"抱"上好几天窝呢。主人知道她是倦乏极了，不打扰她，让她好好将息。哪天她休养好了，恢复了元气，就"醒窝"了，又会变得生龙活虎、满世界乱跑了。

母鸡蹲在窝里孵小鸡那样子专注而耐心，是可敬的。她不问那窝蛋的由来，主人命她蹲下，她就明白了自己的使命，张开翅膀轻轻罩上那窝蛋，持续不断地给予她的体温，直至把翼下的小生命催生出来。也不记得那一个孵化过程需要多长时间了，终于，小鸡们陆续啄破蛋壳，一个个湿淋淋地冒出小脑袋来！

母性不是人的专属。瞧，母鸡带着她的孩子们散步、觅食来了，这是多好看的一幅画！小鸡们探头探脑，东啄西啄，无忧无虑，母鸡那里有一双护翼，随时为它们张开。这是一幅活动的画面，千变万化，浑然天成，鸡们家里的温情随地流淌。我想，这一情景若是上了画纸，任怎样布局、如何构图，都会是幅好画吧？

现代城市与鸡是疏离的，院子里看不见一根鸡毛，听不到一声鸡叫，我们早把鸡开除出了院落，只是在餐桌上留住了鸡而已。孩子们不知道鸡长得什么模样，他们只认得它的肉。对一个城市孩子来说，一堆被肢解过的鸡肉，显然比那活蹦乱跳的生灵更有意义。大人们从市场上拎回来一只只被剥得光溜溜、连五脏六腑都掏空了的"光鸡"，以最快的途径送到他们的肠胃。并且，应了那句话：知道鸡蛋好吃就行了，何必要认识那只下蛋的老母鸡呢！每次去菜市场，都看到一堆堆圆滚滚的鸡蛋摆在货摊上，不知是哪家现代化养鸡场的丰硕成果。我不贪个儿大，专在小的那堆里挑，摊主说：你很识货嘛，农家蛋，"放坡鸡"下的哩！放坡鸡？一时脑子里尽是满坡野跑的鸡影。嗯，总有一些野坡是属于它们的！在鸡们短短的一生中，总会有些那样的幸福时光！

为一座废园驻足

当一个地方被人们遗弃以后，通常是草，以最快的速度到来，开始恣意繁衍，把那里演变成一处荒凉的废墟。当我从南方海边一座古老的小镇上一条古老的小街走过时，我是这样想那几个废园的。那几个青砖残存的废园散落在一些人家之间，它们的死寂与四邻的人间烟火互不相碍，五步以内，我既看到安闲的老人，忙活的汉子，稚气的孩童，也看到废园的残壁与荒草。

在四面断垣的规约下，在一个小小圈子里，杂草疯长，精壮的已蹿至半人高，还夹杂着几株高秆植物：玉米、木瓜什么的，像是些落错了土的生命，让人错愕，不过，在这个无人管束的地方，它们倒也快乐自由。我看不清有多少断砖残瓦被它们踏碎在脚下，自从房子倒塌以后，地板就获得了解放，重新素面朝天，还原为承接阳光、雨水的一块野地，埋没了它曾有过的一切足迹。草的到来使一座破败不堪的砖瓦房重生为一个芳草萋萋的庭园。

行经这样一座废园，是好奇且惊心的。它是怎样崩败的？你甚至会联想到一场意外的大火，或是某个雷雨夜的霹雳，使最后一根横梁轰然砸落，最后一片瓦面尖声坠地。但是这样一所普通民宅，果真有如此戏剧性的一幕吗？你也拿不准。其实，摧毁一座房子，和摧毁一个生命一样，最不动声色、最持之以恒的力量，说是岁月，一点也不会有错！

我不明白一座破房子徒留些断垣残壁有什么意义？为

什么不干脆把它夷为平地算了？为什么没人来收拾残局？它是否有些隐衷？我因此怀疑它是否已经绝后。有什么比这更残酷的呢？我在此时意识到了一座废园最深切的悲哀！如果说，守它的最后那个人撒手而去，一脉香火也就此断绝了，那么，废园是确已走到自生自灭的境地了，它永远失去了照拂它的手。我们已经习惯了时间与血脉的绵延，时间里的生命与生命里的时间，它的绵延不绝生生不息是理所当然的，而当一个家的绵延到此为止不再有来日，天！这就是哀莫大焉的末日了啊！

你也可以设想另一种局面：它的子孙后代远走高飞了，已携着他们的钱款到别处另筑新室了。后来得知，小镇上的人家有了钱以后到县城买房建楼的确实不少，而安守小街的人家，总得把日子照常过下去。我怎知几家欢乐几家愁？我只看到，尽管有几个废园横陈街上，并不影响它们的左邻和右舍该怎样便怎样。可是，有这样一座废墟在侧畔，日日对你讲述一个家园走向没落的历程，能没有几分悲凉况味在心上？

想象着，和一座废园比邻而居：断垣内外，荒草残阳；破墙头上，冷月徘徊……竟是自家窗前门旁一组永不落幕的布景，我已经觉得有点不堪，而一个地处偏僻的小镇上的人家，何来如此的大气与从容，把沧桑阅尽了，等闲视之！

在经过一座废园时，越过离离乱草我往里张望，一块完整的后墙挡住了我的视线，后墙上竟然还有个小门洞，黑黢黢的门洞口坐着个老汉，老汉身前置一矮案，看得见他手把酒盏，正自斟自酌。噫！对酒当歌，人生几何！譬如朝露，去日苦多。每天每日，他看园中芳草，多少朝露，转眼成烟；他看日脚飞快，多少青春，转头成空。昨天他还是个野地里的顽童、书塾里的稚子，总是有口无心地唱念："青青园中葵，朝露待日晞……少壮不努力，老大徒伤悲。"今天他已是个穷途末路的老汉，生命中的黄金已尽数挥霍掉了，他守着他的残山剩水，过一日便是少一日。可是，匆遽的一生也已教会了他豁达处世，日薄西山时且看一眼夕阳无限好！这天他又沽了美酒，就着二两好心情，和自己干了一杯。这样，他的暮年就因豁达而从容，而美好了！

这本是一座废园藏于身后的故事，可巧被我这个过客偷看了去。我来自嚣嚣城市，我所认识的土地，寸寸都是金子，不会有一座废园，可以如此长久地沉湎于它破碎的梦里，如此安静地追忆它的那些前尘旧事，而无人打扰，无人觊觎或侧目；只有一座沉寂落寞的小镇，一座脚步缓慢的小镇，一座温婉念旧的小镇，一座并不势利的小镇，才会在它的腹中容纳了如此多的废园，让这一个个荒废的家园，占它该占的土地，站它该站的位置，长它该长的野草，说它要说的故事。

后　门

后门，以一种气息深入我骨髓：幽僻、安静、落寞，甚至有些荒凉和诡秘，是的，这是后门的气息。

多少年过去了,我的心里始终敞开着一扇后门,它向着一片荒草野花、杂树乱藤静静地敞开。覆盆子挂着,苦楝树站着,蟋蟀叫着,蚱蜢跳着,五彩的碎花开着,蝴蝶的翅膀拍着,高高的土坡拦着……这就是后门,有草根香的背静的后门。

　　那是一所青砖院落的后门,鱼鳞似的瓦顶低低压着,青青的炊烟从瓦缝间冒出来,在黛色的瓦面上弥散。窄窄的门扉嵌在青砖墙中,红漆剥落,铁锁锈蚀,几代人的手印交叠着,入木三分。一条泥路在门前寂寞横伸,几处苔痕点染着门脚,雨时溅起的泥点沾附在门扇上,一丛衰草在门边招摇。门角挂着几丝蛛网,蚂蚁在门轴上忙着搬运碎饭粒或虾皮屑。这是后门,有一些卑微的生命在人的忽略下偷生偷乐的后门。

　　一条青砖小道从庭院深处通向后门,青砖卧地深陷,坑坑洼洼布满了履印雨痕。道旁一排低矮的厨房,阴暗,潮湿,窄水沟里时而浮着几片破碎的菜叶,碧绿的颜色鲜活着那些上了年头的砖砖瓦瓦。

　　"咿呀"一声,后门打开了,泼出一盆水,或闪出一个身影,放出一声呼唤。挎菜篮子的主妇从后门迈出去,挑柴担子的人被允许从后门进入,来了几回就熟门熟路了。偶尔,两个隔壁的女人在后门贴墙站着,窃窃私语,低低的声音里掩藏着秘事。

　　午后,一个从后门出去,踩着一条隐约的野径走向草木深处的女人是让人怀了些好奇的。她在那片野地里百无聊赖地游走,随手拂着青草野藤,心里也是芜杂凌乱的吧。她漫不经心地折一朵野花在手,又把那野花一瓣瓣揉碎了,撒在草丛里。她倚在苦楝树下出神,忧郁的眼目凝睇屋檐,或比屋檐更高的天空。她是个有心事的女人,她的心事或许被人偷窥了,或许没谁留意。

一个贪玩的孩子也会在后门流连。那时他是个离群的孩子,阳光下他落寞的影子游移在花间草丛,不过他绝不会乏味,花草虫鸟样样叫他津津有味,他的眼神像只最花心的蝴蝶到处流盼,应接不暇,他的小手拈花惹草,他的嘴巴嘟嘟哝哝。他弄破了几只小浆果,黑紫色的浆液洒了他一身。他追逐一只蜻蜓,或扑捉一只蚱蜢,在一块荒草掩着的石头上磕破了点儿膝盖皮。一绺头发被汗水沾在了他的额头上,几只苍耳子偷偷粘上了他的裤腿⋯⋯落在后门草丛间的童年片断,是寂寞又温暖的,如午后蝉声里的太阳。

雨哗哗下着时,一座座房子成了孤岛,前门后门都紧闭起来。可是后门忽然间开了道缝,递出一把黑伞,"呼"的撑开,被雨点"噼啪"狂打,人急忙钻进伞下,门合上了,一朵黑色的伞花沿小路匆匆远去,那一定有着非去不可的理由!

夜来,后门是要关上的,为防夜贼,里面需上一道横木闩。"咔"的一下子,有尘埃落定的感觉。夜,一分为二:安宁温馨的人间之夜留在了门内,阴森可怖的荒坡之夜被摒于门外。月光印在门扉上,是清冷的银白;长夜静得好似入了定,虫子伏在草丛中低低叫唤,一只栖在枝头的鸟突然拍着翅膀飞起,抖落几片月光。草木的阴影森然匝地,仿佛从那里真的会跳出一只搔首弄姿的狐狸；而这时候，孩子们的耳朵说不定正在屋子里惊悚地竖起，在听一篇支离破碎的"聊斋"呢。

夜深人迹断绝，倘有诡秘或急促的脚步声自后门响起，养在后院的狗必会狂吠连天，虚张的声势教屋内的人踏实做梦，无需自扰，直到又一个清朗的晨间，后门在一片祥和的晨曦里再度敞开。唉，后门与那守夜的狗，莫非也是因缘前定？

一座深宅大院，前门临海，后门面坡；前门吐纳万顷波涛，后门独自静静向隅。踩着一块连一块的小青砖，从后门悄悄溜出去，时光变得静谧而愉悦。游子离乡远行，揣在心里带走的不必是那端庄堂皇的大门，而是这僻居一隅的窄小后门；在那缭绕后门的草根香与烟火气里，会有一生的眷恋。

闲 井

大约是凿井汲水的年代已经久远了吧，这年头，再没哪一口井是忙碌的，忙碌的是城市新辟道路上的车轮、脚步和喇叭，井都是闲井。

走近一口闲井，是有几分忐忑的，怕低头看见意料之中的荒凉清寂，又怕意料之外的什么，猝不及防地撞入眼帘，更怕它要向你诉说那种被废弃冷落的心情，那一定是最不忍听的。

深信一口井是有灵性之物，不然断不会有汲不完的井水，年复一年源源滋养着市井众生。一眼井，不就是嵌于地表的一只深深的眼睛么？现在它一定是只你不忍和它对视的落寞孤绝的眼睛！

要在那些深街老巷里，才会遇上这样一口闲井，它们和周围的陈砖旧瓦一起陈旧老暮。而能从闹市红尘中拔出身来，用脚步漫跶老街，靠近一口闲井，并俯身探望井洞的那个人，又算不算得上是市井里的闲人呢？

一眼井的寂寞有多深？再没有探测它的井绳，再没有一只绞动辘轳的手，再没有"咕嘟"吃水的水桶，再没有欣快来去的取水人的脚步。那只左摆右摆饮着井水佯装醉了的桶，那只哐当碰着井壁仿佛晕了的桶，曾经一日数次殷勤上下，在小小的井里弄出清响，可是终于声沉响绝。这年头，再难得临井照影的汲水人！

一口井会知道世道的变迁吗？它知道，在日升月落的亘古秩序下，一切皆可变的道理吗？人们生活中不可或缺的水，已遵循管道铺设的路径潜入千家万户，不再仰赖古老的井。井被闲置起来，井被废弃了，井陷入了尴尬，井的风烛残年来了……

它曾参与"市井"的构建，它的角色举足轻重；可是如今，无"井"也成"市"，它多余了。

井闲下来了，每天只是睁眼看闲云，从一朵云去到一朵云来，从一轮月落到一轮月升，它的时光被拉得漫长。同时它可能在偷偷地谛听吧，谛听所有脚步的去向；对一双由远而近的脚步它是怀有期待的吧？

井里的水，甘洌吗？清甜吗？那个闲坐井边，正把木瓢里的水缓缓注入一个矿泉水瓶里的老头知道，可是没有闲人上前去问。

我不禁惊异驻足，这风景停留在我心里了！

要使地面上一口井消失，方法很简单，甚至，要使一整片残旧的市井消失，也很简单，可是，掘进生命里的井，却不轻易消失。这口闲井，它深嵌在风烛残年的市井之中；更重要的是，它深嵌在风烛残年的老人心中呢。

一口井，你看它闲，它就是闲逸的，颇有些仙风道骨，无忧无虑，不去理会所谓命运，它且闲着，看云影天光。它是闲井，不是废井；它是隐者，不是穷途末路之人。

若是在村边地头，它该有许多野趣的：井沿的繁草是它浓密的睫毛，井壁的青苔是它滑腻的肌肤；它还可以在井底养只蛙，听她叮咚戏水，在井蛙无辜撞壁之际开心地荡一圈涟漪；上头的老树会告诉它四季晨昏的消息，一阵风过，浮云乱絮纷纷落入井心……

唉，这会儿倒真是想去倚一倚井栏，听一听那串井底的蛙声呢！

木麻黄下摇网床

"槟榔树下好风凉，蓝蓝胶丝做网床，宝宝睡在网床里哎，像条大鱼白胖胖。阿妈轻轻摇网床，就像大海浪推浪，宝宝从小睡浪里哎，长大也当打鱼郎。蹦蹦蹦……"

谱了这首摇篮曲的同乡同姓作曲家，过早地长眠在了海边。多年以后，在异乡，我听到"北京天使合唱团"用天籁般的童音把他的《槟榔树下摇网床》轻轻送来，让我心神俱醉地又回到了我那遥远的亚热带海岸。在那带海岸边，我见过棕榈树，见过芭蕉树，见过椰树，也见过大榕树。我见过槟榔树吗？我唯独没有见过槟榔树。槟榔树，不是我们的树，或者它站得更远一些，站在那些热带海岛上吧。而我的海岸，生长成片的木麻黄树；成片的木麻黄，于我那亚热带海岸边的乡土，才是个永难剥离的象征！

那站满了木麻黄树的海岸，是我今生的此岸，又是我此刻的彼岸。如果人们不再对它动刀斧，它将永远坚守海岸，风是折不断它的腰的。

我的怀想徐徐展开。

木麻黄是一种亚热带海岸防风树，针形的叶子如秀发青青，一根根，一缕缕，一蓬蓬，飘垂在海风里，它的轻轻飘零为沙地带来一片宁谧与祥和。木麻黄树的小硬果嫩时青青，成熟时深褐，状如松果而小，泪一样地随风坠落。海边人会把落叶与坠果收拢来，让它们化为灶火。木麻黄的树干七歪八扭,仿佛打着千年罡风的印记。木麻黄的树皮深褐色,松且浮,随手可揭,蚂蚁们往往把自己藏匿在其中。

一张网床系于两棵木麻黄树之间,乡土的画面就形成了。正是结渔网的"胶丝"所结,一样的穿梭法,一样的网眼,柔而韧,耐坠压。人躺下去,使网眼张开,就算把网床坠到离地面只有一寸高,也照样能悠然自在地摇啊摇,晃啊晃。海风吹拂着,一顶尖尖斗笠扣在脸上,就能安然小睡。那是任何一个成年人重温摇篮梦的地方。

不过多半只是借它来休憩,心甘情愿地被网着,蜷着身子,像条大鱼似的。人在网床里,就不由得懒起了身骨,懒起了心情,不管是在自家庭前,还是在茫茫海边。

一些人家庭前有闲地,一棵两棵木菠萝树,芒果树,龙眼树或柚子树,一张网床,一张竹床,几只木板凳,两把竹交椅,仿佛极有生活经验之道具师所布设,常年摆在露天,就构成了很乡土风的场景,做着四邻八舍茶余饭后的舞台,只要生活不落幕,平淡的剧情和精彩的对白就断不了。网床里的人,以最令人羡慕、最舒适懒散的姿态参与闲聊:他可以整个人躺下去,连腿脚也全部搁进去;他可以只躺个身子,而两脚撑地,自摇自晃;他可以只坐不躺,但他的屁股始终恋恋不舍那张网床,因为那是一个众人觊觎的位置。

然而,再没有比木麻黄的婆娑之姿更适宜安放一张网床的了。尤其是将它安放在辽阔的海岸边,那片岸便有了意味。岸上有着云淡风轻的生活,这似乎是一种回报,平衡着茫茫海面风里浪里渔舟上的艰辛。渔村中的人没有办法割裂了与大海深处的生命联系，隐隐地，他们心头的守候与期盼，便使那岸上笑语喧喧的时光多了些牵动人心的东西。木麻黄最懂岸上的心情，小小网床应亦有知！

渔村的女人善于飞梭结网，她们为男人们编结网罗大海的巨网，然后用一些边角料和一点空闲时间为自家编织一张网床，又再为素不相识的城里人编织。于是，不懂穿梭的城里人也可以买张网床回去摇了。在海滨小城的任何一个角落里，网床在树荫下晃晃悠悠，晃出无比轻松的心情来。以这种心情去享受一张网床，乡人叫"叹"——"你真懂'叹'啊！"人们互相感叹道。

多年前我才一点点大，也有过像条大鱼似的躺在网床里的时光。我的祖屋在一座小镇上，门前是个小海湾，在沿岸的树行里是少不了木麻黄树的，似乎因为植得稀疏，所以更高大。高高的树顶越过屋宇成了大海的瞭望哨。它们是风的消息树，高枝上如丝如缕的秀叶总是闻风而动，把风的动向确切地告诉地上的人们。树的那个高，只有丝瓜藤爬得上去，把明黄的丝瓜花惹眼地开上去，把碧青的丝瓜铃铛似的挂上去。一张网床挂在两棵木麻黄之间，我小小的身子躺进去，快被网床裹起来了，祖母走过来，轻轻摇一摇，堂兄妹走过来，伸手推一把，彼时我是大海里一叶轻舟，随波飘荡。用劲猛时，网床晃动大，会像浪一样把人抛起来，蓝天白云在头顶上一齐旋转，我一定吓得魂飞魄散，死死抓住网床沿哇哇大叫！

小镇人的脚步，不慌不忙，断断续续一串串，浪花一样地从网床边溅起，沙沙，沙沙，是宁静日子的点点浪花，而每一刻的宁静都已汇成大海般的浩瀚了。从敞开的大门往深深庭院望进去,那窗,那檐,那井,那台阶,把日子安安稳稳地建筑在这里,庭院里花树均好,鸡犬俱在,大人小孩花花绿绿的衣裳搭在竹竿上任由阳光舔去,酿酒的瓦瓮红布封口,胖墩墩地挤在门厅的两边。伯娘携了个菜篮子从侧门一步跨出去,然后爬上一道斜坡走远了;我的祖母抓着把葵扇,一摇一摆地走着,走到正门第一道门槛那儿,一屈身坐下来,对着过往乡人招呼开了:"三婶,又担东西上街卖啊?"三婶肩头的扁担正"嗯嗯"有声呢,她停下来一会儿应答我祖母:"是啊,八婶今天没去城里寻儿女?"闲着无事的三爷看见网床里的我准会走过来逗我,他总是这样说:"嘀嘀,街头妹,又跟阿嬷返乡下来了?"

在太阳的摇晃下,木麻黄的树荫有时抹上岸边的青砖黛瓦,有时跌落在蓝蓝的海水里。它的高处缠着丝瓜藤,它的低处缠着网床,网床勾勒着小船样的弧线,在海风里摇啊摇,摇啊摇,把一串又一串日子渐渐摇远了……

一些人躺过了网床,又站起来,远远地走开了,走出了木麻黄挺立的地带;在遥远的他乡,忽又念想起"木麻黄下摇网床"那情调来,那是如我一样离开了故土的人。

一枕梦香

枕,软软的,停泊在床头。夜来,各寻各的枕,把头靠上去,睡去。

枕上是个好地方:有梦,有舒适,有清香。

从前总是枕着一种清香入梦。在家乡那些温馨的日子里,枕,不过是一块软布缝合起来,囊着一袋子叫做"油甘叶"的小叶片,这是最家常的枕了,在千家万户流传着。据说这种"油甘叶"有益于脑,有益于睡眠。自然,谁也不会把有害或无用的物质枕于脑后,经年累月。我毫无保留地相信了。抱起枕头,贴个鼻子上去嗅,嗅得一点点极微弱的清香。因听了那样的说法,总会有一点恍然:原来,在每个梦里,我就是这样安安静静地,不知不觉地,让千万片小小油甘叶,抽丝般地吸走我脑袋里的浊气,润物细无声地往里渗它千里携带的山野清香。一年又一年,这过程漫长而温婉细致地进行着。在这种植物含而不露的关怀下,我才得以把梦做得安静而香甜。

一种植物,从山野走下来,做了人们的枕,伴人入眠,总是一份缘。乡人何幸,于千万种草木里找到它!我因而视它为生来负有使命的,授意于天,受命于人,夜晚那样枕着它,接受它的好处,更觉心安理得。

这植物长果,叫"油甘子",碧绿小巧,微涩而甘,有青橄榄般的回味。山野小果,不起眼,却亲切,只有勤走的乡人,才会挑着它走街串巷地叫卖。

　　油甘叶的流通，也是一派乡土风、民间味：大大的竹篓装着，长长的扁担挑着，远远的路途走着。通常是些带笠帽的妇女，穿唐装衫、大裆裤，从乡下来。也有用布袋子装的，坠在脚踏车后货架的两边，推车的是个男人，蓝布衫，蓝布裤，洗到发白，烈日下来去，头上竟无片草遮挡。他们把油甘叶放下地来，揭开篓盖，解开袋口，自有街坊大妈大婶们围上去，抓过一把来，在掌心里摊开，放到鼻子底下嗅嗅，问个价，聊会儿天，有意买者，就在街头巷尾的屋檐下成交了。

　　新买来的油甘叶，倒进竹匾里，举到瓦面上去晒，两三天下来，又干又爽。青灰色的油甘叶，小长圆形，质地结实，比干花的生命力还强，经多少日月也不会枯败得一塌糊涂。把它灌进枕袋里，用密密的针线缝缝好，一个油甘叶枕就做成了。垫在脑后，任人辗转反侧，千辗万辗。

　　当枕袋子那一道封口线缝成，油甘叶漫长的黑夜来临了！一年里最多翻晒一次，在一阵轻轻的拆裂声之后，哗的一下，枕袋里的油甘叶被倾倒进竹匾里，重见天日。捧竹匾的人习惯用手拨弄它几下，这是一年难得一次的触摸。这一年里，它曾予人多少好梦，是该以感激之手来抚弄！人们又会顺手簸它一阵子，把那被枕碎了的屑末簸簸掉。我看到小叶子化成的点点轻尘，随着那一阵簸动纷纷扬起，轻轻飘零，像任何一颗尘的归宿那样；但是更多的叶子完好无损。在黑暗中呆了长年的油甘叶们，终于有了一次起舞的机会，它们嘻嘻哈哈，轮番上前，一蹦老高，像一群天性依然的孩子！

　　在一条短短的陋巷里，在一片低矮的屋瓦上，用竹匾晒那些垫了长年的油甘叶,是旧时生活里曾有过的万千细节中的一个。那些细节还包括,在一些晴朗的日子里,卖油甘叶的人从巷子里走过,"卖油甘叶啰!"他们喊,空气中随之播散着油甘叶的淡淡清香。西窗下,外婆又在与母亲私语,商量着,是不是该称几斤油甘叶了啊?母亲呢,便会再一次询问起我的小枕头来。

抱起一只经年的油甘叶枕,会嗅到一片淡淡的汗香,那是我们在过去的时光里一点一点散发出来的,蓄积在油甘叶干瘪的身体里,那是一种只有自己才不会嫌弃的气味。有时在床上,手闲得发痒,就去抓枕头,一会抓这一端,一会抓那一端,把那枕袋里的油甘叶倒过来,倒过去,像个小游戏,你在外面玩,油甘叶们在里面玩,隔着一层布,你听得真真切切,袋子里那群小叶子,正发出阵阵类似于坐滑梯或冲浪一样兴奋刺激的欢叫声呢!

在我们走过的日子里,始终充满着物对人的关怀。漫漫长夜,再没有比那些小小油甘叶的关怀更令人感到熨帖的了!虽然,躺在床上,我们很少会想到,是枕袋里那片片小叶子,垫起了我们的脑袋,推动我们均匀的呼吸,慢慢诱导我们进入冥想状态,并最终滑入梦的轨道,在每一个美好的清晨到来之际,耐心等着我们把那一夜好梦做完。

是的,这是一种成全好梦的小叶子,一种令夜晚安宁、枕上有香并令人眷恋的小叶子。天下之大,可以填枕的东西很多,足以安放美梦的地方也很多,我曾数度离乡,也换过不少的枕,但多年来我已不再过问枕心里所填为何物,因再没有哪一种东西像油甘叶那样，在遥远的一段卜居陋巷的简朴日子里，能够从内心深处唤起针尖一样细腻的感受！我没有带走过一只油甘叶枕，它像一片乡风，我带不走。后来的家乡，也终至于难觅一只油甘叶枕了，小小的油甘叶啊，它就像是一些褪了色的旧梦。

在巷陌里穿行

如果没有千回百转的巷子，城市将失去最生动的细节，和最真实的表情。巷子，是我在城市里看到的最具家园气息的地方。栖居在巷子里，是最温馨的栖居。栖居在巷子里的人，替城市收藏了一张昔日的容颜。

在这座城市，我已失去了栖居在巷子里的权利，高楼接纳了我，我享受了高楼。

我所指的巷子，是那种家挨家、户对户，披着简朴衣装，透着安闲意态，从遥远的年代过来，有时间纵深感，藏着无数龙钟身躯的，陈旧而悠长的老巷子；这样的巷子对于城市，一般有着摇篮的意味。

即将离开小城的一个深秋，我感到了一条老巷子的诱惑。

那日上午，骑车在旧城里瞎转，经过一个陌生巷口时，我没有依惯性沿街溜去，而是在巷口刹住了车。半分钟之后，我走在一条陌生的巷子里，并随小巷折了个弯，很快将城市的声浪甩到了十公里以外。这是一种很久没有尝到的快意了！我仿佛随一条奔腾的河流跌入了深潭，在突然来临的安静里我听到内心的欢呼，以及一阵类似于耳鸣的奇怪声响，我想是我的耳朵一时适应不了音响的落差而听到的幻响吧。与一条巷子密切相关的鸡鸣狗吠呢，我没有听到，我听到了一种愉悦的声音：宁静，家园的宁静。

我是在别人的家园里穿行，没头没脑，东张西望，好奇的眼神和迟疑的脚步都表明，我是这条巷子的陌生人。我前行的心情因而不能摆脱一丝拘谨。但我执意走去，为了一种自我满足，像个拿了别人玩具不肯撒手的孩子。

这是个多么陌生的处所！我现在明白了，无论在一座多小的城市里，有些地方也可以一辈子与你不相干。我一路跟随城市的脚步，与古旧的巷陌实在太疏离了！其实巷子从不隐蔽自己的出入口，只是我们的眼前常有一片现代的翳障，谁总能从繁华的街景背后看清一两个窄小的巷口呢？对于不相干的东西，我们习惯视而不见。除了那些在此安身的人，谁理会一个巷口的存在？我们的步履是多么坚定而匆忙，哪会和一个陌生的巷口扯绊？我们的眼睛满是亮丽的目标，怎会为一个平凡的巷口牵引？不同于一张变幻炫目、善于招摇的大街的脸，巷子的风格是平实、谦逊且隐淡的，不会让人趋之若鹜，不会诱人误入歧途，我想，它只不过是一条回家的路。

小巷在我这个陌生来客面前保持着它的常态和表情，没有丝毫不安，没半点警惕和提防，没有疑问。没谁用异样的眼光打量我，没谁停下手里的活儿：淘米煮饭，剖鱼抠鳃。

坐在竹床上的老伯捏了一团熟烟丝塞在水烟筒的鼻眼里，擦亮火柴，凑上嘴去咕噜咕噜地抽起来；穿唐装衫的老太太正给孙女仔细梳辫。一小股洗菜水兀自寻路而去，和墙角的青苔窃窃私语；一蓬衰草在经年的老墙头上闲沐阳光。谁家屋后的大瓦缸里，一株野芋苗长得又肥又壮。一只小花狗尾随我在坑坑洼洼的麻石板路面上走了好一段，它大概是对我最好奇的一个了！我从一个个敞开的门口望进去，一眼就洞穿了人家最幽深的地方——幽深得像条时光的隧道！栉风沐雨的老房子一栋挨着一栋，像老街坊那样亲密无间，或许它们比巷子里的人们更明白风雨同舟的含义呢。款式古朴的木门、木窗一页连着一页，我猜想，时光之手已在上面抚摸了近一个世纪了吧！自然会有一两扇朽门在偏僻处幽闭着，虽不上锁，透过门缝，门后面的东西还隐约可见，但我想那是我不该窥探的地方。我熟悉那种木门开合的吱吱声，以及随着"咿呀"一声打开来的一个尘封的世界，我相信一条深巷有着比大街更多的往事和秘密！而这样的朽门，自会有一双龙钟的身躯和它一起终老。几个老太太聚在一起说着什么，令我忆起失落多时的"串门"的味道，当我走过去时，其中一个下意识扭头望了我一眼，旋即又转过头去了，我能想象她思绪里瞬间发生又迅速平息的波动。我知道我是个陌生的人，而我平和的面容并没有打扰小巷什么。在煦暖的晨光里，巷子是属于老人和小孩的，也是属于守候和等待。

　　我看到引车卖浆者了。一个老妪挑着担子在卖碗饽饽。一位阿姨推着车子在卖豆浆什么的。一名工人正踏着三轮车送蜂窝煤。我边走边看，看我童年少时的生活情景在小巷里不落幕地上演着。就在麻石板路上这些引车卖浆者的身影中，一条小巷把它最平民化的底色亮给我看；在长一句短一句、高一声低一声的叫卖声中，小巷的韵味经久不散。我看到了一条小巷温柔而长久的坚持，它不同于一条日新月异的大街的性格使它停留在远处，它替城市收藏了往事的一页，也为一个偶然闯入的人复活了昔日的记忆，让那些远离童年故土的人们在这里悄然还乡。

对于一座拥有许多繁华大街的城市，这条旧巷是它值得纪念的过去，也是它依然活着的历史。在不曾变更的布景里，缓慢地诞生和消逝着一些微不足道的人物，故事缓缓展开，生活慢慢演进，波澜不惊，胜似闲庭信步。

假如城市没有巷陌，城市将失去它一半的色彩；假如眼睛只留意堆砌在街面上的浮华，眼睛便丢失了另一种风景。正是这些从大街的缝隙里插进去的窄小巷子，在城市深处打开别一世界，将人心牵引到一处简朴宁静的憩园。安详、闲适、淡泊、从容，我从未见一条巷子改变过它的品性。还有那些眷恋着它的老老少少的身影，让你看到一条仁爱的巷子，怎样以它温情的臂膀护住了世上最脆弱的两段生命。若他是个初试步履的孩童，他有这安全宁静的深巷供他学步，再踟蹰的脚步也只能跌进柔软的祥和里，又有什么需要担心？若他是个倦旅人生的老人，他有这风平浪静的港湾可以靠泊，在夕阳斜照里慢慢释放他暮年的余温，又有什么值得忧惧？当一段童年和暮年，当一段人生，当人们每年每月、每天每晚，

从这里出发再向这里回归,生命的轴心又怎会是那喧闹的大街与搏杀的职场呢?

在巷陌里穿行,看到城市尚未脱下的一袭旧衣,裹着一缕旧日余温,仍然安卧着许多人的梦。隔着川流不息的大街,城市的新装已经裁成。在无数有着豪华门、铁艺栏杆,带车库、花园的小洋楼的簇拥下,一些新的巷陌正在生成,它们改写了古老巷陌的概念,更新了家园的形式。总之,不再有滴雨的瓦檐、敲着拐杖的麻石板路面,不再有墙头衰草、咿呀作响的活页木门,也不再有满口柴火香的烟囱、在巷子里蹓跶的猫同狗,不再有阿婆摇着葵扇坐在门前的竹椅、板凳上讲故事,我所穿行的巷陌,也终将收进城市的一段故事里。

大海的呼吸

我突然为一个美丽的词语而屏息。这个词语就是"大海的呼吸"。我第一次想到用"呼吸"来描述大海,第一次将这两个平凡的词联系在一起。当这个词语突然闪现在我的脑际,我正坐着,坐在大海的呼吸里,我其实已在大海的呼吸里一坐三十余年了。

现在,我熟悉了那么多年的大海前所未有地鲜活起来,它因会呼吸而成为一个像人一样有生命的机体,一个巨大无比的生命体,铺展在无边的天际,它的胸脯急剧起伏着,一浪推着一浪,波汹浪涌,那些浪涛正是来自大海心脏的搏动,是火红的生命征象。

大海,这个包孕了无数生命的所在,它深不可测的本体被"呼吸"这个词赋予了生命。是的,海涛是它的呼吸,潮汐是它的呼吸,暗流是它的呼吸,漩涡是它的呼吸,海底鱼儿的每一次穿梭是它的呼吸,舷边浪花的每一次跳跃是它的呼吸。炎热的夏天,在汗流浃背地结束了一天劳作的一个个黄昏,我们的内心重又响起了隐隐的涛声,我们被大海神秘的呼吸牵引着离开城市的热浪,向大海奔去。我们用线形的身体优美地分开柔软的海水,进入大海澎湃的体内,立刻为它粗重而富有生命力的呼吸声驰魂夺魄,它粗犷强劲的呼吸动作令我们眩晕!它强有力的呼吸试图把所有投身其中的人深深卷进去,它的呼吸惊心动魄!

会呼吸的大海,是生动的大海。

阳光在大海赤裸的胸膛上一泻千里,风呼啸而过,在这片起伏不平瞬息万变的蔚蓝胸脯间穿梭着白鸥与白帆,白海豚弹跳的风姿偶尔被人们传说。哦,呼吸着的大海,它在呼吸着什么?它宽广的胸怀吐纳着日月星辰,云霓雨虹在它的波心变化万千,它的风花雪月就是与天空的相思,与云霞的缱绻,与它怀中所有生命的爱恋。它的波涛在呼吸中把船儿推向浪峰,完成了对天空的每一次诉说;它的浪花在呼吸中扑向堤岸,实现了对大地的每一次拥抱。它的喜怒哀乐,它的温柔与威严,都表达在每一次呼吸里。

大海的呼吸使一座靠海的城市空气湿润且清新,城市上空终日缭绕着来自大海肺腑的气息,城市笼罩在蔚蓝色的安详与和平里。世上最庞大的生命体在和我们一同呼吸,用它博大的胸怀在无常的天空底下日夜祈祷,用它洁白的浪花轻吟浅唱,请仁慈的上苍赐予这片土地上一切生灵安宁的家园和幸福的心灵。

在一个个明媚的日子里我胸襟敞开,心情愉悦,我目送一片片白云在海空之间悠然游荡,我在一本书里独自沉醉,我柔柔的窗纱轻轻拂动起来,我便感到了来自大海的深长呼吸。我在拖曳着淡淡树影的街灯下自在漫步,我越过城市的万家灯火捕捉大海轻微的气息,我在发际一缕清风中感受着大海呼吸的温柔。三百六十五日,我笼罩在大海的呼吸里,我不知不觉随着大海一起律动,不知不觉地把许多怀念与梦想交织进大海的呼吸里。哦,大海的呼吸编织了每一个平凡或奇特的日子,编织了春去秋来的无尽岁月,它编织了我夏日跃入海中的美丽心情,也编织了冬日独立滩头的寂寞期待。

白龙,白龙

很早以前,我在听到本地一个古代珍珠城的故事时,就被"白龙"这个名字迷住了。

白龙是南珠故郡合浦一个叫营盘的镇上一条小渔村,我十分清楚它的地理及文化方位,却不知在感觉里如何安放它:在云端,在历史迷雾里,还是在一片炫目的珠光中……它是那样传奇,那样虚幻。我同时被三个元素迷惑着:珍珠的光彩,城的堂皇,"白龙"的奇幻,我在被一段看不见摸不着的历史,或者说被几个汉字堆砌起来的迷宫导向了一个不太真实的境地。为一座湮灭在历史风尘中的古代珍珠城,我的心情迷茫苍凉过,如同面对掩埋在漠漠流沙里的又一座古楼兰。

我知道那是一座废墟。

自秦汉以来,白龙就以盛产珍珠名扬四海了。明代,朝廷曾在白龙这个地方修建了一座南北长320米,东西宽233米,城基宽和城墙厚都足有6米的珍珠城,作为采珠太监的行营:除了这几个数字和一些传说,我没有获得过有关它的具象的任何线索,白龙珍珠城,在我的心里是一座不具形的城,它是一座空城,珍珠的神奇,皇家的尊贵,太监的专横,珠民的苦难,历史的沧桑,所有这些全被时间洗劫一空,白龙这个名字犹如它残存的一缕魂,游荡在珠乡的掌故传说中,游荡在地方志发黄的纸页上,游荡在一段光耀千古的南珠史里。

我仿佛看到,一个咫尺天涯的地方,在惨白的月光下泛着荧光的一地珠贝,以及在断垣残壁之间蔓延着的离离野草——白龙,在我的心里羽化了!

我知道,现实的白龙是我注定要去的地方,只是,在相当长的一段时间里,我并不急着寻找走近它的途径,直到这样一个深秋的来临。

这个深秋,我们顺着营盘镇的公路来到了白龙。站在村舍前读着门牌上的那些字,我确信脚下真的是白龙村了,一条小小村子，以及它的名字的生命力，让我稍稍惊讶。村上富裕的人家已建起了新式的小楼，不过我们是寻古珠城而来的，现实的一切似乎与我们没有多大关系，一干人全都擦亮了眼睛寻找古城的蛛丝马迹。村舍密集，挤满了这片土地，一砖一瓦都是现代的产物，不要说宏大完整的古城墙，就连断垣残壁也见不到啊，我们有点失望。想不到一座赫赫有名的白龙城消失得这样彻底。我们在一片虚无里有点不知所措。

一棵大榕树巨伞一样拦在路当中，它的根基被水泥池子圈护了起来。是谁这样霸道？连路也不让，还被人们精心保护着？不像是凡俗之辈啊。果然，我们惊奇地在它苍老扭曲的庞大气根间找到了一些砖块，那些红砖块奇怪地嵌在气根之间，再也抽不出来了。"根包墙"，这是南方的榕树善于创造的岁月奇观。但这棵榕树有着更奇特的地方，它的一部分气根竟排成了平面状，宛如一面墙！我们七嘴八舌地用猜想圆着这个奇特现象，大家都同意，这里从前确实是有一堵墙的，很久很久以前，当榕树还是从鸟粪里落下的一粒种籽时，墙就已经存在了；在城墙倒下去以前，榕树已经长成，它的众多气根像虬龙爪一样紧紧贴在墙面上，壮大着自己的生命；在城墙倒下去以后，榕树用另一些气根牢牢地抓住了城墙上的几块砖，使之幸免于难！我凝视着那几块被榕树的气根从一场劫难中抢救出来的砖块，仿佛看到了一面空荡荡的城墙，这里原是历史的一处留白，今天我们得了老榕树的提示，从它神奇的气根下把一段历史打捞起来了！

有同伴多思，向根中残存的砖块发难了："这种规格的红砖块，果真是明代的吗？"这可把大家难住了，谁也没法帮他解决这个专业问题。见一伙城里来的人围着榕树转来转去，一位当地的阿伯凑近来主动充当讲解员："这样的大榕树，原来是有两棵的呢，前几年台风刮倒了一棵，喏，就在那边！"他用手指了指。我们赶紧向他求证："这榕树，怕有一二百年了吧？""不止啰，四百年啦！""有吗？"我们不大敢相信，后退几步重新打量起榕树来。阿伯动了谈兴，很有热情，像是要把他肚子里的故事全抖出来似的："这两棵榕树可是神树啊，渔民在海上打渔，灯塔也望不到，就只望得见它们，在涠洲岛那么远也能看到呢！"哦？我们在心里打着问号，却不忍用任何科学的、理性的思维来煞了这乡村风景，不禁用了听传说一般的心情来听这些。我信，一个有历史的地方，必有传说的土壤；一个有传说的村庄，必有天真与虔诚！我们来自传说贫乏的城市，何不在一段乡间传说里多驻足、凝神一会呢？

听过一些关于白龙的传说。传说白龙海里有一颗夜明珠，每到晚上便熠熠生辉，光照海面，那些在大雾里迷失方向的渔船，常借着夜明珠的指引，冲破迷雾顺利返航。每当海面上狂风大作，白浪滔天，夜明珠的光芒便穿透海天，大海瞬时变得风平浪静，那些遇险的船只都化险为夷了。夜明珠是海龙王安排在白龙的镇海之宝，被人们奉为神明。贪得无厌的皇帝听说了白龙有这一颗夜明珠，便要占为己有。皇帝派亲信太监带兵千里迢迢赶到合浦。太监在白龙建起了一座珍珠城，亲自坐镇，强迫珠民们下海捞取夜明珠。采珠能手

海生被征去采珠,他与守护夜明珠的恶鲨搏斗,血染大海,幸得珍珠公主相助,才免于一死。珍珠公主为了拯救珠民,便将夜明珠献给了海生。太监取得夜明珠,把它装进紫檀锦匣,飞奔回京。谁知刚走到杨梅岭下,眨眼之间,一道白光划过,夜明珠不翼而飞!太监匆匆返回白龙,见宝珠正在白龙海上闪闪发亮呢!如是几次,最后太监只得采取"割股藏珠"的办法,把珠子藏进自己的大腿里,但一过杨梅岭,宝珠又"嗖"的一声飞回白龙海里去了……

我知道,在白龙,这个传说很古老了。我也相信,新的传说会诞生,就像刚才阿伯讲给我们听的那个。想到一些远远近近、浓浓淡淡的传说正围绕着一个小村子,心里不也很温暖么?

又来了一位大嫂,跟我们讲大榕树故事的另一个版本。啊,乡风这样淳朴,村人这样热情,想来他们是自豪,想来他们也寂寞吧。大嫂还指指点点、比比划划地介绍已化为乌有的两个城门,可惜此时我们已经完全找不着北了!大嫂后来还领着我们拐弯抹角地去看了残存的城基,在几截覆盖着丛竹的隐隐约约的土埂前她告诉我们,千真万确,这就是白龙城的城墙根,当她还是个小姑娘时,常在这儿玩耍呢!什么?一座赫赫有名的白龙珍珠城就是从这几道毫不起眼的土埂上耸立起来,又从这里覆没的吗?是什么摧毁了它?城墙上的砖块哪儿去了?我们从大嫂的嘴里得到了一个令人啼笑皆非的答案:那年头挖城砖建学校去了!

我忽然有所领悟,历史在哪里?当所有故事装进了人们的心里，那几处残痕旧迹算什么呢？历史不会失传。不知他们对着村童稚子，也是这样讲述的吗？他们的父辈，就曾经这样讲述吗？可怜我们这些难得下趟乡的人，这会儿在一两位村伯村嫂面前刨根问底的，成了没见识的城里人了！

在白龙一所学校旁，新的城门耸立起来了，雄伟壮观，那是一个现代"采珠节"的产物。新修的"太监庙"在坡下与荒草为伍，寂寞深锁，此刻的夕阳正被它挑在飞檐上。孩子们的书声已经沉寂下去，它能够听到的，也只有远处几下隐约的涛声了吧？

日之夕矣，我们依然在白龙的地盘上寻寻觅觅。我梦见的一地珠贝碎片哪里去了？那种赋予珍珠温润光彩的珠母贝的残骸，那种发着月亮光泽的碎片，巍巍一座古珠城的见证，真的消失无踪了吗？它是回归大海了，还是埋在一个看不见的地方？

在长着野剑麻、野花浆果的野地里我们踅来踅去，在一条凹陷的小径上我们开始注意到两旁断层露出的一些白色小碎片，很小很小，像指甲盖那样小，我们蹲下去仔细看，这不正是我们要寻找的秘密吗？在地面断层，在地表凹陷处，同样的小碎片陆续被我们发现，零零星星，点缀在泥土里。然而，在一个盛产珍珠的地方，仅仅从泥土浅层找到了几个碎贝片，要让它说明一段历史，毕竟不够。像是上天的安排，后来我们竟然在坚实的地面上巧遇了一个二尺来深的小洞，洞壁上布满了珠贝残片！谁？谁是另一群窥探者？洞壁上的泥土已不新鲜了，窥探白龙秘密的人已经走远了，挖它的手

已成了另一个秘密。可是，又何必要惊讶呢？有历史的地方，总会有窥探的眼睛。我们无法为这个小洞里的贝片作出考古学论证，但我们相信，一个古代珍珠城被埋在地下的秘密正从这里露出冰山一角！

　　站在白龙的土地上，我们充分感到了它的与众不同，白龙是一个举世难觅的由珠贝垒起来的小村子！我不知道，在它脚下，坚硬的珠贝是怎样一片片碎裂成此的，它们走向齑粉尚需多少年头？不问也罢，白龙已用泥土将一段历史完全掩埋起来了，并在这混和着泥沙与珠贝的土地上，重新确立了自己的高度。

【辑六：诗意栖居】

今后，只为一些美好事物
单纯地活着，畅快地呼吸
给花草浇水拍照
弹琴唱歌，喝茶跳舞
吟诗作文，去看望
一座座想念中的城镇
顶着白云，在大地上行走

天涯芳草（外二章）

花褪残红青杏小。东坡先生，春是已败，色仍可喜。就在红消香断处，几只青杏枝上初结了，让你一眼瞧见一个盛大的夏季徐徐登场。这种物换星移的天伦，人所顺应，只是豁达者更豁达了，任是残花败柳也能闪烁新生的光彩。

枝上柳绵吹又少，天涯何处无芳草。你是在哪一条花径上徘徊，花间柳丛暗藏的那些悲喜忧欢，你真是灵心能解，一语凝成了宋词，越过千年遥路抵达我们的心坎时，仍有暗香浮动。

宋词本是一座大花园，满庭芳，桂枝香，鹊踏枝，蝶恋花，踏莎行，醉花阴……只是你的视野更远，你给了宋词一望无际的芳草地，有缘人便会在此试足诗旅，放眼人生，丈量天涯路有多远，宜佩的芳草究是哪一株？

东坡先生，你从宦门一再降阶，乃得更多机会独步天地间，偷听燕语莺声，亲聆天籁的耳训。燕子飞时，绿水人家绕。旧时王谢堂前燕，飞入寻常百姓家。世间的起落沉浮，草木皆以荣枯一再演示。可幸燕子于善变的人间总能寻到结巢的屋檐，世代不改呢喃的温软。它们不慌，随缘，故春天的天空属于它们。如你，一个下沉中的宦游人，眼里的春天总是明媚。

但，柳絮的命运许就埋下了伏笔。多年以后在岭南谪地惠州，你妾朝云就在此处语不成声，泪满衣襟。她是佩在你胸口的芳草，一株伴你行尽天涯路的芳草，却永远植入了惠州的土地，再无力陪你渡海峡涉儋州。

天涯自此无芳草。

千年后的廉州，一个莲叶田田的夏日，我悄悄去了趟东坡亭。

你的塑像端坐静望池上粉荷，莲下锦鲤，一座校园以书香环抱着你，应适你意。是荔枝即将红熟的季节，你又可日啖百颗了，只是，休说不辞岭南吧，命运怎可承诺？

你归去，书四字匾"万里瞻天"赠与廉州城，廉州把它高悬于海角亭上。此番你漂泊万里，浪迹天涯，海角徘徊，余生苍苍。天涯芳草觅归路，瞻天惜已无朝云。朝云眠于惠州矣。

一蓑烟雨

莫听穿林打叶声，何妨吟啸且徐行。竹杖芒鞋轻胜马，谁怕？一蓑烟雨任平生。

东坡先生，天边的风雨说来就来，专门袭击路上的你。不论你是走在哪条路上：仕途，或是野径。

你是历练过来的，故此番风雨沙湖道中你不惊不惧，从容穿梭，蓑衣斗笠，吟啸而去……

试问你的双脚从宝马雕车、前呼后拥的浮华中坠落尘埃时，是否也感到过失重的不适？然而土地迅速给了你前所未

有的踏实。芒可结鞋,竹可为杖,编蓑成衣,风雨亦友,心安。雷非恫吓,电非厉色,谁怕?烟雨濛濛遮天地,万叶千声绕耳际,何妨?你仍顶天,你仍立地,你仍然去有方向。

如此,一蓑烟雨任平生。

料峭春风吹酒醒,微冷,山头斜照却相迎。回首向来萧瑟处,归去,也无风雨也无晴。

东坡先生,凉风吹来,无论是酒醒,还是梦破,都是冷的。尤其是从一个破碎的梦中醒来时,透心凉吧?你冷暖自知,休提。却说眼前移步换景,一线斜晖正在山头殷殷相迎,你倚在光影中回眸,笑看萧瑟处,风又如何,雨又如何?等闲。身坚心宽人敞亮,风不是风,雨亦非雨,雨打风吹,任我来去。

看苦乐人生,我有一蓑烟雨!

东坡之舟

夜饮东坡醒复醉,归来仿佛三更。家童鼻息已雷鸣,敲门都不应,倚杖听江声。长恨此身非我有,何时忘却营营?夜阑风静縠纹平,小舟从此逝,江海寄余生。

先生,你贬在黄州,这一片坡地是你亲手开垦的净土,是赠你一世清名之东坡,是你汗滴禾下土之田亩,是你倾听草吟虫鸣的乐园,是你举杯邀明月的仙境,是你领受大地馈赠的圣坡。

先生,这是否也是一道人生的分水岭?那一个你,刚从坡上滑下来；这一个你，正朝坡上攀上去。你的生命从眉州出发，于黄州转弯；你的诗旅，以东坡之名，重新启程。

东坡先生，你是否很喜欢夜幕降临？先将尘嚣淹没了，顺便把繁冗、琐屑和世俗、功利一道隐去。总之，驱走一切令人心生倦怠之事物。

夜色如你所喜之墨色，大笔抹过，远村近树只余虚影，如一幅水墨。高冷的星月出来照耀人间，四下天籁齐唱，令人心安。

先生，这样的夜，本意是教你忘怀世上还有官场与升迁。

这晚你和东坡有个约，不见不散，一醉方休？醉去原可万事休。然，夜饮东坡醒复醉，你便在红尘与星际间往返着，耿耿心事难灭了。

东坡先生，凡人身上有如此多道捆绳，谁又能一身轻盈，如一只不系之舟，以洒脱之姿荡漾在那江面，飘向妙不可言的山水深处，与这烦扰的尘世，道一声清脆的再见？

三更夜凉，宅门深闭，独遗你这似梦非梦人，倚杖听江声。仅此一宵，至少你的心魂，确可随那江上的小舟，去也。

摊开的书

喜欢屋子里有本摊开的书，在灯畔，在案头，在轻风掀动的纱帘后，在手上。在空空的屋子里，等我归来。

　　它开成优雅的两瓣，是朵有异香的花；它有鸥翼一样流丽的弧线，轻轻栖落在我面前。

　　喜欢一本书摊开的模样儿。一本书摊开着是最优良的姿态，是期待，是要和你对话的姿态，读书的人以为。

　　总有一橱的书是缄着口的，肃立，或沉睡。可也总得有本书是摊开的，等待着的吧？我想。哪怕主人忙前忙后，进进出出，琐琐碎碎，她总会抽空去那张空藤椅上坐坐。阅读是随时可放随时可拾的动作，阅读是一种自由。所以，一本摊开的书从不是催迫，它是一种温婉的呼唤，和等待。

　　据说从前人们晴耕雨读，这样的安排真是出诗入画；如今无论天时晴雨，我都可以一读为快。我感激，我常能捧册翻开的书卷，倚扇高悬的明窗，抬眼我望云影天光，低头我看文采风流。鹅黄暗花的窗纱时而拂动清风，为我解乏，替我翻书。微雨下来时，就蒙上那层柔纱吧，回头再揿亮那橘黄的落地灯；举伞出门去，翻开的书是不必合上的——你不在家的时候，有本摊开的书在家中等你，多么好！

夏日庭院里的散板（四篇）

携册宋词去庭院

夏天，到院子里去，我带一册《宋词三百首》，两片面包厚薄，一手握着正好，封面的水粉画里，杏子熟了，艳得很夏天。我有时坐在条椅上光看那红杏就够了——心情就染成杏色。漫翻杏页背后的词句，句句在飘，东一句随风，西一句随水，没头没尾，不能得囫囵意思，但觉美妙至极。这有什么关系呢？宋词可以读上一世，细细读，浮浮读，从头到尾，从尾到头，顺着读，倒过来读，囫囵读，揉碎读，随心所欲。

聚精会神的事情要留待灯光下的那些静夜，而在阳光下的院子里，就随机扯出几瓣来读吧——随便扯一瓣出来揉碎了它也是完整的。有时让人恨不能生于宋代，也写出一瓣芳香词句，流芳千古。我觉得，一座闲适的庭院，读几句宋词就行了，不必读大书，所以我只带了宋词，和一把遮阳挡雨伞，一副墨镜。我往往是从室内四壁沉闷的空气里，从电脑、电视、手机交织的射线里，从木地板、木家具释放出的甲醛、苯系物中，从卫生间地漏逸出的阵阵下水道恶气中，从隔壁人家装修的电钻声中，从郁结着的桩桩家事中，从愤懑着的种种世情中逃出来的，没有这芳菲的庭院接纳，我必成困兽。

我翻宋词,"满庭芳"很快就打开了我的肺叶,送来暗香;"蝶恋花"的斑斓里藏着蛊惑,遂想起,从没见北方的花丛里栖过一只蝴蝶,甜蜜的花儿只有甜蜜的蜂单独恋着。读"鹧鸪天"时天上晴空万里,没有鹧鸪叫过,而蝉唱成阵,像嵌于树丛中无数的小簧片在风中齐齐颤动,又像是放大了的我的耳鸣。到"浣溪沙"时,我的双臂立刻有清泉流过,沁进心里了。我甚至想念出声来,让这院子也听一听宋词!

等风来把郁闷吹散

在院子里坐着,等风来把郁闷吹散。我往往就求助于一缕清风,它果真能直入胸襟,果真,郁闷渐渐地就散了,心情慢慢地就舒展了。清风就是这样奇妙。在这点上我更加持唯物的态度——环境对心境的左右,我几乎无法对抗。我相信郁闷是一些有异于清风的物质所生成的,比如日益污染的空气、水源和食物,昏暗的四壁,通风不良的房间,憋闷的楼道,被电脑和手机的辐射所伤害的神经,以及一串不顺当的日子,因思虑而受累的头脑,等等,失调的机体,未及疏导的肝火,被削弱的意志力,它们每天持续不断地作用着,不知不觉就郁结了。因此每天都必须到院子里去,洗洗心肺,洗洗胸襟,洗洗眼睛,洗洗心情。最近知道一些久负盛名的花木有疏肝理气解郁的作用,譬如桂花、玫瑰和茉莉,这是中医学的发现。除了在院子里可以嗅到玫瑰和茉莉的芳香之外，我还把它们泡在玻璃杯里欣赏和品饮。相信更多的芳香植物都有开郁的作用，花草的芳香像精灵一样舞蹈着来解你的心结，那些芳香分子小到你看不见。一座花木繁盛的院子就是一所医馆，义务地帮助减轻城市里的抑郁症。我无以致"不以物喜，不以己悲"之境界，唯清风、花香、悠扬的音乐之类事物能令我好一阵欢喜。不知道是什么夺去了我的意志，但此时是清风救助了我。且让我在它缓缓吹来的瞬间舒张一下心肺，加深一下呼吸吧！

观看树叶舞蹈

　　我常常感到，面对一棵树要比面对一些人快乐。树木都是健康、明朗、快乐、自在而又平和的，它们不仅不侵犯人，还让你自愿感染它的气息。树从不发出尖锐的或吵闹的声音，它们只是低声地跳舞，想看的时候谁都可以看上一眼。两棵未长高的香椿树张开排列得最整齐的叶子，跳着最整齐的舞蹈，有时候像挥舞长袖，有时候像展翅欲飞。那些叶子像一群相处得最融洽的姐妹，快乐和谐地群居、群舞。人群中不易有这样的融洽。那一刻，一点不假，我能感受到一棵树的快乐！更远处是梧桐在舞，梧桐之舞就有点婆娑之姿了，梧桐叶可是颇负盛名的树叶，如星、如掌，美观，舞得翩然似执绿扇。望出去，小区外围守护着成排的钻天杨，它们的叶子长得略圆一些，绿得要深一些，年年往上蹿，那些叶子的

舞蹈只是一阵阵地随风抖动而已,舞得杂而碎,乱人眼目——那也是它们高兴。有时候你甚至会为此而羡慕一棵树!虽然它们不会走路,看不到更广阔的世界,但这又有什么呢?我从南方走到北方,比一棵树的见识广多了,然而我不见得比一棵树快乐!况且这些树,它们也许将拥有几倍漫长于人的生命呢?千年以后,它们也许还在。因此,真愿意来世去做一棵树!

孩子是走动的花朵

没有人能把孩子和一座花园分开,孩子需要花园,花园也需要孩子。孩子是花园里的核心,是会走动的花朵。每天每天,年轻的爸爸妈妈、爷爷奶奶们都会把孩子往花园里送,有牵着的孩子,有撒手的孩子,更多的是坐在婴儿车里的孩子,在花间穿梭,让人讶异地以为,人类繁衍的黄金时代已然到来——我似乎从没看见过如此多的孩子!其实那些孩子都是各家各户的独根独苗,宝贝疙瘩,不是遍地蔓生的野草。孩子总是与生机和快乐同在的,他们让一座花园倍加缤纷与蓬勃。孩子们是来花园里会面与玩耍的,大人们充分参与其中,快乐地重拾自己孩提时候的语言,帮助孩子们联络沟通,他们用童语替说话还不利索的孩子互致问候或道别:"咦呀,阳阳,我们又见面了!""乐乐,和二宝说再见!——二宝,再见喽!"语气不觉就年轻了好几十岁!而那些叫阳阳、乐乐或二宝的孩子正没头没脑地东张西望呢。可敬的年轻的爸爸端着个小碗追着他的宝贝喂饭："啊呜，吃一口！"那小家伙却只管溜——院子让他心野。啊呜？我觉得这个象声词好生新鲜，不晓得小时候被喂饭时家人是否也曾这样哄过："啊呜，吃一口！"加入孩子们的世界是令人忘忧的，难怪那么多的大人都乐意充当一回假小孩，我想这正是他们此时看着比较年轻与快乐的缘故吧。

孩子的意义是重大的，来自孩童的快乐穿插在沉冗的成人生活里，仿佛有力的支点，支撑起连串的日子，每天给我们的心灵来一点补给，每天把我们的精神往亮处、欢乐处提升一点，我们就不会没入郁闷的深渊。有时是孩子在拯救我们，没有孩子，我们将加速衰老。我像看初升的太阳、新发的嫩叶那样看着婴儿车里的孩子，那鲜红的嘴唇、粉嫩的肌肤、藕节似的手臂、充满弹性的嫩肉，甚至能看到流淌在其中的新鲜无比的血液！孩子试着用他胖乎乎的小肉脚在蹬着婴儿车前的横杆，他的力量将一点一点地壮大，他将拥抱这个世界上一切美好的事物———切皆有可能。做一个小孩真是好。如果时间老人肯开恩，我愿意还原为婴儿车里的孩子！

郊野二题

板 桥

　　乡野的板桥，简洁得如同一个概念，凝练得只剩下实质。能剥离的都剥离了，雕栏、扶手、石阶……板桥与之一世无缘；不能剥离的，是赤裸裸一块踏板，石身，或木心。

　　四野空寂，板桥孤单横在沟壑上，始终以"卧"的姿势，不曾忘记"渡人"的职守。常常无人，它渡空气。

　　伫望板桥，我不敢轻易踏上，不敢以身体的重量去测试它。对我这域外来客，板桥只好做一幅画，供静观。

　　但我凝视板桥，揣测起它的心情。

　　不知道板桥是否总在谛听，远处有无渐近的足音？像一口枯井的心情那样。它是否渴望承载一些重量，一个人以及一双芒鞋草履？

　　听不到哗哗水响，也没有探身去证实，板桥是不是水上的风景？怕只怕——

　　当石板的额角深深没进荒草里，当木质的身躯成为蚁们的秘密乐园，当沟渠里的水被沟底的泥吮干，板桥将如何承载架空的生命？

　　但我相信，就算有断流的水，易辙的车，改道的路，只要有填不平的沟壑，就有废不了的桥。

远离足迹的板桥，横卧沟壑之上，它依然是桥，从此岸到达彼岸的桥；人迹已稀，它只好和四邻的荒草一起荒着，完成"旷野"这幅画。

下次，我当换上芒鞋，然后踏上。

郊外观水

最自在的水在郊外。当城里的水被冷硬的管道囚禁着，郊外的水躺在野地里晒太阳，满抱云影天光，慵懒、娇俏，亦风流。她有各种睡姿：一洼，一湾，一滩，一潭，一带，一脉。水，乡居郊野，大地做她的卧榻，云彩、莲荷、落叶、浮萍做她的覆被，风来做那把摇扇。水报以清涟的微笑。水成潭，蓄养鱼虾蜉蝣，水成滩，生长水草蒹葭，让野蛙们藏身，让众生灵有家。心情最欢愉的是那一带水，哼一路小曲淌去，探望她的远亲近邻，顺道还携几粒砂石旅行，撩拨一下两岸春草。

软泥上的车辙履印，也能留宿隔夜的雨水，使两只流浪的虫儿歇脚，招呼过路的蜻蜓小饮，还让一窝蚂蚁找到了最近的水源。浅洼里的积水，安心做这一天半天的水，嵌在地表像只小眼，在化身薄云之前，让大地多一寸眸光，多一寸晶亮与盈盈。

沙脊隆起的那边，有养虾人的塘亩，大片大片水域栖着虾群。水旁倚着守虾人的矮棚，狗尾巴花东一丛西一丛招摇，

堤围上芳草如兰，野花星点，合绣一段水的花边。在狗尾巴花丛旁我蹲下身子，穿过水的镜心我看一群幼虾在水下做操，它们弹跳优雅，如丝的秀身历历在目，使水旁的人痴想：水心是何等乐园！

但这枚叫做"群虾戏水"的巨大琥珀我拾不走，这琥珀包孕的，是一池舞蹈着的生命，不是僵硬的标本！

我坚信那天在一片浅水滩上看到的翩翩水鸟是一群白鹭鸶！我想我来到了梦或传说的边缘，或白鹭鸶飞临了我的梦境。神啊！那群白羽高足的仙鸟，一会儿冲天飞起，一会儿玉立水中，梳羽濯足，说不尽的优雅美丽啊！我用城市给我的贫血的双眼，享用了这一顿视觉的盛宴！其时，我感到有段祥云，正在浅滩上空徘徊。我屏息远望。我不能靠近，不能侵入这仙境。白鹭鸶流连了十数分钟之后驾云杳去，我立在那儿，回不过神来。

爬上一截石坝，我观赏起水草。水已不知隐身何处，一川的水草朝向天空，它们的绿发葱茏茂密，风都替流水细细梳理了，阳光的柔手正丝丝抚摸过去。

我屈身托腮，像一块水底石。

赤 足

赤足从一只蚂蚁身上走过的感觉是怎样的？我没有恶意，我只是用柔软的脚掌把它轻轻覆盖一下，像一大团乌云似的阴影瞬间占领了它的天空,又瞬间还给了它,叫它惊讶得说不出话来,而后又快活得团团转。我想我能猜测到一只被脚掌覆盖过的蚂蚁的心情,是种难以置信的惊奇体验!

赤足从一根草尖上走过的感觉是怎样的?一双扔掉了鞋履的裸足,没有伤害它的企图,只是想亲近它一下,并被它亲近着,只想试一试世上最软最嫩的喙——只消轻轻一啄,麻酥酥的感觉即从足底传遍全身。

赤足从一张秋天的落叶上走过的感觉是怎样的?它是有点粗糙硌脚,不比春花夏草柔和,但它知道比春天和夏天更高的高度,并会有更深邃的去向,它带着深重的叹息坠落,沙沙,沙沙,当一双脚掌走过,它和那脚掌低语,把清秋的寂寥告诉了它。

赤足从一片苔藓上走过的感觉是怎样的?哦,当然不是湿漉漉的井栏边滑腻的苔痕,也不是林间石块上敷着的轻薄苔衣,那是一种紧贴于地面生长的卑微而有厚度的植物。一定有某个我所不知道的地方,苔藓在那儿充分延展着它的绿,像块富有弹性的、令每只脚趾都想舞蹈的毯子,任何足尖一点上去,天然地就会立起,会旋转,会芭蕾、华尔兹……多年以前我见过苔藓的艰难生存:在一道斜坡上的水泥裂缝里,苔藓一撮一撮地冒出来——哦,广袤的大地若能给卑微的苔藓以一方领地那就太仁慈了;欲舞的足尖若能与一片宽广的苔藓相遇那就太有缘了!

赤足从一地月光上走过的感觉是怎样的?月光她比流水更温柔,比羽毛更轻盈,比梦境更缥缈。一双赤裸的脚总是

以为可以从月光上面轻轻踏过，可是月光一纵身就从脚面上悄悄溜走了！你花掉整晚的时间来和月光嬉戏，依然兴趣盎然；当所有的花香渗进月光里，你发觉自己就成了那个头戴百花冠冕、身裹月色睡袍的赤足仙子！

赤足从露珠上走过的感觉是怎样的？我踏碎了一颗露珠，在朝阳要把它蒸发之前。一次美丽的破碎，完成了露珠短促的一生。我的脚沾着露珠的碎沫，一片有锯齿的小叶子不知不觉附在我的足边走了老远。

赤足在海滩上走的感觉，我很早就知道。我的小脚趾间一千朵浪花在跳舞，我的小脚板下一万颗沙粒在叮咬，有很多小沙粒甚至爬到了我的脚面上晒太阳，它们大概以为这是一艘船的甲板吧！那些表面粗糙的小贝壳在沙滩上十面埋伏，一不留神就硌着了我的脚。沾了海水的脚被风舔干以后，就敷上了一层薄薄的肉眼看不见的盐花。满滩的小沙蟹，从密密麻麻的小洞口钻进钻出，我的小脚丫赶不上它们的飞毛腿！

赤足在一块水田里走，黑色的泥浆从我的脚趾间"嗞嗞"地冒上来，这是我所听到过的最肥沃的声音！"赤足走在窄窄的田埂上，听得脚步嘛啪嘛啪响……"这是遥远的夏天里的事情；在那些夏日的艳阳下，听得见成熟的豆荚"剥剥"绽裂……

赤足在乡间，会遇到一枚刺，它毫不留情地扎了我，一滴血从我的脚掌淌下，旋即被泥土吮吸了去。有一点点疼，但我知道了大地上有刺，刺是一种尖锐的东西，刺总是在人毫无防备的时候出现,刺带来疼痛,刺的存在是大地上一个小小的事实。

我知道一片传说中的荒原,那里住着长年赤足的部落,他们刀耕火种,亦渔亦猎,他们被烈日炙烤的皮肤黝黑如兽,他们的腰下围着树叶纫成的遮羞布,暮色来临时他们燃起篝火,击着竹节,跳一种只有天地和他们才懂的舞蹈。他们与我们千差万别,首先是他们拒绝了鞋子的文明,所以他们成了一株株长在大地上的会行走的植物。

哦,我们用来感受大地的神经布满了双足,赤裸的足下原会有个多么美妙的世界——这我完全可以想象,是的,我唯一没有丧失的是想象力!可是我已经选择了鞋子作为终身伴侣,我的脚接受了鞋履的现实,就像作为工具的马背接受了鞍的现实,我那双被鞋履隔绝得很好的脚,再不会和地面磨出茧子,我赤足在大地上将走不了多远。

萌 动

这个季节最温柔的激情就是萌动!萌动在草木身上发生。静静地,纷纷地,嫩嫩的,尖尖的,一万棵树上有一万种萌动。我被一种预感牵引到"绿园",去看那些过了一冬的树木的动静。在初春的"绿园"转上一圈,着实惊讶,经冬枯涩的众枝条,满枝上已尽是芽粒了,好像万箭在弦!我真是迟钝,到今天才来。

　　天地间，草木的灵气有人不能及之处。春天面前，草木永远比人领悟在先。人总是要靠一草一木的明示方能看清楚春天的脚步。其实呢，草木本就是春天的一部分，因为，没有离得开草木的春天。这一点，人也不如某些长羽的水禽，"春江水暖鸭先知"，人不能像鸭子那样用身子一试春水。

　　现在，草木的萌动把我包围了。春芽儿纷纷用尖喙啄破厚厚的树皮拱了出来，多处让我联想到小鸡的破壳。一排冬青齐刷刷的头发上突然挺起几秆鲜嫩的新叶，在那些陈年的老叶子上，它们鹤立鸡群，我因此看到了春天上升的笑脸！

　　我看到：东风下，一支新军在集结，千军万马，摇出春天的旗幡。

　　在我每日行经的路旁，一种树的群枝顶端，接近蓝天处，仿佛缭绕着一蓬青烟，那烟一日浓似一日，好像某种东西离我们越来越近。太高了，不能攀下来细看，但我敢肯定，那不是我们可以辨认的嫩芽或新蕾，那只是一种绿意罢了，很抽象。它的枝条细细的，它在返青，它很快要秀发如丝了。

　　啊，春来了！非日历上的节气给我提示，乃和风给我提示，暖阳给我提示，草木的萌动给我提示，市场上的香椿菜给我提示……

　　我一时感到汹涌无比，因萌动就是一种春汛！

　　园丁们用铲子在树木的脚下铲出一个个小浅坑，在土色新新的泥坑内灌水，并操纵草地上的喷嘴，把水向着四面八方喷射。为了拔节，草木先得把水喝足了。这些行动让我感到，已经有人加入到草木的行列，要让春天快马加鞭了！

想起那"春郊试马",是多么风流的事情!

春之吉鸟

在春天的园子里看见灰喜鹊,很欢喜,是"抬头见喜"。这是一种吉鸟,它一出现,仿佛天空都沾了喜气,它的名字也使人满口喜气。不错,春天就该是喜气洋洋的!

这又是一种美鸟,它的身上有三种颜色,和谐悦目。尤其是它的尾羽,阳光下,我根本无法定义那种颜色,只能说是"喜鹊灰",或"喜鹊蓝"了。它秀长的尾巴在常见的鸟类中似乎不可多得,正如孔雀的彩屏只为孔雀拥有。我缺少乡村和森林经验,见识的鸟类不多,这种美鸟已经很让我赞叹了。一切和春天这样协调!

这样一种美鸟,它飞翔的姿态自然不赖。当它拍着翅膀箭一样地划出一道瞬息即逝的极流畅的线条时,它已经在我心里不落形迹地留下了一片优美,这有点禅的味道。

在一座春天的园子里不能少了鸟儿,在这些鸟儿里不能少了灰喜鹊。在"绿园"初醒的时节,灰喜鹊忙于穿梭,给园子闹春,一闹,园子里的树木就纷纷苏醒了,树木生长的欲望也苏醒了,芽粒儿使劲啄破树皮钻出来,"剥剥"地绽裂,新鲜的汁液开始在树木的血管内循环。灰喜鹊优美地掠过,有"舍我其谁"的骄傲!

园子里的灰喜鹊很多,当它们三三两两互相追逐,"呀呀"

叫着的时候,那感觉真是"闹",一种并不聒噪的闹。这是一种动静相宜的鸟,不会一飞冲天,杳无踪影,而是眷恋着这个园子,眷恋着园子里的树木。它们总是飞一会儿,就去依一会儿枝,好像生怕和树木生疏了似的。又仿佛,那些悄悄萌动的枝条能给它们的飞翔加油鼓劲。灰喜鹊飞动的时候,所有的枝条都在观看;灰喜鹊栖落的时候,任一条春枝都为之伸臂。

　　灰喜鹊是鸟中的高挑个子,有着很好的腰身,羽衣合体,不太婆娑,又足以摇曳生姿。它站在枝条上,尾羽像新娘一袭婚纱曳地的部分,以恰到好处的角度倾下来。鹊踏枝,那是一幅多好的画啊!不然怎会做了宋人的词牌名?也许,自宋以来,年年春天,灰喜鹊都要跳上枝头闲赋一阕宋词的,只是如今树下再无宋人,所以这一阕阕无字的"鹊踏枝",就再无人能解,也无人能和了吧!

　　灰喜鹊,它又可以是新春民间贴于窗户上的一对红剪纸,那又是一种趣味。尘世的喜庆、温暖和幸福一齐涌来——那也是我们所需要的。

　　灰喜鹊在春天的园子里飞,我只见一张张报春的大红剪纸在风中飞来飞去!

人间四月（五章）

四月媚

四季里，四月最媚。四月是花之佳期，女子妙龄。

四月是新鲜初吐露的芽瓣儿，是草尖上的晨曦，是弱柳扶风，是海棠春梦。是一抹微云在蓝天，是一树一树的嫣红。

四月是薄了的春衫，暖透的心情。

四月是蛹化作蝶，是丽人出落。是娇，是妍，是婀娜，是娉婷。是绕指而过的温柔，是漫天皆在的妩媚。

四月是挂在枝头的一滴樱桃血，玉液充盈，光艳晶莹。青涩在四月之前，迟暮在四月之后，四月春色最媚。

满庭芳

四月的风含着庭园的芳香，吹入襟袖。

春光闪跳，一园鸟叫，四月在树梢上点彩。点一树迎春艳，点一树海棠娇；点一树桃花繁，点一树梅花碎；点一树丁香结，点一树梨花雪……

初点一萼红，再点一枝春；三点花千树，四点满庭芳。

风为四月摇彩笔，鸟替四月挽春袖，一张宣纸大如天，四月泼墨，腕底丹青，遣尽群芳舞。

鹊踏枝

好鹊当春啼,好鸟试春枝。

四月之鹊从岁月的烟云里跃出来,从宋词的妙韵里跃出来,它们跃上枝头,一阕阕宋词跃上枝头。

四月,我们沉醉在宋词的春天里。

柳鸣禽

"池塘生春草,园柳变鸣禽。"

四月,柳的丝弦重新修成,在风中水边张挂。才试了一串音,鸟儿们就觉得很好听,都来帮忙调弦弄琴。

"两个黄鹂鸣翠柳。"又岂止是黄鹂鸟,不管什么鸟儿,扎进柳丝里,都成了婉约派,唱出的歌子与江南丝竹同调。

燕子,百灵,画眉鸟和山喜鹊,这些固然是;鸦雀们也是。

四月柳最是娇柔婉约,人往那柳下一站,也十分婉约了!

杏花天

四月里读唐宋韵,被三个字的曼妙打动:杏花天。啊,那可是四月的别名!

其时我的眼前并没有杏花,而我的胸次间却已是漫天杏花,遮蔽了春日的天空。

红杏枝头春意闹。"春日游，杏花吹满头。"杏花天里，陌上走来谁家女子？款款婷婷，手捻红杏蕊，欲往鬓边簪。重门里，谁家庭院，春深如许。那满园春色，终究关它不住，瞧，一枝红杏出墙来了！

接着便是杏花雨。"小楼一夜听春雨，深巷明朝卖杏花。"杏花春雨江南。杏花花前落雨，杏花花落如雨。杏花雨落在杏花村，落在江南，落在唐朝的江南，落在宋朝的江南。落在杜牧、陆游们的江南。

杏花村的酒家里坐着杜牧，在一杯接一杯地饮着清明雨酿成的杏花酒。

而四月的我，在江南以外，在唐宋以外，啜着最浓酽的春色。

六月忆蝉

来了，六月之蝉。

沿着骄阳的万缕金丝，沿着绿叶掌上的脉络，沿着树木的纹理，沿着童年的抛物线，蝉声如涌。

我知道它会来，从一条秘密之路上来。这不是我从前卧听蝉声的小城了，这都市辽阔、音束粗壮，轻易不会把蝉声送达一个人的枕畔。但我的六月蝉声会走一条秘密通道依时而来，这与城市地下埋有多少纵横交错的管道无关，它深埋在一个人内心堆积的岁月里，从童年时起铺设，在每个夏季延伸。因此,不管今天都市里的"石屎森林"养不养蝉,我总听得到,心里那只蝉唱。

对蝉的认识,开始得早。那么多年过去了,蝉依旧趴在"看图识字"那挂青枝上,薄羽透明,毫发毕现,不蜕不变。据说一只蝉只有一个夏季的命,但这只蝉总是得以穿越一个又一个夏季,它挂在不枯之枝上,从童年直到现在。仰仗着心里的这根青枝,和枝上那蝉,在蝉声溃不成阵的都市纵深处,一回眸,我总是能够看清,夏之初始面目。

蝉是夏的真相之一。很久以前,一根小粉指就曾指着图画说,"知了叫,夏天到。"后来还有扛着小竹竿到林子里去粘蝉蜕的童年时光,都被记忆收藏起来了。

多年以前从蝉声里听到的,午后的鼾声,孩子不倦的笑闹声,拍哄幼儿的哦哦声,后花园墙根下虫子的叫唤声,"啪"地掉落帐子的那只绿壳金虫的呻吟,恍惚间似还有,六公里外,在无人的海边,轰然撞礁的那堆瞬息生灭的浪涛之声……像一坛封好的酒,贮存在六月。每年夏季,在六月的漏窗里,一丛芭蕉叶后,我揭开它,重又听到了这些声息,和家园一样恒久,不管冬夏又是几番轮回,不管人去了天涯或海角,岁岁年年,它们皆在六月的窗口萦绕,待人回忆。

我念想那些午后时光。四面蝉歌,出人意料地,使树林获得了静谧,天地获得了混沌,岁月获得了苍茫,人与世界获得了暂时的相应。有蝉唱的午后,真是美妙,那时的恍惚,像一个梦摇摇晃晃,像一根青枝,被风推搡着,在玻璃窗前摇摇晃晃。人倦了,天地倦了,时间要午休了,许多许多的事情要午休了，全都要午休了。蝉声以一张小碎花薄被巾覆于我身，从足尖直覆到下巴颏下来，说了声午安，轻手轻脚退下去，掩上房门。我侧脸向窗，看到当时的阳光，在竹篱笆上，照得好安详。

阳光是六月的另一个声部，六月里蝉与阳光合鸣，喧噪至极，但奇怪啊，人在阴凉处听蝉，心里竟纹丝不乱。

没有蝉声，阳光听起来多单调啊，六月的歌声也不够雄壮了。没有蝉声，夏天是残缺的。蝉为夏季而生，蝉的生命在夏之一季，蝉的生命在夏之一唱。蝉唱故蝉在，蝉唱，故六月如歌！

秋水寂寞绿

1.

秋水的身躯日渐凝重，它的绿渐浓渐酽，仿佛染过一百匹青苔。我设想指尖触摸它时的感觉：冰凉、粘稠、胶着。哦，它已不是初春融自冰雪的那一滴滴清澈透亮的水，它是一块即将凝成的蕴含风霜暗纹以及大量尘滓的玉。

遂有落叶以它为舟，在平静无澜的航程中枕着回忆无目的地漫游。

秋水流动的脚步极是迟缓了，如一双走过迢迢路途而老迈了的腿。

一条长沟赋予秋水长带的形状，可是它已无意挥舞；石

头岸依旧参差地圈围着一池秋水,秋藕莲蓬都已采收,水面混浊如劫后,秋水空旷而寂寥,在收藕采蓬的人去了以后。

秋水恍然记起它的那些夏日绮梦,在灿烂的晴空里蒸腾成一万匹云衣霓裳,任风撕扯;在飞扬的夏天,它曾对这种近乎游戏的天堂之旅乐此不疲。那些绚烂而缥缈的梦幻是献给天空的一场虚无。

轻盈的绮梦要升天,辞枝的黄叶要坠落,莲荷的红颜要消殒,夏日的余温要散尽。秋水是阅过沧桑的眼睛,凝滞在一件苍凉的事情上移不开了;混合着忧郁与寂寞的表情,它深不见底地绿着。

有从清塘者手中遗落的一片残荷,秋水把它夹进了自己的记忆里。

2.

此时你坐在秋水边,秋水正绕过你膝旁的石块艰涩地流淌,没有任何动静,不闻一点声响。你的眼睛映入了秋水的波光,秋水染绿了你的眼眸。我看见两种秋水,一种寂寞了。

你裹着一件浅紫色的厚线衣,黄昏尚有一抹瑰丽的霞光徘徊在你额角,可是脆弱易逝如同欲坠的秋叶。你用体温倚暖了一块冷石,却在微微的秋凉里兀自瑟缩了两下。院墙外是一条喧嚣的大街,像条四季奔涌的河流,正值汛期,车流的洪峰正从过街天桥下浩浩荡荡地通过。但你从耳目到身心均与眼下的场景无涉了,想念已将你带离了都市,你望见远山黛青,秋野寥廓,行云渺渺。那人已行至天涯,他的背影正把你的肺腑掏空。你只惦记着风寒露冷,他可知身上冷暖?可曾记得添衣?他在他的红尘苦旅中几度向你眷恋回首了?他的心中可有与你同等重量的惦念?山长水阔,你断无问处。你好像轻轻放出了两声叹息,寂寞已悄悄注入了你眉峰下那两潭秋水之中。

怪么?当你心内一座城池空空如也,不曾容纳一人时,连寂寞也不肯光顾,但见海阔天高,花欢草笑,你是条鱼儿你是只鸟,跃海翔空,忘忧草绿遍天涯;而当你甘愿对一个人敞开你的金城汤池,放他一人直入你的城府,又甘愿由他背负你整座城池远走天涯,寂寞便如影随形了!用期盼丈量的日子最漫长,用秋水丈量的天涯最遥远。你已筑成心狱,囚禁了他,也囚禁了你自己。

长夏作别时,你的心内满城皆是蓝色的勿忘我。

到了秋天,寂寞换作一瓣清寒涩苦的菊香在唇边;你独自品嚼着秋菊的寒香,就那样坐着,望穿你的秋水!

冷

我看到天空铁青的脸,闪过一抹季节锋刃上的寒光,我感到了冷。

我看到赤裸的大树高举着孤零零的鸟巢,风穿巢而过,我感到了冷。

用厚衣长巾包裹着自己，走到寒风里，迎面是千百枚啮肤的利齿、砭骨的钢针，我感到了冷。

在飘雪的天空下，我亲手接落了几朵飞舞的雪，知道每一朵雪中都包藏着一颗冷的种籽，雪把这些种籽播入冬天的怀里，我感到了冷。

站在一面清凌凌的池水前，看它不动声色地吃掉每一朵自天而降的雪花，我感到了冷。

隔岸看见水边覆雪的寒石，它有一年之中最冷峻的表情，像一张陷入沉思的脸，我感到了冷。

我看到，从楼房的排水口处坠下来的一股股冰，依然记录着水奔流的姿态，水奔流着的最后一瞬快乐，以及骤然凝结的尴尬，我看到把流动的过程整个冻结起来的力量，我感到了冷。

我看到一处处的残雪坚冰堆压在衰草上，冬天缺乏温度的时间不能将它融化掉，我感到了冷。

在一个阳光虚照的午后，我看到鸟翅的阴影掠过屋檐，寒鸦的声音"呱"地惊起，我的心里蓦然一抖，我感到了冷。

闭目游走在思绪的世界里，这个季节的银白布景始终紧随，天苍苍，雪茫茫，想起那句"孤舟蓑笠翁，独钓寒江雪。"我感到了冷。

……

尘（五章）

浮 尘

对尘，我早啧有烦言。尘以消磨我的时间而销蚀我的生命！除尘是必须做的一项工作，它分割去了生命中大量的时间。总是有拂不完、拭不完、洗不完的尘。在阳台，在窗台，在镜台，在灶台。在地面，在桌面，在鞋面，在脸面。为保持洁之本，我不得不陷在琐屑里。尘使人对洁净空间的追求成为汗流浃背的肢体劳动。

世界越来越喧嚣，尘土越来越飞扬，我重拾一块抹布或一杆拖把的频率越来越高。自知陷入了怪圈，在一个毫无创意的动作里循环往复，清除那除不完的尘。我已疲于这无尽数的回合！

尘，一个极其卑微的名词切中了大千世界的肯綮。尘世，这个词直逼我的感觉，我在浮尘中达到了对人世的体认：纷乱、琐屑、甚嚣尘上。

从前这个城市洁净无比，天空瓦蓝，海水湛蓝，像两块不染尘滓的碧玉，把地上的人群环抱。我从不为尘而恼，它稀薄得有如高原上空的氧。尘在我感知以外存在。我与尘相忘于江湖。我在干净的街面上仰着笑脸走过，从没遇到过哪群没头没脑的尘唐突地要给我行吻颊之礼，覆我以一头灰尘，然后莽撞地钻进我的鼻孔，侵入我的肺叶。只有在一间尘封的屋子里，借着一束光线的斜照，我才有机会看尘的轻舞飞扬。

我今天看到了，一座扩展着的城市除了生人、生楼群之外，还会生尘。无数的尘粒腾空而起，在半空中乱舞，像地面上的人群一样，它们已失去了从容的姿态。汽车的尾尘又怎堪比佳人的"罗袜生尘"呢？尘嚣结束了一座又一座城市的古典宁静。

尘芥

一个人在仰望宇宙苍穹时，在追溯历史长河时，在身陷汹涌人潮时，都会清醒而痛切地意识到，自己微若尘芥。

或许自然之神在造物之初早有隐喻呢，教人在一尘一芥之上看清自己，想好了，在浩瀚的时空里，在滚滚的人流中，该以什么样的姿态安身立命？享有自己该享的短暂的生命之季，无怨无尤。

人要豁达地看到自己微若尘芥，做人海里的一粟，让无数个微不足道的"我"，去壮大一个万物之灵。像一颗尘那样自在，像一颗尘那样沉浮、起落、生灭，像一颗尘那样快乐满足地拥有自己的时间和空间。

红 尘

  红尘这个词是众生的一声叹息。它包含着理不清的千头万绪，舍不掉的千情万欲，尝不尽的悲喜苦乐，斩不断的爱恨恩怨……

  我是众生之一，当我说红尘，我已是泥足深陷无以抽身的烟火中人，对这红尘俗界不离不弃，难舍难分。我愿烟火凡炊把自己的身体滋养圆硕，也甘愿去承受尘世的苦乐忧欢。

  当我说红尘，我明白这是一个百感交集的词，尤其是在一个历经沧桑的老妪隐痛的心坎，或是在一个遁出红尘的老尼枯涩的唇间。有很多滋味我已备尝，有太多的滋味我还未尝透。

  当我说红尘，是灵魂对躯壳所作的一刻反观或俯视，是一种透彻的了悟，是无关痛痒的调侃，是无法超拔的肉身的无可奈何，也是苦中之乐，是对这活泼泼的生之场所的无限眷恋。红尘，是剪不断的千丝万缕。

  红尘这个词是众生的一声叹息，它原是凡俗之名，却出落得如此诗意！

尘 封

尘是一把锁。记忆不再回去的地方是尘封锁的世界。最萧索的封锁莫过于尘的封锁,尘是季候里的秋,秋之尘来了,多少繁华转眼都要零落蒙尘。

被遗忘的地方日久生尘。遗忘有两种。在时间麻醉之下的遗忘是不知不觉、日积月累的,有些东西悄悄地就落满了尘,也无由再去翻寻它,也无心用温热的手掌一遍遍摩挲它,就顺势交给了尘,尘把它一点一点,直至深深地埋没掉。更冷的遗忘是刻意的忘怀:把那些东西撂在角落里,或使劲扔向天边,从此永远地背过身去。随后,尘便来了。尘出生在人心和阳光的背阴处,在温暖的回忆不再到达的地方。尘触摸过的东西一点点散失了残存的温度和光泽,变成没有生命的一堆死物。这样的忘怀是决绝的,有点儿寒心。我喜欢这种尘封,喜欢这种尘封的决绝。喜欢运用这种尘封的人心里的灰冷。喜欢尘埋葬掉一些旧人旧事。

尘把曾经欢笑或落泪的屋子封锁了,尘把装满旧书札的小木箱封锁了,尘把屉子及日记本一起封锁了,尘把不愿重提的旧事、不愿重走的老路封锁了,尘把归向初始爱恨的记忆之门封锁了。尘封锁了心的一角以及它的心事或秘密。哪颗心没有几个尘封的角落?尘封,成为停留在心之一角最黯淡也是最宁静的风景。

然后,某年某月的某一天,一不小心推开了一扇尘封已久的厚门,肇事者是大街上一张似曾相识的脸,人流中一个擦肩而过的背影，或是一句轻轻触碰人心的歌词。立时，尘的气味迎面袭来。啊，那种恍惚难以述说！像月下在一座后花园里的梦游。

那一刻，所有坚硬的决绝都要化为柔软的凄楚了吧！

绝 尘

有许多远绝红尘的背影，不朽在诗行中。

他们是诗人，是愤世者，是放逐于尘世，复被山水拯救了的灵魂。循着他们遁入林间的足迹，我看见一片澄明的风景："明月松间照，清泉石上流。""孤舟蓑笠翁，独钓寒江雪。"一山一水，一草一木皆可明心见性："朝饮木兰之坠露兮，夕餐秋菊之落英。""采菊东篱下，悠然见南山。""数间茅舍，藏书万卷，投老村家。山中何事？松花酿酒，春水煎茶。"

我看到挣脱名缰利锁的生命，我看到穷则独善其身的生命，我看到，生命的尊严、生命本应享受的单纯的愉悦，都回到了红尘外餐花饮露、草履芒鞋的躯体中。

我不曾将身心托付给何处的青山绿水，但我体验过一株植物带来的喜悦，是怎样把我从尘世的烦恼中超度出来。那么，千古诗句所承载的田园山水，该是个多好的家园！

且让我乘诗的轻舟，优游于古圣贤的山水间，尽日看层峦叠翠、绿水长流；或是在田园里驻足，居竹林茅舍，听鸡鸣犬吠，守瓜棚豆架，话田间桑麻。

但我是个沉沦之身，缺少非凡的力量跨越城市红尘。我只能瞻望古诗行中的背影，观看举世最潇洒、最飘逸的身姿，绝尘而去。

【辑七：一抹苍凉】

谁没有岁月赠与的悲伤
谁没有命运所赐的创口
想起那辽阔的世事
一个本应有喜鹊跳跃的春天
也会落入深涧

一面湖水

水是善于覆盖和淹没的。一切落入湖中之物终将遵循下沉的定向，寂灭于水底，来成全水之为水。

湖水以柔软的可塑之躯，从一切坠落它怀中的物体身上平静地抹过去，涟漪的微笑很快消解了曾有过的挣扎与不甘，使落物得以安魂，仿佛仅仅是掸落了衣衫上的尘土那样简单。

无论是风中的一颗砂石，飘零的一瓣落英，还是曾经会三思的一个人，湖来者不拒，若他决意要向那水中寻求归宿的话。一个活生生的人，在把自己作为投石向湖中掷去之前，想必曾在那暗夜的湖畔彷徨又彷徨，或是秘密地遥对一面湖水思量又思量过的吧？一面有年头的湖水，能不藏有几桩与暗夜联系着的骇人事件？因此你往往会感到，湖水的隐私深不可究！那涟漪荡起的微笑实则充满了诡秘。

一年暮春，在莲荷长成之前，又听说了一桩投湖事件。他是一名博士生，自然让人感到代价之昂贵，不由得叹息了许久。然而每个生命的来与去，有着太多不可深究之谜，不究也罢。湖水接受了一个自弃的生命，收容他的魂魄，藏纳他于怀中。宁静的湖遂有了数天的不宁，众口的絮语于湖面生成旋风，飕飕地送来透心的凉意。

然而没有什么比湖水的遗忘更容易的了！没几天，湖又是原来的湖了，依旧清悠，无比诗意，你看不出它的伤痛在哪里，人们还是那样悠闲自得地围湖而坐，垂钓、读书，仿佛不曾发生过什么。湖是平复创伤的高手，湖的沧桑隐得太深！

面对湖水，才明白什么叫做湮灭。对湖而言，来一个人与来一卷枯叶、一茎衰草、一粒微尘没什么两样，湖像收容后者那样平静地收容着前者，之后，无声无息。要站在岸上惊悚叹息一番的，那是物伤其类的人。

湖永远有新的一页要待翻开，来迎接每日的晨曦、从高处树梢上滴落的晨露，以及比晨露还多的目光。是否因此可以说，湖之胸怀比人豁达呢？

六、七月间，看莲荷以坚定的脚步前来，感到释然了许多，仿佛它已替湖把一个恶梦越散越远了。现在是碧水清荷的世界，湖迎来了绚丽灿烂的盛夏，湖的主题已转为怡然明快的"赏荷"了，诗意如莲叶田田般覆满了一张水面，谁又会去想，莲之足是踩着哪一个魂魄而上升的？湖已经完成了对自身的更新。

永远有人耐心地坐于湖边垂钓，眼睛一刻不离钓竿的尽头；而我，只能用耳朵钓起一些鱼群的唼喋声，感到，它们将和那些埋在淤泥中的粉藕一起，令一片湖丰硕肥美。除此之外，还能钓起些什么呢？湮灭的永远湮灭了，沉入湖中的生命，原都只不过是一粒微小尘芥。

面对湖水，首先是心里眼里要清澈；心与眼清澈了，湖水才会清澈！

锋刃

我看见语言的锋刃在空中飞。冷的硬的尖的锐的粗的野的……言语生成一把把有杀伤力的利器,我看见许多的人中了这样的利器。我看见被语言的锋刃割伤的人身上的刀痕与血迹,我看见他们眼中的愤怒,鄙夷,委屈,无奈,我看见以牙还牙反唇相讥,忍气吞声逆来顺受。我看见语言的锋刃在空中碰撞,放出锋刃的人自己也吃了一刀!这个世界上没有失聪的人都有可能遭遇语言的锋刃。

那个锋刃来得突然,我没有来得及躲闪,也没有来得及挡击,桌上的饭局已经有一点狼藉,从我对面横飞出一把莫名的冷硬的锋刃,友好的空气嗤的撕裂,我看见锋刃的白光闪过之后,饭桌上几张脸随即出现冻结的表情——突兀的事情往往让人来不及调整表情,也来不及整理出一串有力量的语言予以回击,那时我正面对着窗外宁静的街景和明媚的阳光,一切显得不太协调。之前我在说着一些私人范围的事情,那些话语如一股流水在自己的河床上涌动,不过堤岸始终保持着它坚强的约束力,不会让话语决堤侵入他人领地。然而在话语流动的河床上忽然奇峰突起,对座抛出了一句非常突兀的责难的话,毫无遮拦地甩了过来,我当即看见了锋刃!那是一句以率直的名义掷出的生硬的话语,一句侵入我私人领地妄加指评的话语,说话者已然越出了自己的话语权限,并以不近人情令人讶异的方式出之,这让我猝不及防。我没有以相应的锋刃回应,那道从友好空气里裂开的口子便没有裂得更深。我仍为对方留有余地,并知道了今后应保持的距离。那时,从其背后那面大玻璃窗口镶嵌进来的大幅街景忽然成了一出荒诞剧的情景,马路上的阳光像一堆玻璃碴儿破碎闪烁。

这样的锋刃会在夜里再度侵袭神经,仰卧在黑夜里,我的胸膛不由自主地向这个锋刃迎去,它使我有气塞胸膛之感,我逐渐明确,被锋刃所伤的人,应该举起更有力的锋刃,因为,制造锋刃的人没有理由逍遥于锋刃之外。

像任何看得见的利器在身上留下的伤口一样,语言的锋刃在心里留下的伤总会愈合,可是不一定被遗忘,有时甚至整个事件连同场景都能清晰地被回忆起来。

在一个寒冷季节里,一座暖融融的商厦内,同来的几个人对着那些冬令用品评评点点,争论由此延伸开去,渐渐地有些语急声高。走到电梯旁,一句恶意的比喻突然从我右边的人嘴里抛来,或许是口不择言,或许是有意损人,说话者把一个八竿子打不着的不良形象乱扣过来,是的,一个锋刃向我飞来了!我为这样的锋刃所伤,却不会为之疼痛,因为这个锋刃制造得如此拙劣,令人啼笑皆非。对此我态度硬朗,然而我不会仿制这种恶意又拙劣的比喻加以回应,那会违背我的原则。锋刃的制造者已经在我心里自残形象,焚毁了我对其原有的尊重。

嘴之可亲可畏在于唇红齿白间既可以出笑靥,也可能出锋刃。对于一张缺少管束的嘴我们总是容易厌弃,远而不敬,在它的背后多藏着一颗缺乏自省的心,欠缺着宽容、理解与尊重，这样的心里多半是锋刃的策源地，经意不经意间就有一把锋刃从那里飞出。我没有看见过刀枪不入之躯，所有的血肉之躯都是会被语言的锋刃伤着的，我看见过愀然变色的脸，怒而圆睁的双目，愤而离去的背影，据说还有倒竖的眉毛，冲冠的怒发，这些明伤是我们看得见的，更多的暗伤隐藏在我们看不见的心口。在言语交汇的空中，我不愿意看见锋刃飞来飞去，不愿意语言的锋刃来寻找我，也不愿意由于目睹锋刃刺伤了哪一个人而徒然义愤填膺，我愿意看见锋刃的制造者当场也吃了一刀！最痛快的事情莫过于此。

　　据说相恋的人有很多都是在互相折磨。从恋人嘴里飞出的锋刃比不相干的人要锐利上百倍，他或她为何要用锋刃这种利器来肢解他们共同建立的那种被称作爱的感情，这是个难以解释的谜，或者真是着了魔。而最脆弱最经不起利器的莫过于恋人的心。多年前有个叫苏芮的歌手唱过一句："我一不小心失去的情感，说来遗憾……"一不小心铸成的错有种种，一不小心从嘴里甩出的一句话有可能成为利器。在恋爱季节里我中过这样的利器。我记得清楚的是在一个打电话的夜晚，电话那头，他用一种差不多结冰的声音说了句简截、坚硬而阴冷的话，锐利无比的锋刃当即向我飞来，穿心而过，我便从头寒到脚，我不能再相信什么，从此结束了憧憬，我的决心开始向他背道而驰，再没有回头。这个简短的故事记录着锋刃之伤。我们都是在故事中成长的，故事或长或短，伤痕深深浅浅。给我以锋刃的人，我不一定还之以锋刃，但我可以转身离去，或者选择距离。我所遭遇过的锋刃，如果还插在记忆的某处,那是岁月已将它制作成了标本,提示我这样一桩世事!

悬 崖

悬崖,出现在我心里而不是脚下。我的双足历来缺少站在悬崖边的体验,但我的内心并不缺乏对于一座悬崖的想象力:奇险,陷人于绝境,移步就是万丈深渊。在某种时刻我会感到被某种力量推上了悬崖!在这种意识下我惊悚,却镇静,克制着不向悬崖下的深渊移出那致命的一步。我没有粉身碎骨,而是颓败地倒在悬崖上,劫后余生,疲惫、悲哀。悬崖,是一种心理体验。犹如海上漂泊者看见了海市蜃楼,在某些时候我相信我是到过了悬崖边——我的手心里还握着一把细密的汗珠呢。

吵架之初往往意识不到是在吵架,正像那条通往悬崖的路是不知不觉地滑过去的,前一刻还是云淡风轻,在野花杂树铺陈的路上望不见尽头的悬崖,悬崖总是在语势急转直下之时陡然推到跟前来的,它的出现有着戏剧性效果。像任何屋檐下的争吵那样,我们总是从鸡毛蒜皮开始,具体,琐碎,可能涉及一台冰箱的摆放位置,抽油烟机需不需要请人来拆洗一下,用了四年的煤气软管是不是该换了,那个太废水的坐厕要不要换成节水的,不时臭气外溢的卫生间地漏该拿它怎么办,餐桌离电视机要有多远,天花板上那一端摇摇欲坠的石膏线是否想办法固定一下，冬天该不该常开窗通风，如此等等。然后就由此及彼，由表及里，联系到一个人的秉性、趣味、作风、习惯，然后，商量讨论升格为辩论争执，渐渐就语急、声高、气壮，理性的争辩演变为非理性的争吵，语无伦次，口不择言，一副不惧破裂的架势，恰似两个人推推搡搡来到悬崖上，大有一齐跳崖同归于尽的凛然！——终究没能同归于尽，因为总有一个人临阵犯怯，英雄气短，缩回了手脚。

多年前我的同事告诉过我一个他生命中至惊至险的事件：在西南某市一条山路上，失控的摩托车带着他向着一个悬崖飞驰而去！假如不是一棵树挡住了去路，那么他也就不能活下来并对我讲述这个故事了。危急时分他的生命中出现了一棵树，一棵悬崖边的树，把冲向悬崖的摩托车拦截了下来，他得救了！当然，他是连人带车重重地摔倒在地而得救的。这个故事险象环生，令我毛骨悚然，暗想：这可是个从悬崖边捡回了一条性命的人！然而我的同事非但言语里没有噩梦般的感觉，反而谈笑风生，哦，一座远去的悬崖对他已没有任何威胁了。

当我做了吵架中望崖却步、英雄气短的那一个时，我不仅看到了耸立在我心里的那一座无形的悬崖，也仿佛听到了一种类似于悬崖边的摩托车发出的紧急尖锐的刹车声！古时没有摩托车，古人说的是"悬崖勒马"。生活中并没有太大的事情让我体验得了悬崖勒马，是在这样的琐事中我体会到的。

我想，把我们一齐推向悬崖的是一种魔力，一种彼此无法掌控的力量，瞬间产生，千钧一发。吵架是一种语言的互动，它有自身的惯性和态势，不完全由我们驾驭，我们在多次争吵中仍然不能够做到收放自如，我们一次次失控，一次次被推上悬崖，而不到悬崖边，我们决不肯做悬崖勒马的事情。

不到悬崖边，只要骨鲠在喉我就不吐不快。我的妥协总是发生在悬崖上，在悬崖的边缘我和他妥协了。我是在与一座悬崖妥协，因为我惧怕下面的万丈深渊。我与悬崖的每一次妥协都会令我整个人暂时变成了一块陷入沉思的石头，我看到了某种趋势，我的心逐渐接近一块石头的温度，甚或硬度，石头的纹理从我内心生出来，这也许是一种自然变故，来自磨砺，并将更耐磨砺。

在一个初春的午后醒来，我听到隔壁传来吵架声，发生争吵的房子有个窗口斜对着我所在的房间，所以动静很大。我迅速判断那是男女主人在吵，一开始男人声粗、气狠，女人克制、温婉，男人骂道：别再问了，别再烦我了！女人说：要不你再跟人家沟通沟通？男人道：你怎么知道我没沟通？钱也出了我怎么没沟通？我他妈沟通不了！——我说你别再提了好不好？你想烦死我啊？女人低声说了句什么，男人一声响雷：我怎么就那么讨厌你！你给我出去！似乎有一两秒钟的冷场，女人无言，可是忽然硬气起来，厉声数落起男人，末了却拖着一句颤颤的哭腔。女人话音刚落，"砰"的一声巨响，有如银瓶乍裂，惊得我从床上弹起来！料是男人往地上砸东西。跟着是重重的甩门声——女人发威了：你抽什么风？抽风你到外面抽去！……有你这么对老婆说话的吗？呜呜……女人的哭骂声顺着楼梯一路往下落，男人追尾赶去：我怎么了我？我说什么了我！这时的他竟吼出了一种怪怪的男人的哭腔。那是种复式的房子，到了楼下依然是他们的家，两口子从楼上闹到楼下，吵闹声像一阵落山风似的沉降下去，渐渐衰微，直至几乎听不见。悬崖！这个意象迅速从我脑子里浮上来——没有什么比这更贴切的了。这是我听觉上的悬崖。从刚才那震天动地的银瓶乍裂声起，他俩就一齐坠崖了！壮烈，无畏。他们后来的声音像是从谷底发出来的，深且远，我听不清——但愿他们没有粉身碎骨。

逃 离

突然想起了一个音讯隔绝多年的故人，于是上网查找，看到了些有关他的消息，其中有篇以他为对象的访谈：逃离孤独。他自述他的种种逃离：逃离贫穷，逃离困境，逃离童年，逃离乡土，逃离父亲，逃离老板，逃离孤独，逃离性格缺陷……我从没为我熟悉的他理过这条线索，采访他的人理出来了，借此我很明晰地看到了，千颗万颗灵魂中的一种骚动和挣扎：逃。我也看到了我自己。

人生的确可以归纳出很多主题，比一部交响乐能容纳的要多得多：希望，幻灭，抗争，顺从，追求，放弃，超越，沉沦……当然会有——逃离。人，大概都有想要逃离的东西。

有的人可能一生都贯穿着逃离，他的灵魂是窘迫不安的，是折腾、迁徙、流浪的，他跋涉在艰苦的途中。

我们逃离的东西形形色色。

小时候，三姐妹中间外祖母最疼爱我，我是她的长外孙女。偏偏我是那个不喜欢承受过多关爱的孩子。一次，外祖母又扯了块精心挑选的花布来了，交给妈妈预备给我缝新衣裳。外祖母拉起我的手说：外婆最爱你了，你长大了要记得哦！这顿时令我不安起来。我似乎有种天马行空的天性，不喜牵牵绊绊，不愿承受太重的关爱，我觉得我在退缩，接受得勉勉强强，一点也不轻松。我宁愿她更爱我的两个妹妹。我的家里，没有浓得化不开的亲情，父母之间，亲子之间，姐妹之间，甚至连一句亲密的话也觉得难于启齿，就那样淡淡的，我觉得挺好。外祖母的亲情，似乎浓了点，不相宜，她的爱投向了我，给我以负担。我一直希望她能淡化这种爱。其实，我从内心里一直在逃离她。

父亲是威严的，父威笼罩着我的整个童年和少年。餐桌上的气氛往往会压抑，有时候是由于父亲的沉默——年少时我觉得，就连他的沉默都充满着父威；有时候是因为不知何事而起的顶嘴和争辩——这是一不留神就发生的。大约父女俩的某些性格太像了，各认各的理，互不相让。父亲应该是不能容忍他的权威受到小辈质疑的，偏偏我是个不管不顾的初生牛犊，我冒犯了父威。当然，事情的结果总是，我在父威之下噤若寒蝉。这样的事情不断循环在我的中小学时代。父威总是存在的，代沟也是存在的，我是家中长女，我便是

那个首当其冲的孩子。我没有离开家门的机会，也逃离不了父威。邻班有位女生借中考之机考到了邻县的高中，她是个成功的逃离者。高中时有些来自海岛涠洲和郊区的寄宿生，我到她们宿舍去的时候，第一次看见了午餐肉罐头，她们把午餐肉添加到从食堂打回来的饭菜里。我没有尝过午餐肉，我想，午餐肉应该是有着特殊味道的——自由快乐的味道！直到大学时代来临，我终于长了翅膀，远远地飞到了长江边。

武汉是一座何其喧嚣的大城，却在东湖边、珞珈山下为我们留出了一片山水优美鸟语花香的天地。可是四年之后那个远离尘嚣的校园不再属于我们，武汉能给我们的唯有校门外那片喧嚣了，于是一毕业我就卷起铺盖逃离了那喧嚣。

我回了家乡，一座安静的，以沿海开放城市之名期待着发展的海滨小城。那些年发展来得很缓慢，我终于感到，她太沉寂了，消磨着我的青春和热情。像任何被困住了的人一样，逃离几乎成了本能的冲动。我在寄给远方同学的信中说："每天我在这座城市的边缘行走，无时无刻不在想着离开……"逃离，这一念头在我心里经年难释，然而又经年停留在画饼阶段。比之那位成功地逃离了出去的故人，我欠缺的是破釜沉舟的勇气。若干年后，等到机缘把我迁离了故土，我的心却又屡次从都市的十丈红尘中逃回去，呼吸那里的清新空气。

我喜欢安静的工作。起初，我的职业尚算安静，在无人干扰的直播室里经营好属于自己的时段即可，后来，这个职业越来越不允许人藏于后台了，每年都会选择一两个时节把人推向舞台，或户外活动场所。而我的性情中没有这个趋向：走向聚光灯，走向千百双注目的眼睛；我的性情里有的是另一种趋向：逃离这些。在没能逃离以前，我的为难持续了多年。我彻底的逃离发生在从事这一职业满十五周年之际，我给它划上了圆满的句号，并开始了另一生涯：一份足够安静、充分自主的工作。

哦，逃离的意欲在不止一人心里骚动着吧。某天，我的两位同学在大街上相遇了，她便向他打听怎样办辞职，这是听来的故事。她的职业是杂志社编辑。一次，我把电话打到千里之外的她那里，她对我说：我觉得，单位是件很荒谬的事情，这么多年我一直都没能适应过来。——我顿时发觉，她的思想已经走得很远了，可她仍是个欲逃不能之身。

我的一位朋友则从银行的岗位上递了辞呈，从数字王国里逃出来了，那儿不是她的安身之所，她状如困兽。由此她开始了"北漂"之旅，到文字王国去落籍，写作。她后来的艰辛我知之不多。

据说一位从宁静小城投奔繁华特区的同事，在打回来的电话中曾拿"两个渔夫"的寓言说事，如今他不再是躺在沙滩上晒太阳的那个比较悠闲的渔夫了，而成了在浪尖上撒网的那个终日辛劳的渔夫。对于他逃离的沙滩，他似乎怀有一点眷恋；而沙滩上的快乐已经逃离了他。

我们想要逃离的东西形形色色。我有一种想从复杂人事中逃离出来的愿望，从履历表、申请表、求职表、述职表、季度总结、年度总结、获奖证书、职称证书、评审材料、户口簿、身份证复印件等等组成的阵容中逃离出来,是我的愿望。而这通常让人无处可逃。

人群,也是我们逃离不了的处所。我们可能无数次逃遁,又无数次归来了。有时候我汇入人流,看众生百态;有时候我逃离人群,看月白风清。

人,都会有想要逃离的东西,正如人都会有想要投奔的方向,这是逃不了的心理现实。

逃离,可能不止一次发生在我们的内心。在逃的心没有安宁。

相恋时彼此牵手,分手时相互逃离。逃离爱,逃离恨,逃离矛盾和痛苦,逃离某种结局或窘境。

有时候,鬼使神差地,我们又逃回了我们曾经逃离的地方。那是怪圈,或者宿命。

内心,是一处随时可以逃回去的地方,那儿没有甚嚣尘上,那儿有一棵大树阴凉。

暗 影

第一次看到"告别厅"这三个字时她心里"咯噔"了一下,响晴的天空仿佛也一时凝冻了。在这个院子里,她初来乍到。那时她正站在生活区的校道上,目光好奇地在高高低低的枝叶间逡巡,是那样快活、无忧无虑。这里是北方,有很多她不认识的树种。高大的杨树擎着团团浓绿越过一排排五六层的红砖楼房，风呼啦啦翻动着它的叶子，阳光下青白分明，闪闪烁烁，像无数调皮的眼睛。枝条柔软、叶子小巧的榆树，勾起了她少年时的阅读印象，正满脑子"榆钱儿"的幻影呢，可是，她想，这份秀气应该属于南方才对啊。路旁，一面冷落的红砖墙，早交给了藤蔓去编织，一种好看的叶子在上面昂首阔步，四周的枝叶也把它当作投影墙了，这时，阳光的唇吻印着，使它不再那么阴暗落寞，连墙上的藤蔓也有点儿欢欣了。就在她的目光越过红砖墙向那边眺望时，猛丁触到了那几个字。镏金的斗方大字，凸现在树木掩映的平房正面，略高出墙头。告别？本是个寻常字眼，她可以轻轻挥去的，可是那一刻，不知为什么，她的神经格外敏感，一下子切入了某种特定的意味。告别……嚄，她的心被戳了一下！庄严的告别。悲痛的。为什么当即产生这样的联想呢？也许是因为那金色透出的庄严。再说这也毫不奇怪，墙那边是校医院，而这所高等学府，自然会有许多年事已高的老教授了，那么，"告别"会是一件列着队的事情啊！她肯定着她的猜测。

当一些人生走完它的历程，或仓促，或从容，而终向此世界谢幕时，人们在这里和他告别。她愿意想象那一切是静悄悄地进行的，不惊动四邻，庄严郑重，哀而不伤。没有号啕，只有一些轻微的啜泣，和沉重的默想。那时也许天正降雨，也许正飞雪，也许正晴灿，也许竟是个无星无月的暗夜。告别，本应是这样庄严肃穆的事情。

她只是觉得猝不及防，在这样一个晴天丽日，在这样一块热闹的生活天地，被提醒这样的事情。像阳光下那些无处

不在的暗影,她的心里有了神秘的笼罩,目光再触一下那三个字都要引起屏息的感觉!她小心避开。她乐意面对那些错落有致的树木,高枝低桠,甚至,在墙根恣意蔓生的野草。这里无人眷顾,只有湿润的泥土,却充满野性的生机,无论大小强弱,所有绿色的生命正茁壮。

后来她从附近出入时特地留意了墙那边。藤蔓密麻麻地披挂着,一条窄窄的水泥甬道,埋在青草地里,出口锁着铁栅栏门,青松翠柏站成远送的队列,几丛蔷薇花野野地笑着。再过去是一小块运动场地,几件户外运动设施,早晚有师生家属在这里扭摆塑身。荒僻与热闹界限分明,毫无过渡。

而她常走的那条大路,边上是成片住宅楼,一律的五六层红砖楼房,是一个时期兴建起来的,路旁杨树疏朗。路上是一阵风似的骑车而过或急急行走的人们,手里提着菜篮子什么的。常停留的是老人,抱着小孩,推着婴儿车,在晒太阳。她在路上蹓跶,想象着每一扇窗户里的事情,千差万别,但相同地都有一个火热的灶。她想起在一篇散文里看到过的一句话:生活在敲锣打鼓地进行!

在芳草绿荫中,那镌刻着"告别厅"三个字的角落,常常没有一点动静。这很好。当生活正敲锣打鼓地进行,当眼里所有的绿色正自葱茏蓬勃时,她愿意那个告别的场所,更多的时候是安静。

那天,她拎着菜往家赶,在那个长期上锁的铁栅栏门前迎面碰到一对老夫妇,一对老极了的老夫妇,各挂着根拐杖,相搀着缓步挪动,走得极慢、极慢。老人穿戴得一丝不苟,文质彬彬，多皱的脸上干干净净，双眼深陷，像两口枯井。她想，那是对老教授，脑子里即浮现出"学富五车""桃李满天下"这样的人生。一个人从蹒跚走到再度蹒跚，须倚赖拐杖，走到肢体头脑迟缓如此，该是如何漫长的路！走了那么远，那么远，还能相搀着走，真有福啊！当她的感叹最终落在"化作春泥"的情节上，她一时竟说不清，是在人生的大苍凉里，有一股暖流在回荡，还是在活着的大快乐里，有一片悲凉在暗涌！

住在楼下的老太太们

我住在校园里一栋老式的红砖楼房的顶层。我刚落户，左邻右舍谁也不认识，当然，再住个十年八年可能照样是谁也不认识的，但我知道三楼、四楼各有一个老太太，她们和我一样，都住南房。

一早，广播体操的音乐依稀传来："同学们，现在开始做广播体操……"先生比我多住几年，说是四楼的老太太在做早操呢。我赖在床上，听一架古董卡式录音机给"同学们"播放广播体操音乐，琢磨着一个可敬的老太太，和她"闻鸡起舞"的精神。墙壁可能已经把磁带艰难转动时的吱纽声过滤掉了，免了我耳朵的难受。

做操的老太太我没见过，我从楼梯间匆匆上下，很少与谁碰面。一次，我提着菜袋子上楼时看见一个老太太在前面走,她的背部都隆成个小山包了,拄着竹节拐杖,"笃笃"地敲着楼梯地面,以踩蚂蚁一般的步子慢腾腾地往上爬。在楼梯拐角处,她听到了我的脚步声,停下来让我先走,我"噌"地大步跨过,不好意思去看她的脸。后来又有几次,在楼梯口遇见她,爬上爬下的,心想,哟,这老太太也真行,老得都快走不动了,还常在路上。有一次见她在四楼南房门前停下来,抖抖索索地拿钥匙开门。我知道了,这就是那"闻鸡起舞"的老太太!

三楼的老太太从不在路上,而是被锁在家里。她家门口,里层的木门常敞开,外层那扇栅栏般的铁门关闭着,铁门上齐胸高虚掩着半片布帘子。路经三楼,总要面朝那家门口,这时,老太太会站在铁门后面,一手掀起布帘子一角,没话找话地问候你:"出去呢?""您回来了?"那声音很有些中气呢!隔着铁栅栏门,我看到一个清瘦的老妪,梳洗得倒也干净整洁,年龄恐怕已到了"还童"的阶段,所以神情语气竟有些稚拙的味道。老太太的"问候"常令人不知如何是好,我仅有过一次,似答非答,"嗯"了一声,只有自己听得到,后来都是低着头匆匆走掉了。曾听过一个女声在下面又好气又好笑地训斥她:"妈,您叫什么呢?您别叫了,扰民!"

更"扰民"的是那些突如其来的擂门声:"嘭嘭嘭,嘭嘭嘭!"这个时候你可能正津津有味地吃着饭,可能正聚精会神地看着书,可能正安安静静地午休呢,像突然被谁声如洪钟地吓了那么一跳,饭都要从嘴里跌出来了,书从你手上蹦落地,觉给搅了!还没完,接着会是一声声长长的呻吟:

"妈呀，妈呀，我的妈呀！"要不然就是抗议："我要出去！放我出去！"我认出是三楼老太太的声音。

依我判断，那老太太是得了老年痴呆症。有一回走到三楼，看见一个粗壮的女人正要出门去，老太太又在铁门后面掀起了帘子问："你上哪儿去？"女人不耐烦地说："我上班去。"老太太又问："你上哪儿去上班？"女人没好气地说"我上哪儿去上班？我上单位去上班！"边噔噔噔地下楼梯边又回头哄道："我一会就回来，啊？"我猜是那老太太的女儿，只有这样血肉相连，才会这样高一声低一声，硬一句软一句，恩威并施而无需顾忌吧。

某日黄昏，我闻到了一阵很浓的东西烧焦了的气味。下楼时，我看见四楼南房里层的大门半掩着，一个佝偻的身躯在厨房的一角忙活着，烧焦的气味从那儿飘出来，我心想，是四楼的老太太把饭菜烧焦了，正忙着处理呢。她老了，记性不好了，鼻子也不灵了，所以才烧焦了东西吧！她一定很懊恼，她只有自个儿处理掉那些烧焦了不能吃的饭食，可手脚又不利索了，得忙上好一阵吧！这样想着，我的目光在老太太的屋子里扫了一下，看见一张卸下来的旧床板斜立在过道，厨房里堆满了杂物，屋子里弥漫着一种老人独居的黯淡。一只猫"喵"一声从门后走过。我记得了，这只猫曾溜到过楼道里的，当时跟在猫后面唤它回去的是个穿姜黄色针织衫的瘦女子，那件姜黄色衫显然不常在老太太的屋子里出现，我仅看到过一次。只有这只猫，才是老太太真正的伴儿吧！

三楼的老太太不是独居，有女儿一家照料着，但我觉得，她和四楼的老太太一样是孤独的，只不过她老年痴呆，也可说是"返老还童"，她是孤独而不自知罢了。

和楼前草地树荫下围着"搓麻"的老太太们不同，这俩老太太已到了风烛残年，扎堆找乐的事大概不属于她们了。我甚至觉得，安享晚年这样的词儿对她们来说也不确切了，因为，一个幸福安乐的晚年，不仅和儿孙绕膝有关，还和健朗的身体、清醒的神志有关，而这俩老人，无论哪一个，都不能同时拥有这两样了。

生命的进程真的会一朝把人推向这一步吗？——活着的意义，仅仅是活着。

那天绕到楼后去赏景，忽听一老妇对着楼上一个窗口高声通报："老头子哎，一楼那个老太太今儿早上死了！"我心里"咯噔"一跳，因为，一个世人忌讳的字眼被这么响亮地说了出来！望一眼那老妇，她还算滋润，大约因为，高高的窗口上，她毕竟还有一个属于她的"老头子"！

逝者

这一年春天还没有来，元宵还没有过，传来了花谢的消息——姓花的外祖母去了。早上打开QQ，家乡那边，妹妹用粉红色的字写下一句话：外婆去世了，特此告知！我心里震了震。这不是件毫无预感的事：外婆已年迈，一把枯骨，一张布满老人斑的皱皮，一双几近失明的老眼，一副老年痴呆的头脑，一个谵妄昏乱的精神世界……如是经年。然而，当我在那个早上听到了这一结局，我的心里还是震了震。有些生命的离去不会很惊动，然而总不会不着痕迹，外祖母的离去在这个世上留下的痕迹之一便是我心里那小小的一震，微妙，隐秘，转瞬模糊，如雪泥上的鸿爪。总是在生死分界时，我们于一瞬间，或是在更长的时间里感到：生死之庄严重大，不容漠视。随着心里那一震，我已跨过了一道坎，接受了外祖母已逝这一事实。

　　我离乡已经很遥远，我倾听外祖母逝去的消息，犹如倾听一片落叶辞枝的声音，世界不失安详。和另一座城市里的妹妹通电话时，她告诉我春节期间回乡看过外婆，那时家人已将她安排进了老人院，那儿有专门的护理人员。妹妹和她说话，她尚能听清，在她昏乱的神志里现出了一丝捉摸不定的清明，她叫出了妹妹的名字。妹妹说，那天她就看出了外祖母双脚有些浮肿，不想几天之后就过世了。哦，双脚浮肿，这会是一种死亡通知吗？当天上的死神发出了通知，地上的人们只有垂手听候了，并不能再做点什么，也不需要再做什么了——她已经有了足够长的一生。我想象是在一个很大的院子里，在一张供老迈者使用的轮椅上，在一棵枝繁叶茂的大树下，我的外祖母停留在那里，一树光斑笼罩着她，她的膝盖上或许还搭着一条小毯子，她坐着，恍恍惚惚，鼻孔里的气息若有若无，体温一点点从她的指尖流走，感觉渐渐从她的身上消失，世界徐徐后退，她的眼皮慢慢合上了，很安详，

像午后阳光下的一个盹——是永远不会醒来的一个盹。这是幸福的结局。

她的名字叫花自香,她是一个感时花溅泪的多愁女人,她终于采取了一朵花那样的萎谢方式。千里之外打电话给母亲,母亲说,外婆走的时候没有痛苦,很安详。听电话那头母亲的声音,喜甚于悲。

我的释然,是更多地想到,一个人终于可以从晚年的孤独痛苦中解脱出来了——自从外公猝亡后,外婆受到刺激,患上了老年痴呆症,神志昏暗混乱,言语行状痴愚顽鲁,睡地、擂门、骂人,只胃口不改往常,一顿饭吃得下一海碗,可惜全化作擂门乱骂的力气了,常年一把瘦骨。她关在没人拜访的房间里,和自己,和她记忆中的人物说些颠三倒四的话,她高叫着张三李四的名字,笑笑骂骂,她一声声唤着外公,与他说话,对他叮咛,仿佛阴阳无界,仿佛他们还是那对柴米油盐几十年的夫妻。唉,尘世的饭菜把她养在另一个世界里,一个谵妄虚幻的精神世界,没有人能够了解。

然而妹妹不同意我关于痛苦的断语,说,你以为晚年的她是痛苦的吗?不见得。在那种状态下她可以天天跟外公在一起呢!我想了想,也是。但愿所有的痛苦都有圆满的解释。

但愿所有的生命在离去时都无需痛苦。我的外祖母,她若泉下有知,也会感激的:像一朵花的萎谢那样无痛无觉地离开这个世界,是上苍对她的眷顾。惟愿上苍对每一位将逝者都尽可能地眷顾,不要以痛苦、恐惧和绝望去袭击他。

我的外祖父是突发脑溢血过世的,毫无预感。年逾八十的他仍然精力旺盛，睡觉打着雄壮的呼噜，劈柴干活出一身臭汗，肩膀上搭着一条被汗水浸渍的毛巾。去世的前一天还踏着三轮车兴致勃勃地满城转，他是街委会的活跃成员，管着一世界的闲事，奖状挂了一墙壁。临终前他和邻居们一起玩牌来着，也不知是在第几轮，他抓了一手好牌，正笑得开心，突然就倒在地上不省人事了——他有多年高血压。满手的纸牌纷纷落下。邻居们七手八脚地把他扶起来，又赶紧通知家属，救护车耽搁了些时候赶来了，当医生的妹妹也在现场参加抢救，却无力回天，外祖父再也没醒过来。

外祖父的辞世何其利索，仅只一秒钟的工夫，生死立判。痛苦是没有的了，相反，他是带着足够多的快乐上路的——那一刻他太快乐了。这也是上苍的眷顾。连最悲伤的外祖母那会儿也庆幸说，还好没落下个全身瘫痪，不然躺在床上要人来服侍，什么时候是个头啊。外祖父的生命没有那样拖泥带水，一个干脆利落的休止符，让他生命的乐章戛然而止。虽然让人猝不及防，瞠目，惊愕，但对于活着的人来说，又算得了什么呢，重要的是他自己，半分钟也未曾看到死亡的阴影游过来，而为之恐惧、绝望和悲哀——上苍仁慈，不忍见其觳觫。仁慈的上苍还容许他把生命高质量地、快乐地延续到了最后一刻，所以他的生命过程始终是鲜活的，他从没有气息奄奄苟延残喘过。

我的祖母，最后时光则是躺在床上气息奄奄苟延残喘。她如愿活到了很老很老，除了腰板挺不直走路得弓着腰之外没有别的病痛。她躺在祖宅一隅阴暗破败的屋子里度着风烛残年,她的子孙们先后都乔迁出去了,她最后回到这里来守着,很坚执地,像是候命似的。她似乎早就开始等了,等那个不知哪天才到来的永远的归宿,她显然是做了很长时间心理准备的,有一次我听她说:唉,死又死不去!那时候她已年近九旬,在长寿者之列了。她大概觉得,活到这个岁数也差不多了。再活下去,不过是天天蜷曲在床,已没有任何生趣。世界比以前更加五彩缤纷,可是这个缤纷的世界有她什么事呢,世界是为后来者而缤纷的,不是为行将就木的人。那时候,住得近的大伯、小姑两家人会轮流送去一日两顿饭,假如她胃口好的话,还可以叫住外面卖包子的,送一两个瘦肉包进来。她生命力旺盛的时候可是很会享口福,特别注重补益身体的,当归、党参、北芪、枸杞子、浸酒、蒸鸡,时常大补着,她受得了,她有这命。在生命的全盛期,她承担家计,撑门立户,养儿育女,所以到后来她就能翻云覆雨,在六个儿女家中轮流住,轮流吵,吵完了拂袖而去,不怕没处可去。后辈敬畏她,她的声威盖过了她轻视的祖父,她是强者。并且,在祖父寿终正寝之后,她仍健在许多年,她这辈子可以了。她自己一定也知足了,不想再赖着不走。她对人生的盛宴充分品尝过了,现在只剩下一副鸡肋,已没什么嚼头。这是一个已被满足了的,对活下去再没任何欲望的生命,她没有什么不甘、不愿,没有留恋,她是有福的。她后来走得悄无声息。她姓黄,名字里带个英字,她终成一片萎黄的落英。

祖父撒手前的一个迹象是迷路。他爱走路串门,从镇里走到市里,从这家串到那家,最后一段时间总是迷路,找不着家，亲戚们说他老懵懂了，怕是时候差不多了。在他的生命消逝前，他的脑子比他的腿脚先衰，当他还能迈开双腿在路上走啊走时，他的脑子已经不中用了，记不住路名，辨不清方向，识别不了标志物，他只能任凭两条腿带着脑袋迷迷糊糊地走啊走，走到哪儿算哪儿。最后得姑姑伯伯们发动起来去找他，还好总能不太费事地找到他，而不出什么乱子。我总记得他在我家客厅歇脚的情景：坐在木沙发上，头戴一顶绅士帽，手扶拐杖。祖父长相端好，年轻时一定是个风度翩翩的美男子，他老了，眼睛深陷，眉毛却仍坚挺，眉形似飞，唇上留了两撇胡子，与那眉毛一齐白了。祖父的身躯清瘦单薄，高而不魁梧，许是年轻时抽烟折腾空了的——据说祖父败了家，这是祖母仇视了他大半辈子的原因。祖父在我家歇脚不会超过一袋烟工夫——他抽烟用的是造型美观的熟烟斗，有时是领了生活费饭也不吃他就走了，也不知道要去谁家，也许是小小地下一回馆子，他只管走，在路上的滋味恐怕远胜于向儿女讨生活费吧。祖父迷路这件事很容易诱发一种想象，仿佛他走着走着，就一脚踏出了红尘，踏向另一个地方，一块永远的乐土，那里才是他要回的家。所以尘世的亲人是不必担心的——根本没有迷路这回事。祖父的字写得很漂亮。漂亮的字体，绅士的做派，垂老走路迷失，这里面也有不少风流。他去了，幸好不是在路上，是在床上，可以安息。那席子，后来沉入了祖宅门前的小海湾。海湾里的风浪，自会淘尽逝者生前一切风流。

　　所有逝去的生命，都已经得到安息了吧！

【辑八：阅世随笔】

活了这么多年，我沉稳起来
再不雀跃，灭了火花
活了那么多年，我沉静起来
懒言，绝少滔滔说话
活了这么多年，我沉淀下来
多思，思想都结成晶华

错过

七月初离开居住的校园，碧荷已满池塘；九月底再回来时，荷塘已现枯色。因带回了一件好看的短袖新衣，一心想穿到荷塘的背景上去留个美影，连蹲在哪儿都想好了。就等着，等艳阳，等心情，等闲暇。心情好的时候太阳不出来，太阳出来了那天却没空去，到有空了天气却从此渐凉下来，告别了短袖季节。荷塘不等我，径自枯败，不可收拾——它今年花季果季皆大势已去。我策划的好照片终成泡影。得等明年了。然而，明天都等不来，况明年乎？遂感慨，有些东西是不能等的呀，等的过程让我们错过了多少时光，错过了多少机会！生活中无处不如是。集合了好心情、好衣装、好太阳、好景色和好机会的好日子，可能是我们所经一千个日子中的一个。

过目

城市万厦林立。在众多的鞋店中记住了一家叫"城市足印"的，因它偷来了一首歌的歌名，就是那部港剧《流氓大亨》的主题曲，我记得歌声里那把醇厚、忧郁、温暖的嗓子，已经很遥远，唱歌的女明星都已归隐，默不作声，远离了城市的万千足印万丈红尘似的。然而歌声的渲染力是强大的，当鞋店店名与记忆中的歌声一对接，在我心里城市立刻红尘滚滚。城市的足印连同尘嚣与故事纷至沓来，城市的缤纷、浪漫与沧桑，城市的叹息、感慨与歌哭纷至沓来。"城市足印"被鞋店这样移花接木可谓贴切，我眼前一亮就记住了。在更多的发廊中记住了一家叫"烦恼丝"的，想起，摆荡在脑后的这挂红尘中的青丝，原是有个别名叫烦恼丝的，可不是！千年以前就有个"白发三千丈"的李白。这把烦恼丝它见证了多少尘世中的悲喜忧欢、挣扎扑腾。抚吧，捋吧，吹吧，剪吧，编吧，结吧，发型千变，烦恼丝的别号千年未变。这家发廊自号烦恼丝，它关怀着你的内心，因而贴心。

在如云的食肆中记住了一家叫"木生火"的烧烤店，这名字简古拙朴，言在此意在彼，既形象又抽象，既是生活又是哲学，好比闲游时来到一处胜景，先后踏入两重门扉，在此岸望见了彼岸——怎么，伫立在繁杂的都市街头，也会有这样的妙处啊？我还记住了一家叫"村里谷香"的东北菜馆，因之联想到风靡的东北剧中风格明朗有别于阴柔江南的东北农家宅院，檐前垂挂串串老玉米、红辣椒、白蒜头——它从我眼前心头掠过时，一阵谷香，使我得以从难闻的汽车尾气里挣扎出来一会儿。

在"江南布衣"前驻足，非为喜欢这品牌的时装，是喜欢这店名。江南情调，布衣情怀，足可留住人心。江南在远处，布衣时代亦在远处。布衣这词本来低就泥土，然而古旧和底层的感觉被现代霓虹打破，在缤纷的都市卖场它高踞着、标榜着、张扬着、亮丽着，参与年轻人的时尚生活，古老的含义与它的形式形成巨大反差。今时布衣非昔日布衣，概念已经被偷换,你不能不赞许店家的巧妙,然而你仍可停留在字面构筑的古典情怀里。我也喜欢一间小门面,叫"谭木匠"的,精致的字体,是现代审美的留痕,骨子里却怀着旧,仿佛镜头推拉摇移,一下把温暖的手工时代摇回到眼前来了。还有一家叫"百卤汇"的卤食店,信手把"百老汇"翻个版,也算它机灵幽默。

城市的街衢上林立着店家,丛生着牌匾,新新老老,雨后春笋。让人记住的通常巧妙,机智,有味,可品。让人牢记的多半触着了你的内心。触得很深的只是凤毛麟角。

失 语

突然之间发觉我失语。听者是一位上了年纪的老婆婆,她略显困惑的目光让我迅速意识到发生了障碍,交流的障碍,我没能让她听懂。我迅速查找到故障原因:我说的话太文气了,所用的词语和句式都太文气,是话语系统的问题。这是我所惯熟的一套语言,以往,它畅通无阻,多年来在学校,在单位,在街头,在办公室,在直播室,在图书馆,在商场,在市场,在会场,在城市的几乎任何场合,我从不怀疑它能够顺利抵达听者那里:老师、同学、朋友、同事、官员、职员、服务员、嘉宾、采访对象……可是此时我发觉,要它全部抵达老婆婆那里做不到。没有什么深奥的意思,只是日常寒暄,仅仅如此都发现处处障碍,到后来感到几乎一词一障碍,每出一词都打着"知识分子"烙印，与说话对象明显疏离，对语言的敏感让我感到窘迫，便赶紧转换，再转换，试图让它贴近泥土，低下去，鲜活起来，还努力重温多年前与祖母辈说话时的感觉，以致于都磕磕绊绊、话不成句了。我有种尴尬感，我所掌握的这套语言，它离泥土有点儿远，离鲜活的生活有点儿远，我看到了某种苍白。话是说了无数，掌握的套路却是有限的，以致于和一位老婆婆交谈时发生了障碍。那一刻我非常渴望多掌握几套话语体系，我周围有这样的人，当他蹲下身去和卖菜的、补鞋的、修车的说话时，他能变魔术似的换上一口乡音，俚俗的词语活蹦乱跳，他像一条鱼儿在水里快活地游动——那一刻我看他是如鱼得水。

人会有失语的时候。当一位老婆婆和我对面说话的时候，我失过语。当一个小屁孩跟我说话的时候，我失过语。当和一个观念相去甚远的人交谈时，我失过语。当突然之间被熟人问到在写些什么样的散文时，我失过语。当对象人群换了，人是会失语的——话都不知道该怎样说了。因为，有的体系的确难以互相进入。譬如，我揣想，当中医和西医对话时，中医和西医也会一齐失语吧？

钱 兄

凡事都会有个态度。钱是世上多大的角色啊，谁能对它没个态度？可是多年来我似乎就没个明朗态度：既不爱它恋它，也不怨它恨它；既不追它捧它，也不责它骂它；既不见钱眼开，也不谈钱色变。没大进，也没大出，进进出出都没太在心上掂量。实在是因为我在这上头的遭际比较平淡一些，没有翻云覆雨，也没有惊涛骇浪，没有火烧眉毛，也没有雪中送炭，没有危若累卵，也没有如履薄冰，没有那些个戏剧性情势。幸亏没有——钱是随便谁惹得起的吗？就这样，我和钱相安无事许多年，我不去找钱的麻烦，钱也没怎么来找我的麻烦，我和它没有大悲大喜，所以多年来我对钱就几乎没个态度，我忽视了它多年，或者说，忽视就是一种态度吧。直到有一天，听朋友痛说今昔——从前，谁拿钱当回事啊？她说，钱是什么？钱是臭狗屎！我听了顿觉石破天惊！把钱臭骂一顿，听着虽痛快解气，可是，我承认我不敢。诚然，骨气和个性在她这边，而硬道理在钱这边啊，对此我想保持中立。我想我对钱也该有个态度了。我觉得我应该尊重它，当钱是血汗钱的时候。我看了看我手头的钱，也没哪个不是血汗钱。它记录着劳动和付出，我决定尊重它，敬惜它，不糟蹋，不挥洒。我的那朋友，我也理解她当初的态度。她从前的职业就是管钱的出入，身边钞票一捆捆一堆堆，伴君如伴虎啊，换我我也会心惊肉跳坐立不安，不会觉得那些票票太可爱。看过一部电视剧，里面有个孩子叫堆儿，姓钱——嘿，这孩子就叫钱堆啊？亏他爹娘想得出来！

近来在友朋圈里传来几条消息，是钱惹的祸：有人因之惹了狱事赔上十余年岁月，有人股市被套输光十几年血汗。按说赌得起的也输得起，然而输了钱财不要紧，把尊严、自由连同岁月、前程一起输光，就教人恨恨不已，这回，钱真个是臭狗屎了！姓钱的这一只翻云覆雨手，怎不教人诚惶诚恐！然而也不必吧，咱赌不起也输不起，钱这仁兄，咱敬而惜之，不挥不洒，不贪不图，是个陷阱咱绕着走，到底离平安近一些。

实 验

我喜欢在厨房里捣鼓、尝试各种各样的菜色：各种食材，各种搭配，各种烹调法，一一试去，当它是课题一般。我从前不擅长做面食，这回也两手沾面，揉得不亦乐乎，光馒头的发制方法就试过多种：搁干酵母的，搁小苏打的，搁泡打粉的，搁自发粉的；生物发酵法，化学疏松法——厨房变成了一实验室。还有，温水和面与冷水和面，冷水上屉与热水上屉，醒面与不醒面种种比较，怎么都像一场刻意的实验！从面团上屉那一刻到揭开蒸笼，有一种等待水落石出的心情，因为知道，那十几分钟的火候会产生类似于一场"窑变"的结果。我终于明白，没有两种方法的结果是完全一样的，并懂得如何凭观感、凭口感、凭口味去破译一团面食里的奥秘——它到底是搁了什么进去发制的，而不再像从前那样对此一团漆黑。这太好了，今后岂不是随便哪团面食看一眼咬一口我就可以了然于心，从而做出趋利避害的选择了吗？对啊，了然，乃至豁然，这就是我想要的境界。我想要了然于心，对一团面食里面的奥秘，对更多事物里面的奥秘。我想到达豁达之境，就好比站到一个开阔敞亮的高处，无物障目、一览无余。为此必须求知，求知，是活着的种种滋味里的一种。为此我得实验，实验方能看个究竟。我承认在某些方面我是有很强的实验心理。实验诚可贵啊，没有这实验精神，世上多少事物怕都不会存在了吧。

发 呆

世界这样旋转，脚跟这样踉跄，眼球这样忙碌，你怎么有时间发呆？罪过罪过，我常发呆。发呆似地落坐花园，望望长空，听听鸟鸣。发呆似地倚靠床边，听听音乐，理理心绪。发呆似地支颈沉思，写写划划。

一老同学，在乡时我总听她念叨忙忙忙，没空没空没空。有两三次，难得打来长话，不远千里送来她的声音，却突然没头没尾地扔下一句："我没空说了！"嘟一声挂断，回回如此。嘿，忙到一句话也没空说完了呀？

是呀，工作这么忙，你怎么有空自己做饭、拖地板？你怎么有空午睡？你怎么有空……？你怎么有空说完一句话！

声称忙的朋友不在少数，忙得无言的更多吧。有人抱怨有人无奈有人自豪。咦，有为一定要用忙来证明吗？我们又不是不想闲下来，只是身不由己。不忙无以建设生活，但玩命忙，忙得一塌糊涂恐非我们的目标状态。这个世界总该留下足够的份额给"闲"，才能成全生活。

发呆应是闲之极致了吧。发呆真是无限美妙的时光，不发呆无以思接千载、神驰万里，不发呆无以宁静致远、淡泊明志，不发呆无以梳理思路、删繁就简，不发呆无以将息身体、养足精神，不发呆无以品味世事、应对生活，不发呆我没法写作了。

我也成天手脚不停，脑子不停，但是，幸运之至，于旋转纷繁的世界面前我还是可以发发呆，享受一下属于自己的时光。

讹传

有几个词我一直留意着它们在人们语言里的误用：心广体胖，明日黄花，空穴来风，拈花惹草。心广体胖的胖被念成了肥胖的胖，音义皆误。明日黄花被说成了昨日黄花，义误。正是空穴来风被说成不是空穴来风，义误。拈花惹草被说成沾花惹草，字误。这种种误读误用显然皆是望文生义的结果。要命的是，亿万人民似乎都认可了，广泛讹传，深入人心，大有修改词典之势。可见这种望文生义自有道理，更易于理解和接受。

我一向尊重词典，视为语言的法典，奉为准则和权威，职业习惯之一就是查字典，然而也得承认，语言是活着的、演变着的，是口耳相传、约定俗成的，词典终归得跟在现行语言的屁股后头去作修订，假如全体人民都那样说了，即都作了新的约定了，词典也不好坚持旧约吧，总有一天得改，不改就是和时代脱节了。像"呆板"那呆字的念法，不也改了吗？词典自然不会太呆板。如此说来，它的前进并不总是跟着真理走的，有时是被谬误拖着走的，假如谬误人多势众的话。对此我也挺无奈。本是谬误的用法，用的人多了，也便成了正确的了。这有点像鲁迅那句话：其实地上本没有路，走的人多了，也便成了路。新路成了，旧有的路自然渐渐就被荒草掩埋了。千百年来我们所经的语言之路，有些小道确有被荒草掩埋的可能。我虽然可惜那些词语的被篡改，然也得豁达通透，静观其变吧。反正词典没改我就不便轻举妄动，谁让我奉词典为上呢？

有回看央视新闻联播，不期然听到播音员把"下载"一词的载字念去声，非常醒人耳目，不禁肃然起敬，因为这正是它的本来读音。新生词下载，英文download的译词，载是装载卸载的载，和记载的载相差十万八千里，在全民一致念上声的时候他敢于念去声，实在有坚持真理的勇气。他坐在那个位置上，是有引导大众语言回到正轨的职责，我看到他在尽责，尽管他也很难力挽狂澜，起码他"独善其身"了。我感到他是独立思考过的，而不是随众。

变 质

婚姻从踏上红地毯那一刻起，就像一块甜蜜的蛋糕问世，便有了个保质期的问题。有段时间由于参加了很多的婚礼，我目睹过无数蛋糕的出炉：新鲜、喷香、甜美，真好，得到的都是祝福。蛋糕后来渐渐变形、变质、变味，可弃了。没办法，假如我把婚姻看作一块蛋糕的话，我看到的只有这个结果。蛋糕在时间作用下的结果注定都比较悲哀。事实上是许多变质变味的婚姻把我导向了这一联想。也许蛋糕太软弱了，经不起岁月，保质期太短。我的同学，他的比喻比较硬实一点，他说婚姻是一艘轮船。这回够坚强了吧？坚船利炮，乘风破浪。启航之初，多少亲友伫立码头注目它，披红挂彩，喜笛长鸣，徐徐离岸。然而天长日久的风浪侵蚀、海水浸泡，坚船也经不起了，船体渐渐就油漆剥落、锈迹斑斑、千疮百孔，于是水往里灌，摇摇欲坠。万一遇上泰坦尼克号所遭遇的冰山，便是一场灭顶之灾。这位同学举例说，你看同学 A，你这里轮船尚未造好，还没下水呢，她那边船都快破了！看样子要弃之不顾，任其生灭了。再没有什么蔚蓝色的憧憬，没有，永远不再。

看来，无论坚硬柔软，事物在时间作用下都会变质、耗损。这没啥可惊怪的。

睡 城

初听"睡城"这个词,就很有超尘感了。城多沸腾喧闹,它却宁静如睡?不过据说人们本意却是含点揶揄的,说它除了供住家睡觉,缺乏功能。

京城之浩大拥塞本来已经够令人瞠目,它还在一圈圈膨胀,四环、五环、六环……好似一只不断充气的球。像这样一座人气太旺的巨城,它的势头只能是膨胀,不可能萎缩。在巨城扩张中一些新的住宅小区建得老远,不仅向远郊要了地皮,还要了新鲜空气,居住质量明显提高了。就这样一些居民被疏散到了边远的住宅区,可是他们每天还得开车、乘车迢迢返回城市腹地去上班,因为新开发的住宅区缺乏就业功能,只供睡眠,它们是座座"睡城"。这样一来的确产生了一些问题:一个人生命中的光阴每天被迫寸寸洒在路上,还给城市本就拥堵的道路、污染的空气加了把霜。故人们说"睡城"时有嫌它功能过于单一的意思吧,它是寂寞的,缺乏人气。

然而我却喜欢它们被称作睡城。喧闹的城市太多了,这些小小的城区却睡着了一般,它们安放着床、餐桌、落地窗纱、茶庄、后花园和人们夜里的梦,安置着老人、孩子和疲惫归来的拼搏者的身心,它们居然能够摈弃了繁杂的城市功能,而仅仅是如此单纯温馨地存在着。

这样的睡城我也曾到过,阳光下也是连片高楼,却清新亮丽,主人们上班去了,它们栽花植草,向着蓝天白云打盹。

本以为城市都是闹腾着的,没想到终日睡眼朦胧的城,竟然也有。这样的睡城,最接近于家园的本意。

断 臂

娱乐圈一对廿年情侣,因男方再度与他人传出绯闻,到了沸沸扬扬无以收拾的地步,二人便分别向媒体发表声明,从此分手。谁知不出一周,双方突然又传婚讯,男求婚,女允嫁。此番峰回路转实在太过于戏剧化了,令多少人瞠目,回不过神来,于是网络上猜度与流言齐飞。我向来觉得,世事的可能性有万千种,那一幕幕的幕中情幕后事岂是局外人所能了解的?我无意参与任何窥探和编排别人剧情的娱乐活动,但隐约察觉到了其中似乎有种断臂之痛。是哪部电视剧里说的了:如今你就好比我身上的一只手臂,摸着已经没有多少感觉了,可是,如果要将这只手臂锯掉的话,那我会痛!感情事往往就是这样的啊。二十年的情缘,足以使另一半长成你身上的一只手臂;可是二十年的时光,也足以使你对这只手臂的感觉几近麻木。摸着似乎毫无感觉了,但当要锯断这只手臂,把它拆离你身体的时候,你一定会感到痛,你到底还是舍不掉这只手臂,因为它是你身体的一部分。而那个新出现的,使事情节外生枝、被称作第三者的人,很可能连个指头还不是呢。娱乐圈里那一对欲舍难分的廿年情侣,不知是不是这样,互为彼此的一只手臂呢?

惜 物

父母新居的厨房里有一只塑料水桶,每天他们用它从水龙头下接上满满一桶水,以备厨房之需。我初见纳闷,这自来水时代,洗碗洗菜,龙头一拧,干净简单,要个水桶接水舀水,不多此一举吗?那年回乡居父母家,出入厨房,洗菜盆上方那一只水龙头,每天少说也要被我拧上二十回——就算取一滴水,也得拧它一回啊。老妈常在我身后,对此没发一言。我是后来才感觉到的,其实她很心疼,不说就是了。后来我问出来了,原来用水桶的目的是为了减少那水龙头的开关次数,以延长它的寿命!了解了这一层苦心,我叹为观止——惜物之人,什么法子都想得出来啊。不惜物的,怕一辈子也想不出来!我并不是啥物也不惜,只是觉得一只小小水龙头不足以惜罢了。不说它不值几个钱,单说它的耐用程度,何止经得起千万次拧动!而人一生中又用得坏几个水龙头呢?所以我不操那个心。可能人都是时代的产物吧,什么时代产什么样的人。我们不是靡费的一代,但在惜物的程度上实难与他们比肩。我很自然就联想到小时候母亲骑的那辆有横梁的旧式自行车,用了十几年依然如新,我记得她常说:今天不骑了,保养一天。那车在她用了十几年之后完好"过继"给我,可是不多久就坏在了我的脚下。或者那只是巧合而已,或者,在惜物这上头我真是难望其项背的。多少年过去了,如今,父母厨房里那一只锃亮的水龙头,也是如此得惜。不知五年十年过去后,它是否锃亮依然呢?

木 瓜

《诗经·卫风》中有"投我以木瓜,报之以琼琚,匪报也,永以为好也"的吟咏,一番投桃报李,千古传唱。在古老的诗行中读到木瓜的这段佳话时,如遇故人,很是欢喜。也不管这古代北方卫国的木瓜,是不是我今南国家园里生长的那一种。

植物界里有很多的芳名,你一听就有愉悦感,木瓜就是。我太熟悉这南国的风物了,不仅熟悉它的果,它的树,并且谙知这棵树的来龙去脉。这种植物生命力之旺盛,只消有成熟金黄瓜腹内那一堆黑籽里的一小粒,落到一寸浮土上,即可落地生根,茁壮向上,无需护理,蓬勃生长,累累挂果,四季不断。它是一株独秀的,不蔓不枝,亭亭立于南方乡土的房前屋后,高矮适中,如擎一伞,风雨守庐。它的翠叶是大张大张的,图案美如民间剪纸,仿佛巧手剪成,由长柄撑着四下里美丽展翅。翅根先花后果,花娇小嫩黄有蜡质感,羞涩藏于腋间;果则硕大如乳,簇拥垂挂在树干上,实在令人酣畅。木瓜果实青涩时内含白色乳汁,刀划过处,乳汁径自淌下来,这时生涩,是不可当水果吃的,做菜烹吃则可。等到熟透,果皮果肉均呈金黄色,甘甜绵软,有特殊芳香,多汁多液,啖之如啜甘泉,一洗夏燥。因此千瓜万瓜,从口感和味道上,我独爱木瓜。人们常说,顺藤摸瓜,唯此瓜不可顺藤摸也,因它不是藤本植物,这是它不同于西瓜、丝瓜、冬瓜、南瓜、佛手瓜、哈密瓜……有别于天下瓜者的一大独特之处，也是它所以叫木瓜的缘由吧！虽然我们祖辈管它叫木瓜，但我疑心它不属木本属草本，因为它的茎质地很软，没有人拿它当木材。芭蕉树不就是吗，有叶无枝，茎非木质，虽称树而非为树，其实是一棵很壮很壮的草罢了！这多有意思。唯高温多雨的南方有这巨大的草。假如木瓜也属草，我喜欢这样茁壮的一棵草！

木瓜树，芭蕉树，怎么一提及，热带亚热带气息就迎面袭来！而南方情结也就再次在心田拱土而出。在北方待着的年月，念想南方的木瓜之类，就是一份怀念，就是一份乡思。这些年，南方水果大举北进，在京城的超市里我也见到木瓜了，满怀温情地捧个回家，虽然那可能只是泰国产的罢了，而非来自家乡广西。在北方的餐馆里我也吃到木瓜烹制的佳肴了，木瓜炖雪蛤——半只木瓜，腹中纳雪蛤一窝，据说滋阴润燥、美容养颜的。这雪蛤是不认识的，问了服务员才知是东北大兴安岭老林中的一种蛙类所产的卵，多么新奇，不禁咋舌。木瓜雪蛤，两样食材，取材于不同地域，天南地北，竟成绝配——天地有大美，然后传佳话呀。这佳话是年轻的，不比"诗三百"古老，故唇齿心间还是回味《诗经》里的那一句："投我以木瓜，报之以琼琚，匪报也，永以为好也！"后来查知，《诗经》所谓木瓜，那是北方木瓜，是一种蔷薇科温带木本植物的果实，形制小得多，可赏可食，其树，其花，其果，自是另一番样貌。而我所念之木瓜，原名番木瓜，大约最初是来自异域吧。自然，我会将此番字拿掉——打睁眼看世界起，它就是我乡我土的野瓜土果了。木瓜树，它一直就站在那里，它是我们乡土上的一景，何番之有？

芭蕉树

作为果实，芭蕉普普通通，没啥好玩味的，一挂挂一串串，南来北往的人们早都已见惯吃惯。这沉甸甸的果实长于一种并不坚硬挺拔的树上面，这树株矮茎软，有巨长巨阔巨大的叶子，却原来是草本植物。你想，它其实是一株草，一株很壮很壮的草啊，是草中巨无霸，这不有点出人意料吗？

芭蕉是给人强烈直觉的词，我只能把它与热带、南方联系起来。虽然是经验所致，但抽掉这经验，我也会这样去直觉它的：婀娜、婆娑、妩媚，轻微有一点点妖气，和诡异。仿佛这名字里面本来就含了这些南方的气息，而且是湿润的、翠绿的、繁盛的、摇曳的热带感。至于妖气和诡异，更多是由于民间的传言，说是夜晚于蕉树旁往往能见到灵异之物云云。原来月夜下的蕉树丛是个灵魂游荡的处所，这不阴森诡秘吗？因此夜里是断不敢走近一株芭蕉树的。

要用翠字去形容蕉叶的绿，因为翠里有水灵与风情，是生生的、鲜鲜的，给点阳光就灿烂的翠。好比一翠衣少女，名唤翠翠，那真是透心翠了！芭蕉的翠，是大张大张的，均匀地铺满了，没有空隙，是能滴落的翠。往往从翠叶上面滚滴下来的，是天上落雨聚成的珠子。这一点，蕉叶是堪比荷叶的，料它来世生于泥地淖塘，也当一尘不染。所以有在芭蕉叶下躲雨的童子，和举着蕉叶当伞的图画。雨打芭蕉，是岭南风格的曲子，名字就是一幅怡人的画了！据说室外露宿时身下垫张蕉叶可挡地面潮气，这纯自然做派的睡法我未曾体验过，而光想象着就已经回归远古，物我合一了。

蕉风椰雨，说的是热带亚热带，是南方。芭蕉树，是我南方记忆的贴心细节，是归乡途中的一线风景。火车由北而南长途跋涉，当铁轨两旁终于出现了：红土地，绿丘陵，石柱山，清水塘，砖瓦房，芭蕉树，稻草垛……我知道我已彻底到达了广西境内，因为这连串的风物，是自京城而南全程唯一的，无可替代的，是标签式的。芭蕉树，每次它都这样把风尘仆仆的我迎入乡土怀抱。沿途的芭蕉树，这里一株，那里一株，依屋而立，看似散漫、不经意，却在最有心地构筑着风景，哪里有它，哪里就活色生香。

印象中，江南园林的漏窗后边，似乎也透出过蕉叶的姿影；如果是这样，那是芭蕉被慧眼赏识了——它确是造景高手。

地铁里

在地铁站长长的通道里我随着人流向前涌去，有一瞬的感觉令我惊奇。我突然觉得自己成条鱼儿了，夹在一大群游动的鱼儿当中，有个词语恰当地比喻着我们：鱼贯而入。那一刻我属于鱼群,在一长列队伍中,在狭长的隧道规约下,受一些箭头的指引,向前,拐弯,再拐弯,鱼贯而入,鱼贯而出……只听见游动的呼呼声,没有多少嘴里发出来的声音,这很像我在某部海底拍摄的影片里所看到的鱼群游动的情形。

当地铁到站后我出了地铁口,告别了鱼儿的感觉,明亮的阳光打到了我头上。我想,刚才地下那一幕是陌生的,所以才蓦然俯身,反观了自己。

只要太阳在天上运转,城市在地面上运转,地铁就在地下运转,每时每刻呼啸着来,呼啸着去。虽然灯火通明,我一点没有忘记其实是在地下,是在隧道中,偶然做了一回隧道人,惊讶地想,这城市每天得有多少人需要在隧道中穿行?每天得有多少人做隧道人呢?

人类何以能在地下开掘出如此深长的隧道,不是我能想清楚的事情,结果是浩叹,人类的伟大。人类需要向蚁类或其他擅长地下活动的动物学习挖掘隧道的技能吗?也不是我能想清楚的事情。但可以肯定的是,人类是善于制造光明的,人类把光明带到了地下,这是任何擅长地下活动的动物没有做过的事情。人类的隧道充满了光与色:瞧这灯光,这霓虹,这广告牌,俨然是地面上的人间。

现今千万人口的大城市,地面上的麻烦是易堵。我曾在打的去秀水街的路上被堵在了半途。车行如蚁,司机本着良心说,要不您在前面下车改乘地铁?前面有一地铁口。我于

是改乘了地铁。在某种程度上我喜欢地铁，它给我的行云流水的感觉，是地面上任何交通工具都没有给过我的。

在地铁上，最明亮的心境就是想起了那部电影的名称：开往春天的地铁。而每次搭乘地铁我都会想起，仿佛每次我都预感到即将被带往春天。春天不可能出现在任何一条地铁线路上，春天是个虚拟的时空，没有确切地点，可能在无限远处等待，也可能瞬息抵达。也许每个人都有自己的办法可以秘密抵达心境里的春天，在地铁上会想起那些美好事情的片断，我曾秘密到达了心里的春天。

在地下深处，在这个钢铁屏蔽的狭长空间内，打开手机，居然有最清晰的信号，我利用这闲着的时光发了条短信给远方：亲爱的朋友，我刚逛完秀水街出来，现在地铁上，又想起了那部电影的名字"开往春天的地铁"……

认养一棵树

在橡树湾小区，我看到好几棵高大的乔木上挂着这样的小木牌："未来几十年，它将与我共同成长，我愿把它看作亲人，不离不弃。"下面是认养人姓名。初次看到觉得新鲜，听说过领养孩子的，也知道有收养流浪猫狗的；认养一棵树，还是头一回看见。

它们是原生树，小区开发时没有砍伐，而是保留了下来。树已参天成材，天地养育了它们几十年乃至上百年了吧，已经不需要人的看顾照料了,树也不可能跟人回家,人认养它,只是个象征性的举动。不知是谁创的意?很亲善,很温情,很美好。

我在树下转来转去那会儿正是春和日暖的光景,抬头看,大串大串的泡桐花开到荼蘼,粉白浅紫杯形的花成朵地落在地上,蘑菇样安装在地表的扩音器正播放着班得瑞的自然系列音乐,我听出了是那张《春野》,涧水、鸟鸣和乐音柔和地从地面上涌出来,在空中环绕,又加入了树叶沙沙的和音,我便选了张摆放在露天的藤椅坐下来,那一刻很享受。

一棵树可以单独认养,也可以共同认养,名字被双双写在了认养牌上,也是一种幸福,顺便请树木见证了!被认养的树木有加杨,有白杨,有泡桐等等,它们很安宁,我感到了家园的宁馨和谐。

认养一棵树,是这个春天里知道的新鲜事情。人们善待着家园里的一草一木,人与树木一家亲。

映 照

母亲节过后的一天,忽然想起一个女人来,她也曾是位母亲,有着平淡寻常的容颜,可是某年某月的某一天,在一次晚餐上,如花的女儿坐在她的边上,使她霎时生出了几分光彩。我一直记着那一瞬间的观感,明白那是映照的关系:一个容颜平常的女人,被女儿映照着,被母性映照着,而生色。

在全区系统内的年会上我好几次遇到她,但从没看见过她的女儿,这次由于忙于会务,她无暇照顾家里,于是在领导安排下她的女儿被接来一同用晚餐。她们坐在我的对面,我便第一次意识到她是位母亲。母性的流露其实是极细微的,没有很大的动作,只是一点一滴、一点一滴。有意无意间我捕捉到她的一些瞬间。她替女儿抿了抿耳边的头发,她替女儿移了移面前的碗碟,她身体朝女儿轻轻一个转侧,她眉间含了丝隐隐的笑意:她一颦一笑一举手一投足都包含着作为一个母亲巨大的满足。

小女孩也真是个漂亮的可人儿,圆脸红润,五官俏丽,正高小年纪,参加着区里有名的艺术团,像朵开得很好的花儿。孩子的俏脸引我再去细察她母亲的脸,才发现其实母亲的五官也是端正好看的,奇怪的是,没有孩子的映照我则看不到这些。那一刻,孩子映照着她,使我从她身上感觉到了某种未曾感到的韵味来,这韵味来自于母性。

从她开始我留意到了身边许多生动的映照,看到了和孩子在一起的女人们的美丽。女人,都会像她那样,被自己的孩子映照着,焕发母性,从而出彩,从而美丽,这与容颜无关。

然而对于她来说,哀伤的事情发生在多年以后,她那花朵一样的女儿,在最美丽的花季,在刚刚踏入大学门槛的岁月里,意外地萎谢了!恶疾夺走了女儿的生命,也夺走了她继续做母亲的权利。是传来的消息,说她一夜之间衰老不堪。

我想,做过母亲的女人永远是母亲,任世事如何翻覆都改变不了这一点。孩子永远活在她心中。然而,在世人面前,她的脸庞再不会有女儿生动的映照了！她的心底肯定收藏着女儿成长中无数美丽的光景，只是她不会知道那一天，她曾被女儿映照得顿然生色，在我眼里。

覆 水

　　道理上，人人都爱可爱之人，不会爱可恶之人，这似乎是一定成立的。然而在爱情剧里看到，男主人公或女主人公最后都坏成那样了，所有人切齿痛恨，爱他（她）的那人还是那样爱他（她），欲罢不能，痛苦不已。我初时不解，纳闷了好一阵子。后来想明白了，爱，不是喊停它就能停下来的事情。感情一旦出发，那就是一条不归路。甚至在出发前，它就已经不遵常理了，比如说，你不见得会爱一个完美无瑕的人，却有可能倾心于一个缺点不少的人。因为你好所以我爱你，因为你不够好所以我不爱你，这样的因果关系并非总是成立的。爱就是爱，不爱就是不爱，寻不出道理来，就像"伊利巧乐兹"的广告词一样：喜欢你，没道理。心动就是心动，不动就是不动，不知所以。"情不知所起，一往而深。"感情从心动的那一刻出发，越走越远，越涉越深，回头无岸。最初不由我们想清楚了再爱，最后也不由我们喊停就停。它不是不会停，但那得听从上天的旨意，不是任何人的命令。上天不喊停，你发一千次誓也没用。爱如覆水，覆水难收。

摄像头

自从有了摄像头，这世上多了许多暗藏的、特殊的眼睛，也叫电子眼，在银行、商场、大厦通道、电梯口、交通要道……放哨、盯梢。说它盯梢也许对它有失尊敬，但确实如此。说白了摄像头对谁都不信任，不管是谁它都一律假定是个潜在的目标而密切监视，想到这个，有谁会喜欢它。多数时候你理解它的用意是出于对公共安全或单位利益的保护，但相信没有哪个人就这样被监视了，一举一动被摄录了还说喜欢的。我们能做到的最高境界也就是表示理解，不去讨厌它就是了。

摄像头做的是地下工作，是隐秘性的，很多时候你并不意识到它的存在，幽默的是有时候它偏要提醒你，示个牌子：'图像采集区域'，还你一个知情权！最幽默的是，有次在一家文具店里正埋头挑选，冷不丁看到货架玻璃板上贴着一句：'本店装有摄像头，请保持微笑！'摄你就摄呗，还讨个微笑！你不说我兴许还微笑着呢，你说了我可微笑不下去。其实它要你的微笑做什么？我琢磨着，这句话的要害根本不在后半句，而在前半句，就是警告一切来者：我这儿装有摄像头，大家好自为之，切勿犯傻！本来就完了，可是还要加半句醉翁之意不在酒的话，来个缓冲，免得太突兀了。我猜测它甚至连摄像头都不需要装了，因为这句话比摄像头还管用。

技术从来就怕被邪道利用。在电视里多次看到银行自动柜员机钱款被非法盗取的案件，案破后发现摄像头成了帮凶。

原来它被坏分子非法安装，窃取了众储户的密码。当然更多地看到摄像头被警方运用来破案的事迹，让人看到了它的价值，心理得以平衡。摄像头本身是没有善恶的，分善恶的是背后操作它的手。幸而绝大多数场合摄像头都是理直气壮的，尽管藏而不露。

说实话对于摄像头我心理上难免有些阻隔。试想，你去银行，逛商场，入大厦，住宾馆，乘电梯，行通道……它一眼眼如影随形，你若意识到这些眼睛的存在，能不如芒刺在背？所以不能有这意识，一点儿也不能有，方能行止自如。

我不知道关于摄像头是如何立法的，总有些禁区是摄像头不能入内的吧？例如宾馆里的客房。然而鉴于摄像头的普及程度，我担心连客房里都装有这玩意，害得连换件衣服都小心翼翼生怕走光了，不知是否患了摄像头恐惧症？

下　落

岁月流逝，人事辗转，渐渐地就有了些不知下落的人。偶尔从心头掠过，遇到适当的人会打听：那谁，你知道他的下落吗？或者仅仅是在心里自问一句：那人不知现在何处了？

天下没有不散的宴席。席散后各人听从时间发配，四散天涯。各有各的去向，也许为众人所知，也许不为人们所知。

那些不知下落的人，我与他们可能有过长长短短的缘，在时间的河流里萍聚，然后分开，飘走。那些缘可能是十年邻居、四载同窗、数年共事，可能是半年期的学习、个把月的培训，或是为期不过一周的会议，甚至一次短以小时计的旅行，他们是曾经的邻居、同学、同事、同行、同乡、恋人、朋友或旅伴。在长长一段时间里，大家不知不觉地就疏于联系，互相遗忘了。若干年后才又想起来，但是相关的信息早已过期作废：电话、地址、单位。这样，在我们心里就有了些下落不明的人。

  自然是想知其下落。想知道，但并非那么急切，不会一夜之间遍寻线索去打听，就搁着，成为深深浅浅的惦记，成为一种若有若无、若断若续的萦绕，游丝似的。再者，并非想知道就可知道的，人事变更，原有的联系方式失效了，线索断绝，了无消息。"断无消息石榴红"，不知为何想起了这一句，一片静悄悄红彤彤，障了眼挡了去路，那一瞬间是寂寞的。

  在苍茫天地间，有恒河沙数的人们，在汤汤时间河流上全都漂泊如萍；在汪洋似的田畴间，有岛屿似的城镇万千座，那些有时想念，或偶尔掠过的面容和名字，不知后来落籍何处？我想问一问的只是无常萍踪的当下，因为，稳定是相对的，变动是绝对的，没有人允诺一世立于原地，以便故人能找到。即便是对自己，也不敢承诺故土不离啊。树挪死人挪活嘛，迁移变动中的人群，活跃了人间世事，激活着生活这一潭子水。出国了，深造去了，升迁了，远嫁了，或者换座城市去打拼了……可我怎么有时觉得,放在广阔天地间,多闪光的轨迹都成了江湖上的流落了呢!

我不知其下落的人太多了,挑巧的说吧,有那么几只"燕子":十五年前的冬天在北方的客舍里同室一月的那个叫"春燕"的江南俏女孩,还在她的家乡西施故里吗?是否已嫁为人妇了?十年前由春至夏在岭南某城同学半年的那个叫"燕子"的女伴,最后来过的电话是说,就要带着女儿嫁到台湾去了,台湾那么大,她嫁哪方啊?漏问了一句就不知下落了。还是十年前在岭南某城的英语中心,那个一天只睡五小时却精力充沛的"幽燕"后来忙着做橡胶生意去了,后来听说生下了一对龙凤胎,再后来就不知道了。"当年燕子知何处"?这些燕子飞去了都没有消息了。"燕子去了,有再来的时候"?

同样的,别人也会不知道我的下落。因为我也辗转有了些人事上的变动,但一切皆好。事情往往就是这样的,你不知道下落的那人,这会儿正在你想不到的地方好好地过着呢,你无须担心。所以下落问题并不太造成困扰,世界是祥和的。只是下落不清楚多少会给人一丝伤感,因为世界如此广大,"下落"的这一幅背景,是如此辽阔、苍茫!

报纸上多的是寻人启事:某女,或某男,某年龄,某样貌,某时在某地走失,有知其下落者请电某号,酬谢!瞧,到处在寻找人的下落。

我们呢,自从在网上建立了同学录,四散天涯的同学们前脚后脚地都来了。一年,两年,三年……慢慢地很多同学便都有下落了。

电视剧里失职的母亲在追寻孩子的下落,可是这个下落问得太迟了,居然忍耐了二十余年。从襁褓中的弃婴到翩翩少年,她是不可能认识的,费尽周折她终于得到了孩子的下落,可是彼此是陌生的疏远的,她是愧疚的,孩子是怨恨的。漫长二十余年的骨肉相离不知下落,这个都忍耐得了还有什么忍耐不了?既然是珍爱的,就不要让他从眼前离开吧,这个世界广阔无边,离开了,就可能真的没有下落了。

然世事亦无常,人走着走着就散了。即便如此,也得知道下落啊:还在某地,或是已迁移他方,是否健康、平安?不过有的人,你可能一辈子都不想知其下落了!

婚 树

结婚与种树原本扯不上关系,但在印尼却有条婚规:每对新人结婚前都得先种上十棵树。同样,他们想离婚也得种树,不过这回得种上五十棵才行!婚姻大事与种树挂上了钩,结也种树,离也种树,有点儿意思。初听觉得匪夷所思,但植树造林绿化大地人人有份,却也不是坏事。

结婚前种树,那是多有纪念意义的事啊,人人乘喜而为,虔诚之心恐不亚于祝福自己的婚姻吧,种十棵树还不是轻而易举的事!离婚前种树,又是什么意思呢?是惩罚、是警戒、是赎罪、是补偿?搞不懂。总之种这五十棵树怎么也像苦役,那能心情愉快吗?

数目上也有点意思。结婚十棵,离婚五十棵:不种完五十棵,你们休想离。结婚容易离婚难啊,是这个理儿。结婚重离婚更重,是得掂量掂量。自然,结婚离婚都不是儿戏,结婚要三思,离婚更要三思了。三思之后,还离吗?也许在共同种植五十棵树的过程中就有人撂了家伙握手言欢了呢,难说。这么说五十棵树也是给人三思再三思的机会?但只怕有人一心寻求解脱,甭说种五十棵了,就是种五百棵他也在所不辞!谁知道。一样的事情不一样的心情,一样的婚姻不一样的滋味吧。

　　结婚成家,家就是社会的细胞,细胞生成了再破裂,这对社会来说怎么也是有点影响的。社会是个机体,机体自有它自我修复、新陈代谢的机能,一个不允许离婚的社会自然不是个正常的机体——当然在地球上我们也没听说过有不允许离婚的社会,虽是这样,惩罚性或补偿性地设置这一道五十棵树的坎儿,怎么也是在警醒世人:是合是离,你们真的想清楚了吗?

步　摇

　　插向发间的长针,一支曰簪,两股曰钗,钗和簪都是极具风情的发饰。在古代,女子的长发都需要钗和簪,束起千丝万缕,挽得如花如云。

　　后来知道还有"步摇"时,一惊:这词造得太妙。"步摇"亦钗簪之类,更繁复更精致更华贵,缀珠叠翠,如凤似蝶。如果不是看古装剧,是欣赏不到这一细节的,它簪在女人,尤其是婀娜多姿的宫中女人头上,莲步迟迟,它一步一摇,确是风雅,极尽韵致。

"步摇"这一名称没有延续到今天,古典的优雅我们没有继承下来,好像有点可惜,只能隔空玩味吧。钗、簪这些名词倒是还活在今天女人们的集体记忆中,但弃之不用许多代了。我们今天没有钗,没有簪,更没有步摇,我们只有发卡,无数品种无数材质无数形状一律叫发卡,简洁是简洁,却无法区分,词不达意又索然无味,离优雅很远。

看看我们自己,一个个活蹦乱跳的,牛仔裤、T恤、运动鞋,蹦迪、驾车——的确,离"步摇"的年代已经太遥远、太遥远了。

究 竟

活着的乐趣自然有很多,活着能把未来看个究竟,也是一种乐趣。看世事如何演变,故事如何演绎,人事如何更迭。看看有什么事情会发生,有什么结果会出现。看看种瓜是否得瓜,看看耕耘能否收获。看未来的世界究竟怎样,看未来的自己究竟怎样。看孩子怎样长大,看同辈如何老去。看世间情深情浅的人爱恨歌哭,看天下有缘无缘的人悲欢离合。看自己,看身边的人,看远方的友朋。看一所大院,看一条街巷，看一座城市，看整个世界。乃至浩瀚的宇宙，当它神秘的面纱又被撩起一角时，也看个究竟。

生活，在时间之轴上展开，从小我到大世界，全是故事，是情节，是奥妙，是长书，是章回体小说，吸引我们看下去。日子一天天过着，未来一点点揭晓，看吧，看哪些在期盼之中，看哪些在意料之外，看生活的逻辑，也看生活的奇迹，看个究竟。

你不是作壁上观，因为任何"究竟"都是你和生活互动的结果。如你热情有加，你可积极投入，看日子风生水起；如你素心随缘，你可适当进退，看天边云舒云卷。任何选择都会有个结果的，看吧，看个究竟，你看清了生活，也看清了你自己。

自然，生活不会总是让人看到好的究竟，但是坏的究竟并非就尘埃落定了，因为，结果的后面还有结果呢，"祸兮福之所倚，福兮祸之所伏。"生活无穷尽地演进，跌宕起伏，峰回路转，潮起潮落，一直看下去，看到白发，看到皓首，仍不失兴味，就是对生活怀有大爱。

有人轻生，匆匆放弃了生活，没能看到后面的究竟。也许是他当时看到的太悲剧，太绝望了，他没法面对，忍受不了也看不下去了，故选择了终止，总是令人叹息的——假如他心头还有一点期盼，还有一点意志，甚至只需要一点耐心或好奇心，哪怕他还有一点点侥幸心也好，兴许他就会支撑下去，串起后面的日子，看个究竟，也许他后来所看到的，其实并不那么坏。

有一种究竟叫云开日出,有一种究竟叫柳暗花明,有一种究竟叫水滴石穿,有一种究竟叫水到渠成,有一种究竟叫苦尽甘来,有一种究竟叫乐极生悲……

街 景

《有多少爱可以胡来》——一部话剧,在打着车身广告,公交车披着它穿街过巷。事情过去很久了我仍印象深刻,回味每觉啼笑皆非。我不记得车身上是否漆有艳丽人像了,单记得这一句话,可见话说到妙处比艳星还抢眼。那一刻我正坐在自家的车子里,与那堪称庞然大物的公交车擦肩而过,我回头,视线被它牵走。够煽情!相信回头率是高的,票房也是高的。当时阳光灿灿楼影幢幢,市声嚣嚣红尘攘攘,公交车巨大的身影笨重地穿过,仿佛在喋喋地重复它的那一句:有多少爱可以胡来?有多少爱可以胡来!嘲讽世相?调侃凡俗?幽默、俚俗,又多少有点儿轻佻,在剧场里放给少男少女看没有什么不妥,然而搭上这么个载体,在庄严的首都街头招摇过市——那一刻给人的感觉多么怪诞!不过嘛,这公交车虽然笨头笨脑拙手拙脚,到底是最深入尘世的家伙,白天黑夜地载着一车车红尘男女穿梭于街巷,在都市的万丈红尘生活深渊中一路跌打滚爬,它所游走的不正是最火热最广阔的生活剧舞台么?它问一句"有多少爱可以胡来"也不为不得其所啊！没有比那一刻令我更清楚地看到：这是严肃的首都，同样是七情六欲的城市。

我不关心影剧院里的事情久矣，对新出炉的影片剧目都不会很灵通，这剧名我是第一次看到，我并不预备为此去一趟剧场，坐上个把钟头观看这"胡来"的爱。有首歌我是早知道的：《有多少爱可以重来》。我想这剧名是仿了那歌名一把。在商品界叫仿冒，在此不叫仿冒，是呼应。在娱乐界，在市井尘世，在偶像与粉丝们中间，充满了呼应。这剧名因为有此出处，显得更俏皮了，粉丝们一定会意。瞧，又一经典俏皮话出炉了吧？又将挂上多少人的嘴角！标语口号的时代看似结束了，其实没有，影视歌坛不断地在为我们创造新的标语、口号，以及热词热句，我活得比较边缘化，连个粉丝也称不上却也深刻地记得一两个热词热句，比如"将爱情进行到底"之类，并且强烈地喜欢"开往春天的地铁"这个片名。一世界的芸芸众生哪能没有领军人物！现如今民间最有号召力的领军在娱乐界，从那里传出来的声音迅速被万人回应，众口传诵，那就是民间心态，就是红尘心声，就是时代写照，就是世风，就是时尚，就是新的口号。

雪 天

醒来后发现，一夜之间万里雪飘！季节给了我个突兀的表情，我只好还它一个愕然的眼神——太早点儿了吧？才11

月1日,北京。室内,暖气还没跟上呢,冰冷、清寒。遂亮起所有暖色的灯光以取暖。冬靴、厚衣裤、围脖全都没跟上,只好免出门了,免吃青菜一顿两顿吧,我笑。最没跟上的是心情,心情还没入冬。瞭一瞭窗外的白雪,眼睛已被刺得发酸。雪漫天飞舞,像一场盛大的舞会。周遭了没人影,全让出场地来举办了雪的舞会。

在QQ上和同学群聊时,有个江南同学忽然现身吉林说:零下5度哟,只有喝小烧暖身。我说,随雪舞一回吧!然后就听他说女歌手跳楼的事件。是新出炉的消息,歌手在我所处的城市。啊?我刚说随雪舞一回吧,就听到真有人从楼顶舞到了地上!呜呼哀哉。相信此刻大江南北无数歌迷网民都在"百度"这一条消息吧,虽然歌手已沉寂多年。世上的困境有无数,有人一个纵身就解决了个干净。前两天刚从电影频道看了电影《天使之卵》,两个画画入魔的男人也是这么纵身一跳就去了另一个世界,这个模式在不断复制翻版,从戏里到戏外。到底是煎熬着的生好还是寂灭了的死好,有人回答得好干脆,对这活色生香的世界就真的一点不愿眷恋了——或者,活色生香是别人的,他的世界早已经死了。别人选择不活了我们不好说什么,但还是愿"贪生恋世"的人多一些吧,总是活着好。顽强地活着是种成功,这种"成功"平时微不足道,它的意义总是在非常时刻凸显出来。

当天,我用不同方式为同学庆生:短信、QQ、同学录,还是那句"生日快乐"!身心健康是最重要的。其中一个告知下午要看部喜剧大片去,叫"倔强萝卜"——傻乐一回,她说。

世界在白雪覆盖下仍不失安详,生死一线,悲喜交织。时 2009 年秋冬之交。

树之灵

植物从来都不言不语,它们的"内心世界"我们不得而知,或者我们从来就没有想过,一草一木也是有一颗心的吧——除非在诗词里。有天看电视,"人与自然"之类的片子,说植物在和那些草食动物的长期较量中学会了保护自己,不断进化:生出了刺,分泌出毒汁,自减营养,等等,来阻止长颈鹿之类动物啃食它们的叶子。不禁大为震惊:树木是有心的!一棵树它有知觉有心情,被啃食会痛,会难受会愤怒,它有抗争之心,有自卫之愿!它不仅有心还有脑,琢磨出了刺、毒汁这些杀手锏和防身术,甚至少吃少喝,不惜以自挫自萎的办法来保全自己——这条思路就类似于老庄的"无为而为"啊。瞧,树木会思想,会施计,不得了,它真是有头脑的!我不知道树木的这一个"脑袋"长在哪里,我是人类,和树木异类,不可类比。但我一瞬之间就坚信了,植物会有这样的一个中枢神经系统!那是人类未知的东西吧——自然的奥秘我们本来就知之有限。

树说:我想长刺!刺就长出来了。树再说:我要分泌毒汁！毒汁就分泌出来了。树又说，营养要减掉！结果就减掉了。这不是树在运用意念去掌控它的生命活动，对付敌人，适应环境，保护自己吗？意念真的管用啊，也不管是一千年一万年，树终归心想事成。意念推动着一场场进化。天啊，这是一株植物的意念啊！与人类用意念去创造新事物改造世界无异——真是越想越惊讶。

看来我们远远低估了植物的性灵。虽然我们也称一根芦苇为"会思想的芦苇"，称一枝花做"解语花"，但我们其实并不解植物的思想感情。当人们手持斧锯乱砍滥伐的时候，当人们大伸其手攀枝折花的时候，从来漠视花草树木的感受，欺负它们不会张嘴呐喊！

剩 女

这是个新名词层出不穷的时代，意味着许多新事物新概念、新观念新形态的诞生和确立。不知什么时候起有了"剩女"一词，说的是那些大龄适龄未嫁女——女性之婚嫁问题总是被世俗高度关注着，自古如此。仿佛女孩子一落地就待嫁，终其一生的目标就是要嫁得好，嫁不好也得嫁出去，嫁出去了就是成功的，嫁不出去就被社会"另眼看待"，一生隐痛，一生蒙羞。一阴一阳之谓道，人类繁衍离不开女性，香火延续离不开女性，宏观上看女性有嫁的责任，这是一种社会责任。家庭的建立少不了女性，后代的抚育少不了女性，伦常的维持少不了女性，社会的和谐少不了女性，女人不嫁世界就无法正常运作了。但是世俗之所以对女性的婚嫁盯住不放，不见得是这样高屋建瓴吧，我觉得是出于一种惯性，闲言碎语的陋习。

据说一个人是不完整的，他或她都只是另一个人的另一半而已，因此我们一生都在寻找自己的那一半，你嫁我娶，珠联璧合。但是世俗关注女性婚嫁的出发点也绝不会这样诗意。嫁是天经地义，不嫁那是离经叛道，总之是碍了某些人的眼，痒了某些人的嘴。女人不嫁是要授人以柄的，闲人攻击你时便轻易有了利器，一句话：嫁不出去！这句恶俗的话至今未衰。不唯男人用此利器，女人也往女人身上捅此一刀，尤其是嫁了的女人，仿佛自己嫁掉了，就足以自豪了。女性成了伤害女性的帮凶，这是很可悲的一件事情。

可是世界变了，时至今日，"剩女"可不都是条件欠佳无人青睐者，相反太多光彩熠熠的明星女性、优秀女性、成功女性、强势女性，恐怕是令人不敢正视。电视台的访谈节目里有时也聊及"剩女"，在场"剩女"大方自信，谈笑风生，等闲视之，一派不急于嫁的从容无畏，这个我欣赏了。我是有点叛逆世俗的，假如她们说不需要嫁我也不会反对——嫁出去又不是女人一生的目标。只要她们认为好，想怎样活便怎样活吧，又不妨碍别人。我从不劝嫁，我有好些同学朋友也至今未嫁，我不觉得那是非落实不可的悬浮状态。生活的模式何止一种，活出你自己的色彩，世界才是个自由自在、五彩缤纷的世界。

命

有没有命？有吧。你一生的轨迹以及全部结果的总和就是你的命。有没有先验的命？一定没有。你不活完一生哪里知道你的命。命是生命实践的过程和结果，又有哪一种命可以提前揭晓？命是这样的秘而不宣变化无常，总是在待定状态，又有谁能够将它预测？有没有宿命？或许有。一些巧合，终点又回到了起点；又或是下一代人重复着上一代人的命运，如此等等，我认同这些叫做宿命。有没有使命？当然该有。你得先于知天命而领悟自己的使命，明白自己活这一世是要干什么的。人生有很多不可掌控的因素，来自身外种种力量，姑且总称为"上天"吧。然而人生也有太多由你做主的事情，常常是命运在等待你出牌，然后再演进。命运的演进是以你的选择为前提的，是你在决定命运。

古人把天地人并称三才。顶天立地一个人，上天不会让你只是做个提线木偶坐以待命，你一生都在和上天互动，共同勾画出你的命脉啊。

有阅历的人在说完话之后常常这样作结：这都是命。这就是尘埃落定的感觉吧。不是怨天尤人，而是彻悟和无憾，是内心重新获得了安宁。

这都是命——只有努力过实践过的人才有资格认命。

"我们一生的努力都是在证明我们有什么样的命。"一位教授在讲解《易经》时这样说。

"得之，我幸；不得，我命。"一名诗人这样说。

这都是命。等到有资格说这句话时，我们的内心就不会惶惑也不会自责了。那时一定已经很释然、很坦然、很安宁了！

坏心情之毒

网上一则资料说，当畜禽被宰杀时，它们处于万分惊恐极度挣扎状态，动物体内因此迅速产生大量毒素，于是，当我们美滋滋地啖食它们的肉时我们便把这些毒素也一并吃进去了。人不知到底一天吃进了多少肉毒？

坏心情能产生毒素！这个结论令我震惊。我一直把心情看成是虚无缥缈的东西，如空气，虽然能够确定它的性质：喜怒哀乐忧思悲……却抓不住它的形迹——它是一种有形状有质地看得见摸得着的东西吗？不是。心情是一种感觉，不是什么物质。知道坏心情不好，坏心情有伤身体，然而最多也不过是意识到它会令我们不轻松不畅快不健康而已，并不知道坏心情之坏是这样实在：它能产生具体的可以量化的毒素。原来心情竟是这样的物质化！

我开始想象，当人处在不同心境时，体内会起一系列相应的生化反应，产生不同的物质。坏心情产生毒素——这是我所知道的关于坏心情的一句最简洁最严重最耸人最有力最实在的劝告。我想任何人听了都会拒绝，而不会沉湎，即便是诗意的"坏心情"，比如忧伤……当我们眼看着又要陷入

坏心情的陷阱而尚有能力自拔时,一定要抓住这句话努力上爬找到出口,这样才能免于在体内自制毒素毒害自己。

月亮引路

是从同学的博客里看到的——她去看演唱会,在入场前熙熙攘攘的人群里,听见有个女孩拿着移动电话在讲:你在哪里呀?是朝着月亮的方向还是背着月亮?我的同学心里猛然一动,她说:这是我听见的最有诗意的问路方式。

看到这里我的心里也霎时吹进了一缕清风。我的同学从寻常日子里发现的这一缕诗意我马上领会了。这一件小事情完全是可遇而不可求的,像隐埋在无数庸常日子里的任何诗意一样,本来就不多,何况还需善于捕捉的五官以及第六感,需要善感的心。我这同学从前在大学里是个小有名气的女诗人,诗情如瀑,后来长年从事外贸行业,与订单、信用证、集装箱那些交道日深,诗从形式上疏离她已很久了吧,然而这一下我又看到了尚未泯灭的诗心露出了一角,感到可爱可亲。

无论日子是疲于奔命焦头烂额抓心挠肺,还是山穷水尽一潭死水波澜不兴,诗情画意都不会是主题,只能是些偶然的、意外的、美丽的插花而已,遇见了还得有灵心慧眼才能领略得到。月亮倒是夜空里的常客,只是我们可能日益粗糙和麻木,已无闲暇也无闲情抬头望月寻找诗情了吧!这一回月亮在上,被两个赶去看演唱会的人拿来问路了,应是言者无心,可是在旁听的人心里却勃然升腾起一片诗意。一时觉得很像那一首经典小诗:你站在桥上看风景,看风景的人在楼上看你,明月装饰了你的窗子,你装饰了别人的梦。我便是站在更远处的另一个人,看着看着,她们全都成了我的风景了!

自 嘲

嘲讽别人是种恶劣言行,不咋地道;但是自嘲就完全不同了,可爱可亲,幽默豁达。真是判若天地。你自己晓得那些话都是半真半假的,哪里会当真?只乐得开怀一场罢了,因此自嘲的人他也毫发无损。他把自己放低了说,不盛气凌人,不咄咄逼人,不仅有谦谦之风,且具幽默之趣,怎么看都是件娱人悦己的事情。但我不把这看作是做人、说话、处世的艺术——那多矫情,我觉得多半是出于天性吧,有些人是特别乐于自嘲、善于自嘲的,他天生的,不需要学,一不留神就拿自己涮一下子,好玩得很。这样的人不会很多,但是去到哪儿好像都能遇到一二,奇了,比例还真是均衡呢。

应该是听过不少自嘲的例子咧,笑过之后都随风散去了,没记住。近与同学聊QQ,又乐了一回。他说:我准备今年冬天农闲时,静下心来写一部小说,争取一举成名,哈哈。像俺这样懂得生活的好男人,不留下点范本,太对不起人民

了,哈哈哈。我想这是他近期的宏伟计划之一吧,只不过没有正儿八经地说罢了。真是"认真话嘻哈说",庄谐浑然了。瞅那字里行间,还"农闲"呢,其实农忙农闲干他何事?他又不在地里务农!搞不清他怎么信手拈来——"农闲",真逗。

后来他说:发一个俺自己制作的小女的 MV 给你看。我接收看了,是他小小女儿各阶段的录像,用音乐连成了一个专辑。我说:没想到女儿的成长都给你全程记录了,真是个有心的爸爸呀!他说:哈哈哈,闲着也是闲着嘛。别的事又做不好。还算是个文人哈,喜欢的是这种雕虫小技。不像真正的有为士绅,喜欢做大事。我说:做这些事很好啊,很温馨耶。他说:宅男之技,不足挂齿。俺现在是中文 85 最落魄滴人士了,破产了,哈哈。正准备给老婆作一首 MV,纪念今天结婚十周年。我说:你很有自嘲精神耶!欣赏,欣赏。他说:横竖都是一辈子,有一说一,不硬撑。

看来自嘲有时候也是一种苦中作乐的精神呢——不来点自嘲,我们如何笑对人生的苦境?

与人交谈,听自嘲总比听自吹愉快得多是吧?自嘲很有趣,并且自嘲也有德。拿别人开涮是缺德的,拿自己开涮又不会犯诽谤罪,所以说无论何事对象都是很关键的咧。自己寻自己开心,让别人也跟着开心,真是风度,真是境界。

我寻思,得有底气,得有勇气,还得有那天赋才气,才敢自嘲吧?没有底气而自嘲,那不成自轻自贱了?掉份;没这天分却硬来,怕又成"自我批评"了,无趣。

自嘲就是自嘲,若是还夹带个含沙射影的锋芒,话面上自嘲，骨子里刺人，也不咋地道。却也不少见。多见人用于自卫，这样的话跟武器似的。可以说是一种本能的、无师自通的说话艺术吧，虽然得了些"言在此意在彼"的婉曲之妙，却是不好欣赏的。那就不该叫自嘲了，该叫阴阳怪气。

脚 趣

《印度之旅》，大学时看过的一部英国影片，时隔二十年后再看，有个细节吸引眼球：一方池子蓄满了水，水池上方是树荫，树荫下面是桌椅、茶点，宾主坐在池沿边，齐齐把脚泡在池水里，闲晃。当中有男有女，有英国人有印度人，有教授有贵族少女，但这应该是印度人的习惯。在这个酷热的国度，这是人们讨清凉的办法吧：把脚剥得一丝不挂的，放到水里凉快去。

这是异国风情，印度人大概习以为常了，但我这看洋景的，心头就一激灵：噫，假如一个民族上上下下男女老少都爱如此这般的话，就真是很可爱了！因为，这是离天性很近、离礼仪很远的举动。

我们是早习惯于把脚包装好，西装革履，时尚女鞋，精美袜子，不作兴赤足裸脚——那难登大雅之堂的。老实说，我是不乐意直面别人的一双赤裸肉脚，您还是把它们包装好再示人吧，礼貌。这样，我们大家的脚是没有多少时候可见天日的，更莫说与水亲近了。鞋子袜子那些东西是脚的必需

品,同时也成了脚的障碍物,有它们在,大地与你隔着一层,山山水水与你隔着一层,要亲近自然吗,你没法子从脚下做起。

但印度人不然。池边一坐脚就跑到水里去了,那份亲密接触,惬意是很容易想象到的:大热的天,搁双脚在水里浸着,能不透心凉?脚板是多敏感的地方啊,寸寸连心。要命的是,这看来是人家的家常便饭啊。

我们这厢,此举就可谓稀罕了,虽不说是孩童专利,检点起来似乎也只有在做孩子时才富有这般随心所欲的时光吧。成人的如此这般,只好看成是对孩子的模仿,有返璞归真之感。所以说印度人这点可爱,哪怕身上衣冠俨然,哪怕他是个教授、部长级人物,也照样地往池边一坐,裤脚一卷,赤脚讨凉,闲摇漫晃,顺便抓几个水栗子吃,或捧本书看。嘿!

我不懂印度人关于穿鞋着袜有何讲究,对于某些宗教来说双足或许是有着特殊意义的所在呢,据说入了印度的寺庙领地就是要赤脚的。异域的许多东西我自然不解,但这点是理解得了的:赤脚,脚踏实地,以示赤诚吧?瞧,鞋袜之类被视为虔诚的物障。赤诚虔诚,赤脚方能心诚。肉脚而外的一切,鞋袜那些,统统是双脚不该承载或披挂的赘物了。

我们总能于世上听到不同角度的声音。在这里我听到了,神的呼唤让人们赤脚,自然的呼唤让人们赤脚,天性的呼唤让人们赤脚;然而另一种声音,来自文明礼仪的声音却告诉我们,不可以随便打赤脚。小小一脚,真是牵系甚广啊。幸好,脚还知道何去何从。

后记

一个人静静时，有几把琴、一壶茶，回忆点什么吧，看长长的来路，有哪些风景？可是你发觉，人生是多么一言难尽！譬如青春，在最该鲜花载途的路上，你会踩上几脚牛粪。可就是那条路，引你到了今天，使你成为明白人。喝一口茶，你笑笑安慰自己：那么好的青春，管它几脚牛粪！可是你仍然惋惜。怀抱着琴，青春变成了浮云。

如果岁月给我一份问卷，我会这样作答——

你愿意回到童年吗？不，那是大人掌管的童年。你愿意重返青春吗？也不，那是感情牵绊的青春。那么，你愿意来到中年吗？是的。这时，我早被童年解放了，也已经了断了那些青春，我自由了！桌上有茶，屋子里有很多的琴和书，大地随时供我起舞，向着蓝天，我放声歌唱。神马世事，都成了浮云……

"一条路，落叶无迹，走过我，走过你；我想问，你的足迹，山无言，水无语。走过春天，走过四季；走过春天，走过我自己……"上世纪八十年代大学校园里时常萦绕的一首流行歌曲，30余年后的一个秋夜又听到了，高亢凄怆，划过天际，越过长空——我比30年前更能领略它的味道。那时是春天，那片是楚天，都已经太遥远了。半百年龄，花容渐皱，银丝闪烁，回首那条蜿蜒而来的长路，念想飞驰而去的岁月，是会令人热泪纵横的！我走过了大地上无数个春天，也走过了

人生的青春季节,现在,秋天接纳了我。在秋天的原野上向春天回眸,我被伤逝的感觉击中!

十指在琴键上叩响一曲《秋夜曲》,如夜雨的滴答滚过心尖;虽也在小提琴弦上拉出"春天的小夜曲",被它的明媚感染到,但中年心境更适宜以温暖低回的大提琴来表达。我拥有许多安静的时光,把那光滑圆润、高及左耳的木美人搁在肩头、搂在怀中,感到无比熨帖,尤其在静谧的夜里。窗外的世界空无一人,怀中的大提琴是另一个我,流淌出来的琴音就是我心里的声音,在岁月中渐积厚度,含蕴深意,丰满低沉。这个木美人,她懂我,我懂她,她陪伴我,我拥有她,我不是独自在,我拥着另一个自己在此处。

霜降时节,山间林丛该已是彩叶缤纷、秋色斑斓了,阳台上养在白瓷盆里的蓝莓苗已捧出了几张艳红欲滴的霜叶,我头上的霜色相形惨淡。人可不比草木,数度春秋轮回,人脚下走着一条不归路。前方,我将永不再重逢过去的我,我否定了许多过往,纯真故事不会延续,我只是依然守正,保持精神纯粹,更加珍惜脚下的每一步路,在珍贵的时光,走有风景的路,去看那些活成了风景的人。并深信,岁月赐予了我一双直达灵魂的眼睛。

两只鸟儿用尖喙在秃枝上啄食着红硕的柿果,享用着秋天,我相信那是甘甜的;它们用翅膀、我用眼睛拥有着如此湛蓝的天空,也是幸福的。我相信,在我看不到的地方,山涧泉流载着红叶、黄叶四处漂流,歌儿是轻快的。我相信,秋天的大美,一如春天。

(小苏于北京)